高等院校通识教育核心课程教材系列

大学写作基础教程

苏新春 主编 ／ 钟永兴 副主编

清华大学出版社
北京

内 容 简 介

写作能力是大学生最重要的一种基本技能。本教材定位于"基础写作"课程的要求,安排了"写作的功能""主题与结构""诗歌写作""散文写作""小说写作""剧本写作""新闻写作""学术论文写作""日常文书写作"9个专题的内容。内容安排上依据"写作知识与写作实践相结合,重在写作实践""应用性写作与创意性写作相结合,重在创意性写作""示范性写作与自创性写作相结合,重在示范性写作"的原则,尽量做到在写作知识上以文体为核心,知识教学少而精;突出能力锻炼,要求范文短、练习多;文体写作多样化,覆盖各种常用文体。

本书是一部理论与实践相结合、课堂教学与学生练习紧密结合的适用面广的大学生基础写作课教材。

版权所有,侵权必究。举报:010-62782989,beiqinquan@tup.tsinghua.edu.cn。

图书在版编目(CIP)数据

大学写作基础教程/苏新春主编.—北京:清华大学出版社,2019(2022.12重印)
(高等院校通识教育核心课程教材系列)
ISBN 978-7-302-53371-9

Ⅰ.①大… Ⅱ.①苏… Ⅲ.①汉语-写作-高等学校-教材 Ⅳ.①H15

中国版本图书馆 CIP 数据核字(2019)第 169373 号

责任编辑:王巧珍
封面设计:常雪影
责任校对:王凤芝
责任印制:宋 林

出版发行:清华大学出版社
网　　址:http://www.tup.com.cn,http://www.wqbook.com
地　　址:北京清华大学学研大厦 A 座　　邮　编:100084
社 总 机:010-83470000　　邮　购:010-62786544
投稿与读者服务:010-62776969,c-service@tup.tsinghua.edu.cn
质量反馈:010-62772015,zhiliang@tup.tsinghua.edu.cn
印 装 者:三河市东方印刷有限公司
经　　销:全国新华书店
开　　本:170mm×240mm　　印张:18.5　　插页:2　　字数:310千字
版　　次:2019年10月第1版　　印次:2022年12月第5次印刷
定　　价:46.00元

产品编号:070336-01

本书编委会（按拼音排序）

黄　宁　李建明　苏新春　吴秉勋　易　欣
张期达　钟永兴　朱盈蓓　庄清华

序言

中文系大学生的一些专业特质总是让人印象深刻。"学富五车""饱读诗书",突出的是他们重在对中国古代文化传统的继承性;"知古晓今""练达人生",突出的是他们重在对社会、对人生的通达能力;"一手美文、一笔好字、一口妙语",突出的是他们的写与说的专业技能。其实,良好的写与说的能力,何尝只是中文专业学子应该具备的技能……因此,我们在办学过程中,在对中文、新闻传播、文化产业管理等文科专业学生的培养中,就一直特别重视对写作技能的培养。对不同专业的不同年级的学习阶段,开设有十余门写作类课程,除"写作基础"课程外,还有"创意写作""中国经典改写与新编""影视剧创作""微电影创作""广播剧创作""新闻采访与写作""人物专题采写实训""广告文案写作""公共关系写作"等。写作是最基本的技能,也是最有用的技能。它能做到的不仅仅是对客观与知识的有条理的概括与再现,更是提炼认识、深化认识,从而形成新认识的极重要的一种创新性技能与创造过程。

在上面那些已开设了的写作课程中,"写作基础"是最基础的一门。它开设于第一学年,是我们学院各个专业的学生都要修习的必修课。它有着这样的定位:"写作知识与写作实践相结合,重在写作实践";"应用性写作与创意性写作相结合,重在创意性写作";"示范性写作与自创性写作相结合,重在示范性写作。"

所谓写作知识,就是对所要学习的写作方法、各种文体写作要点,即通常所说的写作知识,要有清晰的理性认识。如写作的性质与功能,如主题的提炼与材料的选择,如构思与布局,如诗歌、散文等具体文体的特点,都要有清楚的了解。故在讲授某一具体写作方法时,都有对该文体的简要说明,目的就是要做到自觉地学习,以克服"多写多练,其法自见"的不足。当然,这里的写作知识学习,是基于对已经阅读过的大量文选的总结与提炼,并不追求对写作知识的深入阐发与系统掌握。够用则已,这是教材在处理写作知识时遵循的基本原则。教学中更看重的是写作实践。不仅在对每一个知识点的介绍中皆伴有实例，更在每章后的"思考与练习"中都有实践性练习。写作知识教学的最终目的，是通过写作实践更好地将写作知识转化为写作能力。

所谓应用性写作，就是有固定行文格式的写作，即通常所说的应用文写作。本书的第七、第八、第九章就属于这一类。当下的大学生对应用文写作掌握得并不好，还需要进一步学习，但应用性写作因有固定语境、固定内容、固定格式的要求，故掌握起来有规可循，相对容易掌握。而写作的深入与提高，必定是创意性写作，即能充分而自如地表达自己的情感，并借助于新颖感人的形式表现出来的写作。创意性写作看似无法而实则有法；知法不难，难在得于心、应于手、融于文。

所谓示范性写作，就是在讲写作知识、讲文体特点、讲方法、讲规律时，不虚言，不空泛，言必有据，理至例随。作为课堂学习，示范性写作自然应是教学的主体内容。在学习了每一种具体写作方法之后，安排少量的自创性写作练习，以加速让学生从模仿性学习中走出来，尽快进入写作的"自由"阶段。可由于本课程的基础性，自创性写作尚不是本课程的教学重点。

基于以上认识，我们编写了这部《大学写作基础教程》教材。本教材共分为9章。前两章论述了若干基础理论问题，如写作的功能、文章的主题与材料、文体与结构布局等。第三至第九章是有关诗歌、散文、小说、戏剧、新闻、学术论文、日常文书7种常用文体的写作，分别介绍了每种文体的基本知识与特点、文体分类、写作要点等。"新闻写作"与"日常文书写作"两章还介绍了若干具体文体的写作方法。每章的教学时数安排，教师可根据教学重点与教学对象的学习情况略做调整。

多年来，我们在"写作基础"课的教学中坚持了上面的理念与方法，形成了较稳定的教学内容，也有了一支较稳定的教师队伍。参加编写这部教材的作者都是我的同事，他们有着多年的写作教学经验，有的还有很好的创作经验与成果，编写时也融入了自己的创作体会。大家对本课程的定位有较高共识，都希望能编出一部好学、易学、好用、管用的基础写作教材。大家在教学、科研任务重的情况下，仍以高度的热情投入编写工作，利用周末休息时间召开写作讨论会，一章一章地讨论，一个问题一个问题地解决。钟永兴博士担任了副主编工作，一丝不苟，尽心尽职。担任过本课程教学的邱宏光博士、王世海博士也为本教材的编写做过一些准备工作，提出了不少好的建议。编写工作得到清华大学出版社的大力支持,在此也一并表示感谢。教材的编成只是完成了第一步,希望专家与使用者能及时提出批评与建议,以期进一步改进与完善。

苏新春

2019 年 4 月 8 日

于厦门大学漳州校区

目　录

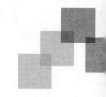

第一章　写作的功能 ………………………………………………… 001
　　第一节　写作的条件 ……………………………………………… 003
　　第二节　展示生活 ………………………………………………… 005
　　第三节　抒发情感 ………………………………………………… 006
　　第四节　展现思维 ………………………………………………… 008

第二章　主题与结构 ………………………………………………… 011
　　第一节　主题 ……………………………………………………… 012
　　第二节　材料 ……………………………………………………… 015
　　第三节　文体 ……………………………………………………… 018
　　第四节　结构 ……………………………………………………… 029

第三章　诗歌写作 …………………………………………………… 039
　　第一节　诗歌的基本知识 ………………………………………… 040
　　第二节　诗歌的写作训练 ………………………………………… 051
　　第三节　诗歌的修改 ……………………………………………… 057

第四章　散文写作 …………………………………………………… 067
　　第一节　散文的基本知识 ………………………………………… 068
　　第二节　散文的种类 ……………………………………………… 080
　　第三节　散文的写作 ……………………………………………… 093

第五章 小说写作 ········· 105
第一节 小说的特性 ········· 106
第二节 小说的分类 ········· 115
第三节 小说的写作要领 ········· 119

第六章 剧本写作 ········· 139
第一节 戏剧的类别 ········· 140
第二节 剧本的特征 ········· 144
第三节 剧本的写作要领 ········· 150

第七章 新闻写作 ········· 175
第一节 新闻写作概述 ········· 176
第二节 消息 ········· 179
第三节 通讯 ········· 189
第四节 新闻特写 ········· 203

第八章 学术论文写作 ········· 213
第一节 学术论文概述 ········· 214
第二节 学术论文的写作要领 ········· 218
第三节 学术论文的修改 ········· 235

第九章 日常文书写作 ········· 239
第一节 履历表、个人简历和自传 ········· 240
第二节 工作简报和广告文案 ········· 250
第三节 工作计划和会议纪要 ········· 262
第四节 请假条和一般书信 ········· 271

后记 ········· 287

第一章　写作的功能

"写作"作为一门功夫、一种专业技能，承载着诸多重要的社会功能，写作之所以被定义成一门学科，一方面是基于日常生活中的实用价值，另一方面则因其可以被视为文化与文明传承的重要媒介。除了有彼此沟通以及个体向群体传达信息等实用功能以外，纯粹的美感与艺术性也是写作活动所内蕴的特点，所以曹丕说文章是"经国之大业，不朽之盛事"，把文章的价值抬得如此崇高，也不完全是夸大不实的溢美之词。构成写作的因素是繁复的、深刻的，我们可以把写作视为森罗万象的有机组成，要写出好的作品，写作者必须通过积累、练习、思考、深切体察生活，绝不能一蹴而就，也难以靠临阵磨枪取巧。毕竟在许多时候，我们不免觉得写作的灵感多半是若隐若现的，写作的过程时常是不如预期流畅，要完成一篇文章、一部作品，常得经历诸多深思苦索，还必须细心地斟酌字句，耐心反复地进行润饰。

在写作中无法避免许多煎熬与困难，甚至常令人望而却步、半途而废。然而写作却是相当重要的，其重要性在于人类个体，自己发生过的故事，自己内心的独白或省思的结晶，脑海里的一些念头，不借由写作便难以具体地呈现，也没办法更长久地保存。写作对人类的生活面貌，就表层而言，在于自我与外界中他人、事物、地景、社会环境等的接触与互动、交流与感受、说服与影响；就里层而论，先是在于对自我内在心灵、意识、念想、动机、情感的剖析探索，然后加以显现与表达，这样的显现与表达不通过写作是无法完成的。从内蕴抽象概念转变为借由文字语言去具体地显现和传递，自然也是写作所具备的重要功能。

因此，写作不是空洞的抽象理论，它是一种实际具体的行动技能，是人之所以为人，把一切生活经历、意志情感经由文字语言构篇成章，或因应不同需求、不同目的，把语言文字组织化、系统化、艺术化地转变润饰，最终的成品就称之为文艺创作、文学作品。将文章组织化、系统化、艺术化的功夫，需要经由不断的磨炼与学习，因此将写作定义为一门实践性的学科与课程，写作教材的指导目标，一方面是鼓励学生正视写作不外于人生的实际功能，另一方面是提升学生对文章构思布局的掌握度与用字遣词的熟练度。在介绍写作的功能之前，先谈谈如何学好写作，接着分别从生活、情感、思维各方面进行论述。

第一节　写作的条件

　　写作是人类独有的能力，这样的能力凌驾于鸟兽之上而显得尤其特别，其他物类只会以鸣叫、动作来表达它们的感受与诉求，作为一种传递讯息与沟通的方式，至多进展到类似我们所说的语言，但这样的"语言"在复杂度、缜密度、系统性等方面，仍然与人类所使用的差距甚远，更遑论能够发明与使用文字，再借由文字构篇成文章。人们的生活中有许多故事、情感、想法、想象，而这些生活的材料必须透过语言文字，才足以达成传递与流传的效果。人类能使用语言与文字去记录人物事件，去阐发道理，去展开思辨，去宣泄情绪与抒发情感，从使用语言进步到驾驭文字，从原初单纯语言的口耳相传到更繁复地诉诸笔墨、构思成篇，所以就在文字创生之后，势必朝着语汇、词句、篇章的历程发展下去。文章在架构上愈趋完整缜密，主张布局与层次；在形式上愈趋工巧规律，讲究韵律与艺术；在内容上愈趋多样厚实，强调观点与内涵。天文地理、古往今来、是非曲直、人物臧否，没有任何一项不是以语言文字作为载体。文章里头所有的人生观、世界观、价值观的沟通、传达、阐发，也无一不是以语言文字作为媒介写作而成。"写作"则同时包含了语言与文字二者，写作者一方面必然是使用文字去书写与记载，另一方面在文章的字里行间，也必然考虑着语言特色的运用。

　　语言文字包含诸多特质，譬如不同国度、不同种族有不同的语言特性，就算同国度、同语言又有可能因地域之别，有不同的方言。在某范围内，语言文字便是群众相互交流沟通所依赖的工具。语言在约定俗成的情况下显现出共通的特性，人们对自身所熟悉的语言风格的阅读感受定是亲切而体贴。例如，文学作品当中常见的"腔调""语调""地方俗谚""俏皮话"等，就常能降低读者阅读作品时的陌生感与艰涩感，写作的同时如果能展现绝佳的语言风格，则更能使得读者莞尔一笑甚至与之产生共鸣。又如，《骆驼祥子》里头的语言风格是"老北京话"，老舍笔下的世界一来是充满十足的"京味儿"，二来是营造出某种诙谐轻快的氛围。其他如四川的郭沫若、巴金，湖南的沈从文，陕西的贾平凹等人，他们的文学作品中，多多少少都夹带了地方的语言文字风格，读起来便显得通俗亲切。从事写作活动时，创作者如果能巧妙地驾驭语言文字，避免佶屈聱牙的晦涩感，也有助于凸显写作与阅读上的流畅度。

　　写作这一活动，其实就是对语言文字的驾驭，驾驭的得体与否也和一篇文章、一部作品的高下优劣有着相当大的关联。语言文字的巧妙必须细细地琢磨咀嚼，例如，清廷对抗太平天国时，曾国藩听从幕僚建议，便把"屡战屡败"更改为"屡败屡战"。此事虽然在史实里无从稽考，恐怕是后人穿凿之说，但从这个案例可察觉语言文字的奥妙与趣味，明明是同样的四个字，顺序一颠倒，语意竟然全然逆转，由消极悲观转变成积极乐观。驾驭语言文字，并且娴熟地应用在写作之中，从我们较容易理解的"说话"，进一步以"我手写我口"的方式移植到文章之中，差别在于平常的说话可以较轻松而不苛求布局，但写作之中对语言的规范与要求则远比说话来得细致。

　　写作是一种文字记录，文字记录的功用是把口述的语言做书面化地呈现，原本局限于口耳相传的语言透过文字的加工处理后，更能超越时间与空间的限制，完整而妥善地留存下来。文字与口述性质的语言相比较，必须具备普遍性与规范性。从口述语言到文字记录具体化的过程与转变，文字写作比起单纯地口述通常更能展现出组织、系统、修饰、艺术等特色。所以，运用文字来构成写作是必然而普遍的方式。写作活动对创作者巧思与意志的要求，也比平时我们说话时的态度来得更加严谨与考究。例如，鲁迅写《狂人日记》之时，刻意使用文言文写《序》，使用白话文写正文，一方面是借此嘲讽老旧迂腐的文化型态与阶级意识，另一方面是把白话文的"新"和文言文的"旧"分庭抗礼，提示人们应该随着时代的演进而知所取舍。上述几个实际例子，足见驾驭语言文字的功力，在写作活动中所占据的重要位置。

　　至于写作过程中常运用的语言概略有四种：一是口头式语言，在小说的人物对话中最为常见，人物彼此的说话交谈，较为生动浅白。二是独白式语言，此类常见于小说人物内心的独白，或是作者借由散文写作对自己诉说。三是组织式语言，大多使用于散文，注重的是修饰、条理、系统。四是定义式语言，广泛地应用于析论、哲理、学术等文章类型，讲究的是对专业术语或抽象概念的具体解说。

　　对大学生来说，要夯实写作能力，发挥写作的功能，必须把理论学习与实践演练这两者相互结合起来。理论方面包括认识写作的既定规范与共通原则，认识不同文体类别及其所对应的定义及特点，认识文艺写作与实用写作两者的区分，认识各式写作有关于格式结构、篇幅大小、字数规定、使用领域等细节。实践方面则需要多多涉猎名家著作,加强自我对艺术、美感的敏锐度,累积词汇量,熟悉优美词句,最终可应用在写作上。平日更需要广泛地吸收新知,增长见闻,善于思辨,体察人情事理,把生活圈当成一本活生生的教材,充实人生,从生命历程中寻找材料与灵感。从写作之前到写作的当下,不可免去一番构思、斟酌、润饰,刚写完的初稿,仍然需要再三回顾、订正、修改。对自我作品务必严格审视,颇忌讳眼界狭隘、闭门造车,该是在效仿前辈饱读名著的前提下又能自我创新,不落俗套以求尽善尽美。

第二节 展示生活

人类既是独自的生命个体,同时也必然是群居的动物、社会的动物。马克思说过:"人是最名副其实的社会动物,不仅是一种合群的动物,而且是只有在社会中才能独立的动物。"[①] 人与人的相处交际,人与社会结构的融通共生,衣食住行、进退应对,交织成复杂而多面向的网络结构,是一段连接一段的生命历程的演进,也是一层叠盖一层生活经验的堆砌。作者透过文章呈现出人群林林总总的生活模式,习惯、信仰、观念、习俗。

人类生命由自身到外界的拓展,首先是展现个体的生命,其次是维系人际交流,最终是巩固社会运作,如同心圆般围绕牵连着人群社会的总体生活,生活当中人们既有物质上的追求需要被满足,又有精神上的需求需要被填补,写作虽因应生活的记录与对生活的感触而产生,然而作品又能反过来满足人们精神与思想的需求。人们通过写作体验生活,重现生活,反刍生活,写作的材料也源于生活中的环节,和人们的见闻、触及、想法唇齿相依,生活最终是扣紧人类生存的意义,对自我与他人生命的探索与省思,人与外界事物的互通交融,对内心境遇的叩问逼视。

孔子所说的"不学诗,无以言"[②],"诗,可以兴,可以观,可以群,可以怨。迩之事父,远之事君。多识于鸟兽草木之名"[③]。便是注意到诗文并不是

---

① 马克思,恩格斯. 马克思恩格斯全集:第 12 卷 [M]. 北京:人民出版社,1962:734.
② 朱熹. 四书章句集注 [M]. 北京:中华书局,2008:173.
③ 朱熹. 四书章句集注 [M]. 北京:中华书局,2008:178.

脱离生活的一种孤立存在，相反地，诗文必定得从人群生活之中酿造提炼，也正因为写作如此贴切于群众的日常生活，是故能丰富知识、情感、政治等诸多面向，具备实质的效用与功能。写作表现生命的本质，描绘生活的历程。人们只要对自己的生活、群众的生活有所经历、有所体验、有所认识，就能从生活中找出故事、讲出故事，诉诸文艺创作就能挖掘出材料，书写出故事，所以说写作的功能也在于展示生活。

表现在文学作品中的生活面貌，可说是森罗万象，李斯的《谏逐客书》和政治事件有关，荀子的《劝学》、韩愈的《进学解》和教育理想有关，苏轼的《教战守策》和军事概念有关，庄子的《逍遥游》《齐物论》则是阐发哲理。杜甫的《茅屋为秋风所破歌》带我们目睹他陷入生活困境时的艰难与窘迫，《秋兴八首》《登高》则记录着他流寓夔州的那段日子及苦闷心境。梭罗书写的《瓦尔登湖》，是描绘他在瓦尔登湖畔居住时的生活光景。三岛由纪夫取材自真实场景的《金阁寺》，引发读者的好奇和心生向往。林海音以一本《城南旧事》勾勒过往，为人们介绍她的童年生活。其他如建筑、艺术、音乐等的相关文章，也可说是不胜枚举，无一不是奠基于生活与文化。生活的情景仰赖写作的记录与流传，让后人得以了解前人的见闻经历，让近处之人可以窥探远方之人的日常百态。

写作活动所展示的生活，概略可从四个方面构思与下笔：一是以时间来考虑，作者所描写的长时间的生活，甚至长到人的一生，或是短时间的生活片段与剪影。二是以空间的大小作为估量，可分为大范围的生活，例如，大到叙述一场国家民族的战争，或是小到一处日常起居的狭窄的斗室。三是以虚实来区别，例如，贾宝玉在贾府和怡红院的生活点滴是虚写，而梭罗在瓦尔登湖畔的生活，余秋雨的《文化苦旅》等则都是实写。四是以个体生活和群体生活来划分，个体方面可写自己的生活，包括抽象的内心独白、具体的言语行动，群体方面小至两人的对话互动，中至三五成群，大到一个大家族、数个大团体。

第三节 抒发情感

各式各样的记叙、抒情、议论等文章的问世，实实在在地证明了写作的多面性，也凸显了写作活动联结着表情达意的实践功能。换言之，打从人们有了情感表现、思维表现，这二者与写作活动间便是唇齿相依与相辅相成的关系，先有了情感的触动、思维和想法，才会有随之而来的写作内涵，写作活动的本身也可以说是情感与思维的实体化过程。

人是具有情感的动物，写作或是文学，也可说是人类显露情感、表达情感的一处舞台，它的功能正在于将原本抽象的情感，加以具体地描绘及呈现。如《诗大序》里注意到诗是一种人们将心志外显的具体表现，人们借语言文字诉说内心的情感。人所具备的意志、心志、想法、动机、情绪、情感，伴随自己这一生，如影随形。人非草木，岂能无情，人既对人有情感，在人际相处中拥有亲情、爱情、友情，人甚至也能对湖光山色、虫鱼鸟兽、红花绿叶产生情感，但情感通常是内蕴潜藏的，平常抽象难以外显，唯有透过文字语言与文艺创作，才能够做具体化展现和传达。因此，人们情感与思维的呈现，就包含在写作的功能之中。好比李后主用"一江春水向东流"来形容自己"愁"的永无休止，李清照用"只恐双溪舴艋舟，载不动许多愁"来描绘自己"愁"的沉重与浓厚。苏轼对四处颠沛奔走的人生经历之感受，也深刻地体现在《和子由渑池怀旧》"应似飞鸿踏雪泥"的诗句当中。郑愁予的《错误》借"达达的马蹄"的声响与意象，从误以为"归人"的雀跃，到认清是"过客"的现实转变，以"错误"为诗眼，刻画出一种期待后又落空的哀愁情感。

写作确切地呈现"表情"的功能，是双向进行的。一方面是创作者本身往内的抒怀省思，就这方面来谈，文章可以是写给自己看的，写作可以是为了自己而写；另一方面，创作者借由写作成果，向着他人、向着外界的呼喊或说服，尝试引起某些响应或共鸣，或达成作者所预期的某些更深邃之目的。写作的功能在于抒发心中情感与情怀的"表情"，作家本身能借由文字语言留住一份当下最真挚而深刻的情感触动。例如，《诗经·关雎》中，诗人借由"关关雎鸠，在河之洲"的景象，抒发了"窈窕淑女，君子好逑"的念头和情怀。《诗经·蓼莪》的"蓼蓼者莪，匪莪伊蒿。哀哀父母，生我劬劳"，诗人以哀哀叹息、直抒人子感念父母恩泽的浓郁情感。朱自清的《背影》通过叙述父亲的臃肿蹒跚的体态以及捡拾橘子时的狼狈，来描绘父子之间的牵挂与不舍。龙应台的《目送》写她送别儿子时的情景："我一直在等候，等候他消失前的回头一瞥。但是他没有，一次都没有。"作者感叹着自己对孩子的依恋仍深之时，孩子已勇于割舍地独立及远离，她一时之间竟觉难以释怀。

写作活动所抒发的情感，概略可从三个方面界定。一是关于情愫内外的区别：往内是对自身情感的独白与反刍，例如歌德的《少年维特之烦恼》；往外是对身外对象的诉说，例如林觉民对他的妻子，朱自清对他的父亲，龙应台对她的儿子。二是抒情对象的狭义或广义：狭义的对象是人，像是三毛的《撒哈拉的故事》；广义的对象也可以是景或物，像是张若虚的《春江花月夜》、席慕蓉的《一棵开花的树》。三是以人为抒情对象时的范畴圈定，也就是我们所熟悉的人世间的亲情、友情、爱情。古往今来不胜枚举的文学名著，大致不脱离以上三个范围，如韩愈的《祭十二郎文》是谈亲情，《管晏列传》中的管仲和鲍叔牙之交是谈友情，陆游的《钗头凤》是写爱情，张爱玲的《金锁记》是兼谈亲情与爱情。

第四节 展现思维

　　人们既能借由写作"表情"，也可以借由写作"达意"，这就如同韩愈在《送孟东野序》中所谓"物不得其平则鸣……人之于言也亦然"。17世纪，法国思想家帕斯卡尔在他的《思想录》中有言："人是能够思想的芦苇。"[①] 人类具有脑识，所以能够思想、考虑、判断，最终经由一定程度的积累，就能够把经验与思想相互结合起来，建构成缜密的思维，思维影响着自身或群体的人生观、价值观、世界观，又透过林林总总的辩证、推理、逻辑、实践，人类终究会在长期演化与创造中激发潜能。以上所述不论是学说、论证、定律，都必须透过文字文章、文献书籍的记载，也唯有写作这样的技能，才能替这份延续传承人类"思维""观念""论点"的任务奠定充足、完备的先决条件。

　　写作的功能也在于表现意志或传达思维的"达意"，李密的《陈情表》借着赡养祖母终老的心愿，一方面是以"臣无祖母，无以至今日；祖母无臣，无以终余年"表述祖孙情切，对祖母必须尽孝回报的"表情"，但另一方面其陈情目标也在于"臣具以表闻，辞不就职""愿陛下矜悯愚诚，听臣微志"等"达意"，巧妙地将自身的意志与态度诉诸纸笔。席慕蓉自称《一棵开花的树》是她写来献给大自然的一首情诗，这就是作者在写作时的念头

---

① 于文心. 外国名家散文经典 [M]. 武汉：长江文艺出版社，2003：20.

与想法，虽然是有感而发的"表情"，同时却也是奠基在既定的写作宗旨底下的一种"达意"。舒婷的《致橡树》则借"我必须是你近旁的一株木棉，作为树的形象和你站在一起"的意象传达了作者的意念，表现出现代女性的爱情观含有比肩并立、互相尊重等精神。鲁迅在《秋夜》里写道："在我的后园，可以看见墙外有两株树，一株是枣树，还有一株也是枣树。"这样的写作方式相当罕见，读者阅读时会觉得陌生，但字里行间传达出某种新鲜和趣味的幽默感，我们姑且把幽默感也看作是某种"意"，那么作者在文章中的幽默诙谐，其实也能算是"达意"的展现。在鲁迅的小说中，我们通常也不难察觉到他借小说"达意"的普遍情况。例如，在《药》的故事情节中，就暗藏了救国救民的迫切意念，他以小说当中的夏瑜象征当时中国要迈入新时代的窒碍难行，饱受欺凌煎熬。以华老栓、华小栓一家象征旧时代的迂腐与不合时宜，一来已是病入膏肓，半死不活，二来即使要勉强挽救，却也是不得要领、徒劳无功。总归地说，表情达意就是创作者对情感与思维的呈现，也是写作的重要功能。

写作活动所展现的思维，概略可从三个方面观察：一是有特定严肃目的之思维，例如李斯的《谏逐客书》、李密的《陈情表》之写作目的都在于劝谏君主回心转意，收回成命。又如鲁迅当时创作小说的用意在拯救国族劣势，扭转那时候的人民某些迂腐迷信的陋习。二是为解说某些想法与概念的观点性思维，例如朱光潜的《谈修养》、林语堂的《论幽默》。三是较生活化的漫谈性思维，例如老舍的《又是一年芳草绿》是谈自己的性格与写作风格的联结。又如龙应台在《目送》中思考在新时代如何调适自己对儿子安德烈的母爱，以及母子双方的相处之道。

参考文献

[1] 马克思, 恩格斯. 马克思恩格斯全集：第 12 卷 [M]. 北京：人民出版社, 1962.

[2] 朱熹. 四书章句集注 [M]. 北京：中华书局, 2008.

[3] 于文心. 外国名家散文经典 [M]. 武汉：长江文艺出版社, 2003.

思考与练习

1. 写作是语言运用的艺术，语言运用在哪些方面会对写作产生重要影响？

2. 写作有哪几大功能？如何认识文章中的"表情"功能与"达意"功能？

3. 阅读一篇有多人对话的小说，观察对话所反映出来的说话人的语言风格，特别注意体现不同方言语言差异的地域风格。

4. 请从你的生活经历中寻找若干印象深刻的人或事，写一篇500字左右的短文。

第二章 主题与结构

写作应当掌握的主题和结构，关系到整部作品、全篇文章的内容篇幅与行文脉络，写作如果不懂得妥帖地切合主题，就会使得内容失焦、论述跑偏、观点歧出。就文体风格而言，例如，在抒情文里头不该讲大道理，大谈议论，写议论文则必须有凭据、有论断、有援例、有实证，不宜凭借某种感性的感觉意图引发读者共鸣。就实际作品而言，《红楼梦》的书名与内容主题扣紧贾府生活，贾、史、王、薛四大家族的兴衰，以男主人翁贾宝玉及其住所怡红院，林黛玉、薛宝钗等主角为核心，开展故事情节，书中既以宝玉的"太虚幻境"的梦，又以人生无常如梦的感慨，呼应了《红楼梦》中的"梦"字，是文学作品符合其主题的成功表现。莫言《民间音乐》的关怀点既在马桑镇这处民间场景，又在小瞎子充满魔幻力的音乐天赋，也是写作开展紧扣其主题的例子。

文章的结构，仿佛建筑物里的梁柱、斗拱、门窗，写作之前，脑海里要先概略地绘制出一张蓝图，清楚意识到自己所创作的文类并恪遵该文类结构与形式上的规范。例如，创作古典诗的时候，要注意到首联、颔联、颈联、尾联等结构，四言、五言、七言等句式，写作近体诗时要顾及格律、平仄、用韵，等等。新诗虽然是自由诗，限制较少，也不必顾及格律、用韵，但在结构上仍然需要以断句、换行等方式，来营造诗歌的节奏与律动。散文的结构有段落上起承转合的安置，前、中、后各区域的段落上也有凤头、猪肚、豹尾等诉求。小说的结构强调叙述视角、人物对话、情节环境。传统的古典章回小说，则是把情节脉络安排在章回的框架之中。剧本写作结构是以"场"和"幕"作为核心，处处考虑演员在舞台上演出的效果。写作时倘若能先中规中矩地搭建文章结构，至少在文体文类上不至于混淆失序，其次再更进一步激发灵感，表现文采创意。

第一节　主　　题

主题像是文章的内在灵魂，是整篇文章围绕的元素所在，也可说是整篇文章、整部作品所要陈述或描绘的重点，主题指的不单是书名、标题，所以一般而言，我们根本没办法单纯地从书名、标题、篇名就判断出一篇文章是何主题。比如，我们第一次看见《幽梦影》《七里香》《挪威的森林》《檀香刑》《文化苦旅》《瓦尔登湖》《傲慢与偏见》时，绝对难以知道书里头的风格倾向是抒情还是议论，内容主要谈些什么，甚至不知道这部作品到底是新诗、散文，还是小说。主题指的是作品名称，再加上整个文章内容的总和，两者之间通常有巧妙的联结。人们在看完整部作品后，也能隐约地发现，作者所写的文章内容与标题是契合的，或者是遥相呼应，阅读者之所以会有这种读后感，那便是作者写作的时候，时时注意到去扣合作品的主题。

　　开展写作的先决条件，必得明确文章的主题。写作开始，创作者自己必须很明确地知道自己要谈什么，要写什么，文章是关系哪个方面，最主要的部分是什么。如果望题无法生义，脑子里千丝万缕、杂乱无章，或者是空空如也，没办法产生任何的想法念头，恐怕其中的原因之一，在于写作者对自己文章的主题还不太明确笃定，便不知从何说起。在无法笃定主题的情况下就算勉强下笔，整篇文章也很难提炼出鲜明的脉络，不但无法鞭辟入里，甚至显得东拼西凑，不知所云。所以在文章的起头处就必须很明确地捉住主题，朝着主题的方面书写下去，扣紧主题核心避免离题，不偏不倚，顺着主题发展出精湛的文章内涵。行文的主题必须是合乎正当性、不违背情理、能凸显价值，倘若无法树立一个既明确又正当的主题，那么一开始写作就变成在错误的主题底下强词夺理、颠倒是非、自相矛盾、胡言乱语。例如，人们绝对没办法在"贪婪为是""慈爱为非""邪恶无害""人都该离群索居""光阴理应虚度"这类荒谬错误的主题之下从事写作。行文起头的主题单是明确正当，仍旧稍嫌不够，最好是能挑选出较为深刻的主题，以免写作流于肤浅片面、单调寻常。倘若写作活动是处于被动的答题形式，无法自行决定文章的主题时，在偏向寻常普遍的主题之中，却又要避免把文章写得肤浅与乏善可陈，便需要在行文之初就要找寻到某种新的视角与新的论述，作为展开主题与活化主题的突破点，舍弃绝大部分的老生常谈和陈词滥调。换言之，就是在旧瓶里面要装入新酒，在旧的主题之中勇于赋予它全新的张力。我们不难发现一个事实，对同样的主题，有些人写得不好不坏，有些人写得精采绝伦，也有些人写得惨不忍睹，让读者望而却步。所谓"横看成岭侧成峰，远近高低各不同"。是故，一部作品或一篇文章的优劣成败和主题其实是息息相关的，写作者对主题掌握度偏强或偏弱，是否能在旧的主题中挖掘出新的突破点，时时刻刻影响着文学作品的质量。

文章主题又与文体息息相关，如果写作的文体错误了，主题通常也就同时跑偏了。因此在写作文章时，写作者大抵按照某特定主题，去圈选出某特定范畴、特定领域的内容，范畴以不违背主题的大方向、大重点为原则，和主题全然无关联性的内容万万不可提及，有间接关系的内容视篇幅大小或视需求情况而定，有直接关系与迫切性的内容必须翔实记叙，做深刻地阐述。选定的范畴精准与否将直接影响到全篇文章的开展，错误或失焦的范畴会使文章读起来枝枝节节，显得插科打诨、言不及义，难以触及核心。行文时要清楚地选定范畴，就需要顾及文章类别与风格的特性及内容里头的主从位置。以散文而言，如果是记叙文，人物与事件的描写要深刻清晰，大事件与小事件的比重分配要妥善衡量与安排，事件与事件的因果联系既要有条理，又要合乎情理。抒情文当中自然可以不排除记叙与议论的成分，但仍然得以情感为重心，情感的张力要有凌驾于记叙、说理面向的走势及导向。相对地，议论文中的逻辑、阐发、评论、价值判断等范畴的密度，要远比记叙面与抒情面来得强。诗歌类的行文虽然篇幅较为短小精简，但依旧不宜忽略范畴的重要性，刚性美、柔性美、凄凉萧瑟感、豁达闲适感都算是相异的范畴，对范畴的选择如果得宜便觉恰当妥帖；反之则觉唐突怪异、扞格不入。

  写作者早在行文起头阶段，对范畴的选定就已需要具备最基本的认识与构想，下笔后才能自然顺畅地带出全篇文章的脉络与系统。例如，马致远的《天净沙·秋思》里头，把枯藤、老树、昏鸦安排到同一句，把小桥、流水、人家安排到同一句，把古道、西风、瘦马安排到同一句，就是对范畴具备高度认识，并且运用自如的一种行文艺术。苏轼的《定风波》中，"竹杖芒鞋轻胜马""一蓑烟雨任平生""也无风雨也无晴"这些句子全然不偏离一种恬淡豁达的意象范畴，如此方能把苏轼淡然看待人生旅途的哲思表露无遗。再如，郑愁予的《错误》中的"莲花""柳絮""青石""春帷""窗扉"，由这些语词以及词义所呈现出的景观画面，都是包含在一种婉约柔和的范畴当中，范畴内的一字一句和整个"江南"的意象美感完全能协调呼应。要创作一部成功的小说，也与范畴的选择脱离不了关系。例如，长篇小说《红楼梦》就是围绕着林林总总、层次丰富的人物与时空范畴所建构出来的世界，空间上的贾府、大观园、怡红院、潇湘馆，人物上的贾宝玉、林黛玉、薛宝钗、王熙凤、史湘云，等等，主从上的十二钗分为正册、副册、又副册。又好比《红楼梦》中关键性的判词早在小说第五回就已经出现，表示整部小说的安排与结局，作者曹雪芹大抵已圈定好某些范畴，故事的人物、事件、场景都在这样的范畴内进行与展开。海明威的《老人与海》所圈定的范畴，同时也是小说的时间与空间背景，是由古巴老渔夫圣地亚哥与一条大马林鱼的搏斗所构成。鲁迅的《药》所圈定的范畴，是由革命党人夏瑜被处死，华老栓意图拯救小栓等人物与事件所构成。换言之，任何一部优秀作品背后，创作者对于范畴的构想与选择都是非常耗费心思、下足功夫的，而这样的初期作业，作者在行文起头处就约摸完成了十之八九了！

第二节 材　　料

写作在确立主题之后，紧接着就是寻找材料和运用材料，材料是文章里头的重要对象，妥善地运用材料可充实文章的内涵，开掘文章的深度，达到如虎添翼的效果。材料因应写作的实际需要，创作者把和主题相关的生活经验、读书心得、人生观启发，纳入文章的内容之中，作为写作论点的阐述，与陈述事实的依据，举凡援例、典故、人物、事件、景观、道理、格言、俗谚等，都可被创作者当成写作材料加以灵活运用。适当地使用材料也能帮助创作者强化文章里头的现象、事理、论点，提升文章的深度与价值。

一、聚材

在文章结构中，倘若把整篇文章比喻成建筑物，那么材料就宛如被用来搭建屋宇的砖砖瓦瓦，材料的质量与多寡皆会对整篇造成相当程度的影响。材料的性质分为素材与题材，素材只略具雏形，型态往往较为散乱缺乏体系，内容也较为粗糙简单，例如，笔记、速写、数据一类皆是属于素材，素材通常得历经一番提炼与改动后才能够纳入文章里头。题材则和素材相反，是已经锁定了特定的类别与范畴，透过作者的搜集、选择、安排、提炼，为了处理某特定命题的文章，促使写作活动顺利开展，并且得以和文章内容成功配套的前置作业。例如，学术题材、历史题材、饮食题材等，题材比起素材更显精确聚焦，也更富指定性与专业性。

材料是广泛而森罗万象的,创作者必须主动积极地去搜罗凝聚,以获取原本散置于各处的原始材料,将这些材料积累起来后,方便将来进行写作上的运用。创作者要把聚集材料当成一种习惯,无论是书本文献上的材料,日常生活上的材料,还是时事方面,或者是专业知识方面,甚至是看似最不起眼的街谈巷议,或是人们茶余饭后的随意闲聊,无一不是可以被聚集和运用的材料。创作者对材料的聚集,一方面可以仰赖平常的涉猎与积累,另一方面则是在即将进行写作之前,或在写作阶段当中,专门针对文章的主题去做采集和搜罗。聚集材料的方法可透过阅读观察、调查采访、感受想象等方式。材料可从以下三类方向获得:其一,阅读观察。阅读可以从书本上学习与认识他人的经验或学问知识,并透过吸收转化纳为己用,正是"秀才不出门,能知天下事""读破万卷书,下笔如有神"的概念。阅读是广博获取写作材料的重要途径。观察是创作者对一切人、事、物、情、理的感官接触,而这样的接触不单是"观看",其间还包括激发思想、产生共鸣、提出观点等。创作者时时培养敏锐的观察洞悉能力,观察方式力求通盘、细致,兼顾广度与深度,借由自我磨炼,让自己达到"万物静观皆自得""问渠那得清如许,为有源头活水来"的写作境界。其二,调查采访。调查采访乃因应特定范围内主题内容而写的文章内容,大多是聚焦于特定人物和时事,调查专对事件居多,把原本不懂的事件的来龙去脉弄明白;采访专对人物居多,把原本不熟的人物的性格思想弄清楚,然后才有充足的材料去写出符合事实与具有建树的文章或报导。其三,感受想象。感受是创作者主体与一切存在客体接触的抽象媒介,也是催发写作灵感的联结点,创作者先借由感官接触那些被叙述和被理解的存在客体,感受之后产生的情感共鸣偏感性取向,可形成抒情风格的写作媒介,感受之后产生的思考与判断偏理性取向,可建构议论风格的写作媒介。至于想象,是在创作者既有的现实基础上,设想出崭新的世界,通常是虚实相间的人、事、物,能摆脱常态常理的认知、时间与空间的限制,如奇幻小说、神魔小说、武侠小说等。如《西游记》在既有材料玄奘取经的基础上,增添了孙悟空、猪八戒等虚构角色,经历九九八十一难等被想象出的事件情节。《三国演义》在三国时代魏、蜀、吴分立的历史基础上,运用关羽、诸葛亮等真实人物,与想象出的虚构事件相结合,如关羽的千里走单骑,诸葛亮的空城计。文学作品能呈现形形色色的情节以及拓展出新颖的脉络,皆需要想象力的推波助澜。

二、选材

　　文章作品通常限定在一定的主题与范畴之内,加上不同类型的文体有其各自的篇幅要求及字数规定,因此创作者得从森罗万象的材料里去精挑细选、去芜存菁,选择出那些最适合自己文章作品主题范畴、文类篇幅的材料,才不至于使得文章过于冗长臃肿,甚至是言不及义地偏离了核心。选材的流程可分成两个阶段,第一阶段可以较广博地采取,第二阶段必须集中紧扣核心,换言之,就是以"摄博归约"的方式进行选材。选材的基本要求和原则是切合主题、真实可信、新颖独特三项。

　　首先,切合主题。材料必然是围绕文章宗旨用以叙述或帮助主题的存在,这是运用材料的意义所在,也是进行选材的首要任务。选材时除了必须知所取,还必须知所舍,放弃那些和文章主题宗旨毫不相关或关联性太小的材料,无论那些材料再如何有名气、有内涵,一旦和写作主题无关,创作者势必得勇于割舍,倘若执意纳入反倒会妨碍文章脉络的进展,显得芜杂不堪、莫名其妙。要使材料切合文章主题,就要避免任何和主题范畴有冲突与矛盾的悖论,以免造成弄巧成拙、适得其反的后果。这意味着创作者在选择材料之初,脑海里就先把把与主题相关的那些部分圈定妥善,规划出大致的材料蓝图,再顺着这样的轨迹去挑选及运使材料。

　　其次,真实可信。写作文章必须使内容具备真实性,所谓事实胜于雄辩,一则真实的论述远胜过长篇大论的虚言妄语,未经求证的道听途说、街谈巷议万万不适合当成写作材料加以运用。所以创作者在选材时,必得再三检视自己所采用的材料是否真实可信,尤其是行政性质的公文,如果采用的内容或数据发生错误,严重的情况下甚至会被视作捏造、伪造文书。对于文章选材真实性的要求,实用性写作高过文艺性写作,散文写作高过小说写作。散文中的记叙性用以描述真实人物、真实情景,抒情性用以形容真实情感,避免为文造情的虚伪,议论性必然是根据真相和道理去说服读者,倘若出现谬误就等同是丧失了文章的说服力。小说写作可以营造亦幻亦真的环境,允许虚构性的发挥,对于真实并不那么严格地讲究,但是在"意料之外"的虚构性营造下,安排情节处在"情理之中"的基础仍旧重要。比如,《三国演义》里头将"空城计""赤壁之战借东风""草船借箭"等虚构或半虚构事件,和诸葛亮这个"真实"的历史人物相结合成某种"可信"去说服读者信服小说情节，或是至少乐意去接受这样的情节安排。又如小说的故事情节里头，常被读者认为除了人物、地点、时间点是"造假"，其他都是"真实"，这意味着小说真实可信的根据，肇因于其宗旨最终落在解释人生，以及其内涵能够与群众的心理层面相互呼应。

最后，新颖独特。在有限的篇幅空间之中，材料的选择标准是质地胜于数量的，越有张力及表现力的材料越能成为典型，而这些能在文章中大放异彩的材料，通常具备了新颖独特的性质。材料的选用颇忌讳对陈词滥调敝帚自珍，对重复性高的观点喋喋不休。观察先前的人所未观察到的对象，或前人虽观察到却尚未深入挖掘的范畴，避免再使用以往创作者惯用的谈论方式或切入的面向，一种做法是彻底抛弃旧的材料，另一种做法是从旧的材料中找到新的突破点，尽可能营造出新鲜感与陌生感去增添文章的艺术表现和感染力，达到"语不惊人死不休"的冲击强度和独特境界。例如，人们描述"风"的动作形态，绝大多数是采用"吹"，而晏殊在《蝶恋花》里却写道："昨夜西风凋碧树"，那么"凋"相较于"吹"，就是一种崭新而成功的材料。再如，余秋雨写《都江堰》时特意先写出长城这个对照组，以长城这个象征中华文化宏伟壮硕的刚性材料，来衬托都江堰这个象征中华文化源远流长的柔性材料，使读者觉得都江堰存在着某种异于既往的张力，感受到独特新颖。又如，《红楼梦》里薛宝钗性格上的雍容得宜，是一种符合家族群体的旧传统，那么林黛玉的多愁孤高、勇于反抗，便成了一种新颖独特的代表。

第三节 文 体

文体就是文章的体裁、体制、体式，文体皆有其最基本的规范与条件，相同文体之间的规范和条件具有共同性或共通性，相异文体之间的规范和条件则冲突与互斥的成分偏高。文体的概念，尤其用以对不同文章类型做定义及区分，写作文章之时，创作者往往会事先设想好要写哪一类的文体，比如说要写一首诗，要写一篇散文，要完成一部剧本，要发出一份公文，等等，这便表现出不同文体之间是不容许含糊混淆的。文体作为一种某个特定框架下对作者文字语言、思想观念的承载，以各自所属的内容特色与形式要求加以规范，譬如就内容特色上，诗较重视意象与氛围，而小说强调的却是虚构与情节。

　　文体的概念一旦定型，就会产生某种程度的约束与定义，而创作者可依此通性下的稳定格局，去设想风格与形式各方面的蓝图，在此蓝图下不违背文体规范地从事写作活动。当然，这种稳定的格局只是相对稳定，它还是会随着时代环境的变化而产生变动与更新，好比王国维在《人间词话》里所说的："四言敝而有楚辞，楚辞敝而有五言，五言敝而有七言，古诗敝而有律绝，律绝敝而有词。"一个时代有一个时代的文体，文体演变的发展不会一成不变，所以即使同样是韵文体裁，从先秦《诗经》的四言诗，演变至东汉、魏晋的古体诗，唐代的近体诗，宋代的词，元代的曲。古时候的诗歌有些可和音乐结合，有些则不能合乐，节奏感也各异其趣。即使同样唤作诗，古代诗歌大多讲求句式与押韵，现代的新诗则完全没有平仄、格律、用韵上的规定与限制，因此新诗又称作现代诗、自由诗。

　　由于文学作品里林林总总的文体是一个范围庞大且多样貌的呈现，若各文体之间的界线不够清晰明朗，无论是对创作者而言还是对阅读者而言，都是一大阻碍，因此对各种文体做区别与分类也是必须的。所谓文类的概念，简而言之就是文学的类型，或者对文体的分门别类，是以某种形式体裁为标准去对文章下定义，从某种视角去观察并订定一套系统模式，以此模式为基础去划分文体与形成文类。人们可以此文类概念为基准点，以便更周延、明确、精致地了解各文体间的定义和性质。文体本身就已经相当繁复，文类的区分标准也显得相当多样，人们谈文类之时，或是开始从事创作活动之时，通常要明确地知道自己是以何作为标准。例如，刘勰的《文心雕龙·总术》所谓："今之常言，有文有笔。以无韵者笔也，有韵者文也。"[①] 主要是以押韵与否以及句式规范来作为"文"与"笔"的文体分类标准。再如，谈到文言文、白话文的区分，便是以古、今的时代差异作为标准。又如，较常听闻的现代文艺创作四大类：新诗、散文、小说、戏剧，主要是以"形式"为分类标准。谈小说之时以长篇小说、中篇小说、短篇小说、微型小说，则是凭借"篇幅长短"为标准。某些文体的本身又能再加以分类，古典诗若以其"体裁"为标准可分成古体诗、近体诗，或以"句式"为标准分四言诗、五言诗、七言诗。如果以"题材"为标准来分类古典诗，则如游仙诗、山水诗、田园诗、边塞诗、闺怨诗，等等。小

---

① 刘勰. 文心雕龙 [M]. 范文澜, 注. 北京：人民文学出版社, 2006：655.

说分类则如社会写实类小说、爱情小说、科幻小说、武侠小说，等等。

中国古代对文类的观念不如近现代成熟，即使谈论到文体、文类，也大多是隐隐约约地陈述，定义性与规范性较为含糊不定，而不同时代、不同论者的观点也未必一致。早在《诗经》时有所谓的"六义"，风、雅、颂、赋、比、兴，其中风是民间诗歌，雅是朝廷集会宴飨时使用的诗歌，颂是祭祀时使用的诗歌，因此风雅颂是根据诗歌来源和功能的不同来分类。赋指的是一种叙事铺陈，比指的是譬喻法，兴指的是联想法，所以赋比兴是根据诗歌的表述方式、写作技巧来分类。从"六义"的说法当中，我们得以隐约观察到简略的文类概念。

至于《墨子·大取》中提到的"立辞而不明其类，则必困矣"[1]，萧统在《文选序》中称："凡次文之体，各以汇聚，诗赋体既不一，又以类分；类分之中，各以时代相次。"[2] 刘勰的《文心雕龙·杂文》称"详夫汉来杂文，名号多品，……类聚有贯，故不曲述"[3]，以及《文心雕龙·熔裁》之中所谓的"草创鸿笔，先标三准：履端于始，则设情以位体；举正于中，则酌事以取类；归余于终，则撮辞以举要"[4]。以上诸例皆涉及了"类别"的观念，唯独其所依据的标准并不清楚，系统性也不甚明确，后人难以明白他们所谈是单指形式，还是已经包含文章的风格在内，毕竟这些论点和近现代文类的概念仍有相当差距。若单就文章风格而言，《文心雕龙·体性》说道："若总其归涂，则数穷八体：一曰典雅，二曰远奥，三曰精约，四曰显附，五曰繁缛，六曰壮丽，七曰新奇，八曰轻靡。"[5] 其分类方式是专以行文风格而论，却未提及哪些文体适用哪种风格。

同时兼论文章体裁与文章风格的，如曹丕在《典论·论文》中的："奏议宜雅，书论宜理，铭诔尚实，诗赋欲丽。"[6] 以及陆机在《文赋》所称："诗缘情而绮靡，赋体物而浏亮，碑披文以相质，诔缠绵而凄怆，铭博约而温润，箴顿挫而清壮，颂优游以彬蔚，论精微而朗畅，奏平彻以闲雅，说炜晔而谲

---

[1] 吴毓江撰．孙启治，点校．墨子校注 [M]．北京：中华书局，2008：602．
[2] 萧统．文选 [M]．上海：上海古籍出版社，1998：2．
[3] 刘勰．文心雕龙 [M]．范文澜，注．北京：人民文学出版社，2006：256．
[4] 刘勰．文心雕龙 [M]．范文澜，注．北京：人民文学出版社，2006：543．
[5] 刘勰．文心雕龙 [M]．范文澜，注．北京：人民文学出版社，2006：505．
[6] 萧统．文选 [M]．上海：上海古籍出版社，1998：453．

诳。"① 曹丕在《典论·论文》与陆机在《文赋》所论及的文类虽略详繁简不一，但二人皆注意到各类文体的本质，是同时兼备形式条件与内容条件的结合体，紧接着强调各类文体皆有其各自相对应的风格标准，应用类文章、议论类文章、祭悼类文章、文艺类文章，各类型文章的风格各有其独特的本色。自此文坛对文体和文类有了更加深刻而系统化的认识，这样的观点对创作者而言，更是提供了宝贵的参考价值。

  中国古代的文体分类概念逐渐走向完善化，对文艺创作开始有大幅度探讨与评论的专著当首推《文心雕龙》，而能够直接以文类观念去编选文学作品成为文集，则以《文选》作为指标性代表。《文心雕龙》的前 4 篇是绪论部分，紧接着的 21 篇是阐论文体的部分，再接下来的 24 篇是文学批评论、文学创作论，最后 1 篇是序。刘勰的《文心雕龙》把其认为重要的文体细分成了 35 种加以论述，对各类文体的分析与评议的方式也颇为深刻、细致。《文选》是南朝梁的昭明太子萧统所编，因此又称作《昭明文选》，其间编入并且做了类别区分的文体更为广泛，总计多达 43 种，搜罗了自先秦至魏晋南北朝期间绝大多数体裁的文章。南朝以后至明清以前，谈文体分类大抵不脱离《文选》的分类体例。明清时期所见的文章分类有更琐碎的趋势。明代徐师曾的《文体明辨》将文章区分为 127 种之多，贺复征的《文章辨体汇选》将文章区分为 132 种之多。然文章分类过于细微枝节，反倒因缺乏系统性而显得繁杂艰涩。清代姚鼐的《古文辞类纂》选编从西汉到明清的诸多名篇，摄博归约地收纳在 13 类之中。曾国藩的《经史百家杂钞》别出心裁地率先使用层次鲜明的二级分类法，把文类分为 3 门 11 类，把 11 种文类分别归纳在著述门、告语门、记载门底下。

  从古典文学到现代文学的过渡，也正象征着白话文体的兴起，文言文逐渐退出了文坛舞台，新旧代谢的关键转折点即五四时期的新文学运动，由胡适、陈独秀等人对白话文学的大力提倡，主张文言文已属旧时代的书写工具，新时代的开始则必须迎来"言文一体"的新书写风气，换言之，也就是书写习惯符合口语风格的白话文体。20 世纪 20 年代，陈望道所著的《作文法讲义》将文章分成了记载文、记叙文、解释文、论辨文、诱导文五类。30 年代，夏丏尊、叶圣陶所著的《文心》则把文章分成了记述文、叙述文、解说文、议论

---

① 萧统. 文选[M]. 上海：上海古籍出版社，1998：118.

文四类。各家对现代文体分类方式相同的是，摆脱以往古典文体与类型的观念约束，改以现代化之后的文体概念为基础，以白话文为载体，开拓崭新的文体定义及分类方式。现代文类的区分方式虽无硬性规定应该分为哪几类，但一般普遍获得公允的分法，以文艺体裁而言，通常是采取"四分法"的诗歌、散文、小说、剧本。以实用体裁而言，则因发文对象及写作侧重之目的不同，会有所差异，本书编入的实用文体则侧重在新闻类文章、学术论文、公文这几类。

一、诗歌

我国远古便已有诗歌的存在，《诗经》、乐府诗、古诗、律诗、绝句等都能算是诗歌。但当今人们所谈的诗歌，普遍而言指的都不是前述的传统诗歌，通常指的是现代诗。现代诗又称作新诗，现代乃相对于古代而言，新乃相对于旧而言，意思就是指有别于古典、相异于传统。现代诗另外一个称呼叫作自由诗，透露出其内容形式的自由度极高，写诗之时不必如古典诗这般拘束局限，被强制要求得符合固定的格律规范，诸如句式、行数、平仄、用韵，等等。有的诗长至上万行，如荷马的史诗《奥德赛》，有的诗短如泰戈尔《飞鸟集》之中的寥寥数行。要之，现代诗并非是处在中国传统文体概念的架构下，其定义基本上是比较偏向于西洋的文学观点。

各家对诗歌的定义的指向也各有偏好，例如，亚里士多德在《诗学》中提出了"天性摹仿"一说，强调某些"生性特别敏锐的人"能透过积累去掌握诗歌的"音调感"和"节奏感"[1]。19世纪法国诗人雨果称："诗人只应该从自然和真实以及既自然又真实的灵感中得到指点。……既有艺术加工也有灵感成分，既深邃悠远又出人意表，既宽宏大度又真实入微；它善于适当地断句和转移停顿以掩饰亚历山大体的单调，它爱用延长句子的跨行句而不用意思含糊的倒装句；它忠于韵律这一位受制约的王后。"[2] 20世纪美国新批评派的韦勒克、沃伦等人提出："格律和隐喻还是属于一体的，只有包括这两个因素并解释它

---

[1] 亚里士多德. 诗学 [M]. 陈中梅，译. 北京：商务印书馆，2005：47.
[2] 维克多·雨果. 克伦威尔序，雨果文集：17卷 [M]. 柳鸣九，译. 石家庄：河北教育出版社，1998：75.

们的紧密关系，我们给诗歌下的定义才能获得足够的普遍性。"[1] 新月派诗人闻一多在《诗的格律》论文当中则主张诗的"三美"是音乐美、绘画美、建筑美。是故，诗坛人士对诗歌的理解与定义，有些是从形式结构来谈，有些是从灵感来源及媒介来谈，有些则是从格律音调来谈。有些注意到诗歌长短缩放间的变化感，韵律以及节奏性，有些着眼于诗歌中的意象和象征手法，有些则强调诗歌的景观感、画面感。我们可以得到的结论是，无论诗人与文学批评家从哪个面向解释诗歌的本质或特点，都脱离不了内涵意义与形式技巧这两大范畴，若要深化诗歌中的内涵意义，需要从情感、观察、体验中多下功夫。若要强化诗歌中的形式技巧，则免不了一番学习、阅读、演练。

二、散文

传统散文的概念与现代有所差异，散文原初指的是一种不用韵的语言形式，作为和韵文区分之用。刘勰的《文心雕龙·总术》称："今之常言，有文有笔。以为无韵者笔也，有韵者文也。"[2] 此处"笔"的概念相近于现今人们所言的散文，文的概念近于如古典诗词一类的韵文。中国古时候的散文，一方面是和韵文相区别，另一方面又与讲求四六排比、对偶的骈文相区别。宋代罗大经的《鹤林玉露》称："四六特拘对耳，立意措辞贵浑融有味，与散文同。"[3] 散文句式较为自由，修辞的运用也不必硬套，文从意行，散文之中所能呈现的内容思想，都比受限于固定格式骈文宽阔爽朗。西洋谈论散文原初亦将之与韵文做区分，如亚里士多德在《诗学》第九章里头称："历史家与诗人的差别不在于一用散文，一用韵文。"[4] 现在人们所通行的散文以及对散文的定义，是历经新文学运动的发展所形成的，已然可视作一种文体类型。朱自清在《什么是散文》当中说道："是与诗、小说、戏剧并举，而成为新文学的一个独立部门的东西，或称白话散文，或称抒情文，或称小品文。……兼包'身边琐事'或'家常体'等意味。"[5] 换言之，举凡不以截断、回行的诗歌形式，

---

[1] 雷·韦勒克，奥·沃伦. 文学理论 [M]. 北京：生活·读书·新知三联书店，1984：200.
[2] 刘勰. 文心雕龙 [M]. 范文澜，注. 北京：人民文学出版社，2006：655.
[3] 罗大经. 鹤林玉露 [M]. 北京：中华书局，1997：27.
[4] 伍蠡甫主编. 西方文论选：上卷 [M]. 上海：上海译文出版社，1979：64.
[5] 俞元桂主编. 中国现代散文理论 [M]. 南宁：广西人民出版社，1984：120-121.

不以人物、虚构、对话、情节为发展重心的小说形式,不以分场分幕、对话、动作、表情为呈现的戏剧形式,便可说是散文。只要不蹈袭诗歌、小说、戏剧等创作形式的书写,日常记叙书写即散文,抒发心情的书写即散文,评议论说也可算作散文。

以内容风格而论,普遍将散文分类为记叙文、抒情文、议论文三类。记叙文以记人物、事件、时代、景观、地点、物品,凭借创作者的记忆、感官、细察,所记对象不宜太过平淡无奇、乏善可陈,最忌写成如流水账般枯燥而毫无起伏。抒情文是借用人物、景致、事物为对象,引发创作者内在情感,再以文字语言作为媒介将这份情感抒发出来,抒情文写作重在感性、意境,愈能感受和触发细腻的情感,愈是能营造出温柔动人的笔触,使读者和作品产生共鸣。议论文必须以知性与理性相互搭配,创作者凭借知识的积累、哲理的思辨去架构议题与论点,去阐发出一番能说服人的道理来。创作者对演绎法、归纳法的善加运用,考究逻辑、条理,将有助于加强文章的说服力。在"事实胜于雄辩"的基础原则下,不忘以实事求是、无征不信的客观态度从事议论文写作。

三、小说

"小说"一词是早在中国先秦时期就存在的词语。庄子曾称"饰小说以干县令",概念等同于荀子提过的"小家珍说",其后班固在《汉书·艺文志》之中称:"小说家者流,盖出于稗官,街谈巷语,道听途说者之所造也。"[①] 但此阶段的小说指的是某些琐碎的言谈及道理,所象征的概念和现今全然不同。中国古代的神话故事、先秦寓言虽具备人物与虚构性,然情节过于简略无转折、无结构脉络,亦不足以符合晚近的小说概念。六朝志怪、志人作品,人物、情节、虚构皆进一步拓展,略接近小说的样貌,可视为小说发展之雏形。唐传奇、宋元话本时期,作品内对人物形象性格的描绘深刻,情节脉络趋于复杂曲折,叙述方式则头尾完整,饶富结构性,故事内容时常意有所指,隐约透露出作者的中心思想,可视作中国传统小说发展的成熟阶段。明清时期则是小说家人才辈出、作品大放异彩的繁荣阶段。清末以来,随着西洋文学观念传入中国,小说是一种具有特定形式结构之文体的概念逐渐普及,活跃在现代文坛的

---

① 班固. 汉书[M]. 长沙:岳麓书社,2007:690.

功效和价值随之被确立,梁启超的《论小说与群治之关系》更把小说奉为"文学之最上乘",足见小说与近现代文艺的紧密联结。

小说若依照题材来分类,诸如历史小说、乡土小说、武侠小说、爱情小说、科幻小说、侦探小说,等等;若依照形式结构来分类,则有书信体小说、诗歌体小说、章回小说、笔记小说,等等;若以创作理论来做区分,则有现实主义小说、魔幻现实小说、浪漫主义小说、现代主义小说、后现代主义小说,等等;以篇幅大小分类的话,可分成字数超出6万字以上的长篇小说,字数介于2万至6万的中篇小说,字数在数千至2万之间的短篇小说,以及字数在一千字左右的微型小说。至于小说写作有几项要领必须多做掌握:其一,确保故事情节的完整生动;其二,塑造人物形象的立体鲜明;其三,安排背景环境的深刻具体。除此之外,创作者本身若阅世丰富、擅长想象、勇于创新,对于激发创作小说的灵感而言,也都算是颇有帮助。

四、剧本

剧本又称为戏剧文学,也常被称为"一剧之本",一方面可归类为叙事文学;另一方面又有其异于小说等叙事文学的独特性。广义上的剧本包含戏曲剧本、话剧剧本、影视剧本三类,本书则侧重在探讨话剧剧本的特征和要领。剧本的存在,说穿了就是应戏剧而生,所谓的戏剧,则是在特定的空间里,透过演员的扮演,将一个完整的故事展示给观众看,构成戏剧的四大要素就是剧本、演员、剧场、观众。既然舞台演出是剧本写作的最终目的,那么写作者就必须掌握剧本创作的三大基本特征,即展示性、剧场性、场面性。

在展示性方面,剧本突显出其与叙事文学的最大差别,小说叙事者的存在,往往被剧中人物话语所替代。例如,巴金的《家》只用了一百多字来叙述觉新与瑞珏的结婚情节。[①] 但在曹禺改编的话剧之中,却发展成一幕戏,透过人物台词与舞台说明,展示一场父权下的旧式婚礼,深化了新婚之夜那对彼此陌生夫妇的复杂心理。展示的要领,正是通过人物台词与舞台说明搭配而成。在剧场性方面,戏剧作为一门舞台艺术,戏剧的情节由演员搬演到舞台上,所以,剧作者要有基本的舞台意识,既要考虑到舞台对演员表演上的条件限制,

---

① 巴金. 家 [M]. 北京:人民文学出版社,1953:35-36.

也要考虑到观众欣赏戏剧时的审美接受度，体能与注意力所能负荷的极限，等等，据此来调整剧本内容和篇幅大小，通常演出时间是2个小时左右，尽量不超过3个小时。在场面性方面，由环境、人物之间的行动，人物上下场等作为标志。优秀剧本的内容往往由一节节具有内在联系的场面构成，场面流转中呈现的生动画面，最终目标是完成故事的展示，而观众也必须在场面中理解故事。

写作剧本时可以把握的几个具体要领，首先，剧本写作的本质就像在写故事，所以得要充分交代故事的来源与故事的梗概。其次，便要撰写提纲，提纲又分为全剧本的整体提纲，以及各部分的分幕提纲。整体提纲要有详细的人物介绍，以及能涵盖整部戏剧的情节结构，包括起始、中段、结尾。写作者在分幕提纲当中仍需要时时注意情节与场面的安排，这些安排都得扣紧故事人物。无论剧本提纲或分幕提纲，写作者都可以多运用如"发现""突转"[①]"悬念"[②]等方式来强化剧本的张力。此外，如人物的说明、场景的营造、台词的设计，皆是写作剧本时不可或缺的要素。以剧本的形式结构而言，剧本当中是以"幕"来分大段，每一幕里头又可以分为好几场。初学者在刚开始写作剧本的时候，建议可从小戏练习起，先尝试写好一两个事件、一两位人物，再慢慢进行更大规模的开展。

五、新闻

新闻是指对新近发生的事实的报道，广义的新闻是消息、通讯、特写、评论等，狭义的新闻专指消息。新闻的特点要考虑以下四个要素：第一是真实性。报道的必须是客观存在的事实，人、事、物、地、前因后果都要符合事实。第二是时效性。报道内容讲求新，速度讲求快，对消息必须敏锐发现、尽快熟悉，及时地进行报道。第三是显著性。只有某些与众不同的事件才较有可能被媒体与记者选中并报道。第四是公开性。新闻一般是通过大众媒介（如报纸、杂志、广播电视、网际网络等）传播的，它传播的对象不是特定受众，人们皆有获取新闻的权益，因此新闻具备了公开性。新闻的类型，若按内容区

---

① 亚里士多德. 诗学 [M]. 陈中梅, 译. 北京: 商务印书馆, 2005: 89.
② 狄德罗. 狄德罗美学论文选 [M]. 北京: 人民文学出版社, 1984: 170-171.

分,可分成时政、法制、体育、经济、社会、文教、娱乐等类别的新闻;若按新闻的发生地点区分,可分为国际新闻、全国新闻、地方新闻;若以新闻事件发生的时间点区分,可分为常规新闻、突发新闻、预告性新闻。

新闻写作的基本方法有以下几个方面:第一,用事实讲故事。报道人所讲的故事是以一个个非虚构的事实所构成,讲故事需要掌握人(who)、事(what)、时(when)、地(where)、结局(how),故事讲得好,新闻也就写得好。第二,善用背景材料。记者到现场报道时,若要说清楚某些较复杂的事件,往往要先针对事件下功夫,翻阅"历史",做足"功课",寻找相关的补充材料,使得新闻脉络清晰、故事完整、主题深刻。第三,描述现场情景。新闻写作时应掌握现场环境元素,譬如景物代表性特点,人物外貌行为特征,等等,使得报道内容存有现场感和代入感,增添新闻的说服力与可信度。第四,直接引用原语。对新闻当事人的原话直接引用,可替新闻报道注入真实现场感、人情味,引用重要人物的原语有助于提高新闻的权威性。至于新闻写作的语言风格则有以下五个要点:其一,力求客观;其二,精准明确;其三,朴实通俗;其四,简洁明了;其五,生动活泼。

六、学术论文

学术论文的定义是指某一学术课题在实验性、理论性、观测性等基础上,具有科学研究成果或创新见解的知识记录,并将科学研究上的新进展与总结,以学术专书出版,或在学术刊物上发表,或在学术会议上宣读与交流讨论。学术论文的写作与发表,则必须依据中华人民共和国国家标准 GB7713—87 对学术论文所制定的严格规范和要求。学术论文一般粗分为自然科学与社会科学两大范畴,论文之中应当提供新的讯息或新的发现,重发明、贵创造,避免重复堆积陈旧的材料,并且严格禁止模仿和抄袭前人的研究成果。学术论文的特征有以下几点:第一,实证性。学术论文区别于一般文章的重要之处在于,其表达的内容仅限于学术研究范围内,不是普及性的常识,也不允许虚构层面的想象,或是毫无实证根据的假说及谬论。报刊评论或是科普读物、科幻题材作品,或在内容与方法上难达学术性要求者,皆不可视作学术论文。第二,创造性。创造性往往可以通过几种方式来进行,如在研究基础上提出新观点、在相似科学问题的前人研究基础上发现新材料、新论据,对前人的研究成果进行观点上的反驳或指正，发现新的研究领域与提出独特观点，等等。第三，理论性。理论性就是学术性，是一篇学术论文的根本特征。它主要体现在内容是否专业、写作语言是否采用专业内的术语，等等。第四，规范性。学术论文具有议论性文章的共同要求，必须以实事求是的科学态度、"严肃、严谨、严密"的科学精神作为规范，避免不具有科学性的片面观点，对论据的歪曲阐释，或是使用二手材料。

一般高校中常见的学术论文，就本科生而言，即调查报告、实习报告、学期论文、学士学位论文（本科生毕业论文）等。就硕博士而言，即学科论文、硕博士学位论文（硕博士毕业论文）等。学士学位论文的字数要求是5 000字至1万字，硕士论文的字数要求是2万字至5万字，博士论文的字数要求是8万字以上。论文写作的流程有六个步骤，即选题、资料整理、确定论题与论点、拟妥提纲、开始写作、修改与完成定稿。

七、应用文

应用文的应用普遍而广泛，类别众多，若聚焦在与大学本科生较具关联的，则属于即将毕业，或是刚毕业就有机会使用上的"求职类文书"，以及初入职场就容易接触并使用到的"工作类文书"。在求职类文书方面，简历与自传广泛地被应用，这两者都可说是毕业生在求职就业、学业深造等方向上不可或缺的应用型文体。简历或称个人简历，是求职者给招聘单位发的一份简明扼要的书面介绍，内容包括个人学历、经历、特长、爱好及其他有关情况，它是个人资历和能力甚至是个人形象的书面表述。至于简历的形式，通常是以表格式或条列式呈现。自传可以被理解成是"自己的传记"，写作目的是叙述自己的生平，借此向别人推销自己，并且把人生之中最需要凸显的、最具备价值的几个部分，简化成精彩且引人注目的短文。自传的写法则是类似于记叙类散文，利用简明清晰的文字来叙述自己的生平与重要的人生经历，让别人在较短的时间内去翔实地认识自己，通过自己对个人学历、专长、优势等的阐述，力求在诸多求职或竞争对手中脱颖而出。

工作文书方面，在职场工作上较频繁被运用的，如工作简报、工作计划、会议纪要等。工作简报，顾名思义就是简要的工作报告、简要的消息报道，是传递某方面信息的简短的内部小报，具有汇报性、交流性和指导性。所以简报又常被称为"简讯""动态""要情""摘报"等，而机关、团体、企事业单位编发的"情况反映""工作通讯""工作动态""经验交流""内部参考"等，也都属于简报的范畴。工作计划简称计划，是指机关、团体、企事业单位等根据一定时期的工作方针，结合客观实际情况，预先做出安排和打算时所使用的文类。它通行的范围很广泛，涵盖国家机关、人民团体、企事业单位等，大至党和国家的施政方针，小至日常工作中对往后的制造生产、读书学习、筹备活动等所做出的布置和安排，都属于它的范围。举凡"安排""设想""意见""规划""方案"，或者是强调落实在某工作面向上的"目标""步骤""措施""完成期限""预期成果"等，都属于工作计划的范畴。会议纪要必然产生于会议，主要是记载、传达会议情况，其目的是反映会议内容，以及记载和传达会议议定的事项，宣扬会议的主要精神等，议定的结论往往是要求与会单位共同遵守和执行。会议纪要既可以按照一般公文的发文程序，乃至于一些具有普遍意义的会议纪要，也可以根据实际需要，选择在报章媒体上发表，借此引起社会的关注和重视。

第四节 结 构

结构像是文章的外在形体，是比较偏向形式的概念，诸如文体写作的样貌要求，篇幅大小，首尾段落，或是层次脉络，等等，相异的文章类型也呈现出不同的结构型态。例如，中国古典诗有四言体、五言体、七言体等，西洋有十四行诗（商籁体），各有各的句式规范必须遵守，这便是文章结构的概念。再如，新诗不像散文这般注重与讲究起承转合，新诗的断句方式可以用空格代替标点符号，回车换行的情况相当普遍。又如章回小说，情节脉络便和章回的标题与顺序互为表里。戏剧如元杂剧的分折，明传奇的分出，现代戏剧的分场，剧本里有演员、对白、表情动作等描述与安排。实用性写作方面，如学术论文或公文，也必然得遵循特定的格式去书写等。诸如上述都属于文章结构的一环。

结构的筋脉是由文章的层次感所构成，是属于各种文章的共通性，不同的文类固然有其各自的结构型态，但层次感的凸显则是大部分文类所需要营构的，文章必须透过循序渐进地拓展而贯通其始末，有开头就有结尾，有缘起就有结局，其间则有转折、变化，作者对文章做先后、显隐、顺逆、深浅等安置，最终构成了文章的层次布局。结构的皮肉则是文章的类别，是属于各种文章各自的独特性，写作者必须先掌握文体类别，书写时才不会抵触规范，写得诗不像诗，文不像文，小说不像小说，剧本不像剧本。阅读者也能借由文章的结构样貌，辨识出它是归属于哪一种文类。

人们锁定了某一整部文学作品进行阅读，或者从某单篇文章来观察它的内容与形式，有意无意地发现其体系规模与组织脉络，并从当中感受到创作者的某些巧思与安排，然后尝试去透彻其间的特点与原则。这就是学习写作的人对文章结构布局上的认识与挖掘，对结构布局有愈充足的认识，愈有助于将文章脉络梳理出层次性，也愈能把文章各段落安放到较妥善的位置。每一篇文章在完成后就能够从阅读中观察到整篇文章的组织结构，结构是从大范围处纵观全局，结构如果坚实完整，也能一定程度地提升文章的可读性，而行文时的每个细部动作、每个细节处，其实都会对文章的结构产生具体影响，写作者对于文章结构所做的处理与安排，可称之为布局。一篇文章由小至大、由短至长以及由局部至整体是经过字词、文句、段落、层次、文章所积累完成的，这样层层演进的每个环节，也是创作者务必施力运思之处。

《文心雕龙·附会》称"若筑室之需基构，裁衣之待缝缉"①，便是强调组织构造对每篇文章起的作用及其重要性。简单来说，即开头处怎么构思与安排，中间那些段落大致分成几段，每个段落打算陈述些什么，结尾处重申、强调些什么，如何收束全文，写作文章的起、承、转、合，起落、表里、详略。起头处写出如凤头的猎奇感，中间几个段落充足厚实，材料丰硕、引证详尽，宛如猪肚般饱满。结尾处写得掷地有声，发人深省，余音缭绕，使人读起来有意犹未尽的感觉，宛如强韧有力的豹尾。这些都是对文章内容的审慎布局，写作一篇文章先要有毫不含糊的布局，最终才能凸显出整篇文章的结构性。文章的结构不单是字里行间内容上的呈现，段落层次之中还隐藏着创作者对相关主题的观察、认识、想法、判断，等等，从文章之中透露出对人、事、物、景、情、理的接触感知与心得启迪。创作者对描述对象的思路愈缜密澄澈、深刻清晰，连带整篇文章的布局就会显得精湛灵巧，结构也随之四平八稳、坚若

---

① 刘勰. 文心雕龙[M]. 范文澜，注. 北京：人民文学出版社，2006：650.

磐石。

一、结构的三大部分

　　文章结构的圆满是仰赖创作者巧妙的安排，创作者有任务将散乱的观点、材料、部件等，依段落位置、步骤环节、因果顺序，按部就班地做出协调而恰当的统筹和安排。作者对文章结构安排上的巧拙精粗，会直接影响到一篇文章的可读性与文学价值。文章形式结构是有脉络可循的，一些特定的原则与要素是写作者必须熟练掌握的，大致上需要符合以下几项形式，才能算是文章结构的完整型态。

　　文章的形式结构，首先是起头部分，所谓万事起头难，文章的起头处是写作者所必须踏出由无到有的第一步，文章的首段同时也是阅读者对文学作品第一眼印象，因此能写出好的开头也就等于成功的一半了！虽说文章结构的任何一部分都该直接或间接地扣紧主题，但起头处又是最明显可以看出作者是否离题的地方，如果一篇文章刚起头就已经不符合主题了，那么整篇文章想必也会一步错、步步错地跟着写偏。因此我们可以说，写作的起头处，第一点必须顾虑的就是"切题"，尤其忌讳提及风马牛不相及的人物、事件、道理，所有和文章主题不相关的内容。普遍来说，开头处所占篇幅比重也较短，写作者必须注意避免陈述上的絮叨和冗长。宛如传统所形容，好的起头就好像凤头一样，体积虽小，却精致美艳、引人注目。起头开展的几种方法，例如，直接"破题"又称为"开宗明义""开门见山"，是在写作的一开头，就直接针对主题做精简且深刻地阐述，如韩愈谈教师，起头处就定义了"师"的职责是"传道""授业""解惑"。或者使用"名言警句"来替文章起头，借助知名人物及其言论为自己的文章提供正确的立论基础，同时加强了文章的论述力道。例如，一篇以光阴或时光易逝为主题的文章，我们可以拿"逝者如斯夫，不舍昼夜"或是"明日复明日，明日何其多！我生待明日，万事成蹉跎"来彰显时间的不可逆性和稍纵即逝。

　　完成文章的起头以后，紧接着是处理结构当中的中间段落，普遍来说，文章中间部分的各段落所占的篇幅较长，内容也较开头处和结尾处来得厚实饱满，宛如猪肚一般肥硕。至于文章厚实的基础则是建立在"言有物"上头，所谓的"言有物"，清代章学诚在《文史通义·文理》中提及："夫立言之要在于有物。"① 一篇成功的文章必须有内容、有内涵、有意义，要能反映出创作者深厚的思想情感，或是分享宝贵的生活经验。是否言之有物是读者评价一篇文章好坏的重要指标，写作文章颇忌言不及义、无病呻吟，文章之中任何无意义和没营养的空话、虚话、废话、假话都必须删去，为文章结构的质量进行把关。文章中间部分的各段落，除了保证内容厚实之外，还得注意到行文"言之有序"的流畅与变化，创作者行文时得自行营建文章中的层次感、递进感，譬如常见的起、承、转、合就是一种安排结构的顺序。文章的起头处和结尾处是"起"与"合"，文章中间段落则承担了"承"与"转"的呈现，"承"是透过循序渐进地陈述，一步步促使论点清晰、明朗、具体，"转"则是叙述情节时的从伏到起，从预留伏笔到真相大白，从平淡无奇到高潮迭起的变化及过程，"承""转"二者都可说是一种言之有序的表现。"承"的作用在于彰显与延伸文章的主题，自然是不可或缺的重要部分，然而创作者的成品最终是交付阅读者审视的，文章作品是否具备可读性，直接影响着群众对作品的评价。一篇读起来索然无味的文章，无疑是被读者淘汰的失败之作。要把文章结构给激活起来，就不能通篇都停留在平铺直叙，宛若记流水账一般地了无生趣、乏善可陈。那么把文章写得摇曳生姿、活灵活现，"转""变化"便是不可缺少的重要元素，毕竟一篇结构良好的文章不可能是千篇一律的。

例如，欧阳修的《醉翁亭记》出现的剥笋法，透过层层描写，从外到内、由远而近地带读者了解"醉翁亭"的面貌及周遭景观。先从"环滁皆山"写到"西南诸峰"的"林壑尤美"，然后缩小范围至"琅琊山"，闻山中水声潺潺的"酿泉"，数经峰回路转后乃出现"有亭翼然"的全文主体"醉翁亭"。欧阳修这样的写法既能使文章层次环环相扣，又能引人入胜，在整个文章结构里，既能有顺序地演进，又能饶富立体而动态地精彩变化。再如，林海音在《城南旧事·兰姨娘》里的一段叙述，开头处写道"爸正在院子里浇花，这是他每天的功课"，作者紧接着"承"开头处的内容继续写道："那几盆石榴，春天爸给施了肥，满院子麻渣臭味，到五月，火红的花朵开了，现在中秋了，肥硕的大石榴都裂开了嘴向爸笑！"之后作者笔锋一"转"，点出了异于往昔的特殊情况，她写道："但是今天爸爸并不高兴，他站在花前发呆。我看爸瘦瘦高高，穿着

---

① 章学诚著．叶瑛，校注．文史通义校注 [M]．北京：中华书局，2011：287．

白纺绸裤褂的身子，晃晃荡荡的，显得格外的寂寞，他从来没有这样过。"①这几句话描绘出父亲当天的表现和先前判若两人，仿佛正被什么事困扰着，显得心事重重、无精打采。文章出现这样的转折点，通常就能成功地引起读者的好奇心，也增强了作品本身的曲折度与可读性。即使篇幅短小如诗歌这样的文体，"承"与"转"也都在文体结构当中扮演了重要的角色。例如，席慕蓉在《一棵开花的树》里说"我已在佛前求了五百年，求他让我们结一段尘缘"，接着这一句的"承"是"佛于是把我化作一棵树"，化成一棵树就是求佛所得的响应与结果，是完整地承接了上一句的语境所开展。这首诗的另一句"在你身后落了一地的，朋友啊！"后面的句子是"那不是花瓣，是我凋零的心"② 就是作者对"转"的运用，作者使用身为人的有情感的心，取代了身为植物的无情感的花瓣。

文章结构的最尾端就是通篇文章作品结尾那部分，作为全文的总结，写作方式侧重在精练地收束全文，把文章的主题用最有力度的方式陈述，宛如"豹尾"般强韧有力，因此冗长是最应该避免的大忌。此外，结尾处的结论或是结局内容，通常有两大类型的安排：一种是能达到首尾呼应的效果；另一种是作者另辟蹊径地写出弦外之音，目的在于发人深思。以前一种为例，苏洵在《六国论》的开头处以"六国破灭，非兵不利，战不善，弊在赂秦"发端破题，文章后半段落又提及"向使三国各爱其地，齐人勿附于秦，刺客不行，良将犹在，则胜负之数，存亡之理，当与秦相较，或未易量"③。这便是一种能使首尾妥善呼应的结构安排。《红楼梦》的大结局以悲剧收场，则与第五章回中的"判词"暗示相互呼应。举后一种为例，陶渊明在《桃花源记》的结尾处提到："太守即遣人随其往，寻向所志，遂迷，不复得路。南阳刘子骥，高尚士也，闻之，欣然规往。未果，寻病终，后遂无问津者。"这便是写作者的刻意安排，以如此启人疑窦的方式，发人深思，把无穷想象的空间赠予阅读者。至于文章结尾处常被运用的词汇则是"综上所述""要之""总而言之"，等等，强调文章已经接近最尾声，作者将要为全文做出结论。

---

① 林海音. 城南旧事[M]. 北京：人民文学出版社，2017：130.
② 席慕蓉. 七里香[M]. 北京：作家出版社，2018：7.
③ 苏洵著. 曾枣庄，金成礼，笺注. 嘉祐集笺注[M]. 上海：上海古籍出版社，2001：63.

二、结构的内在布局

文章的结构往往受创作者思想内在的牵引，尤其是从内到外、由隐而显地表现在文章的内容与意义上，自然而然地按照创作者的想法和思辨，有层次、有步骤地推演出文章整体的组织构造，换言之，可说是文章的布局，或者是文章的章法。首先，我们可以把结构理解成一种思想的具象与条理。创作者运用自身的才学与运思，把原本散乱的材料聚集、挑选、取舍、分类、归纳、安置、挪移、排序、套用，等等，把可被挖掘的观念发挥出来，把可结合的论点联系起来，把原本太过抽象或深奥的主体做较普遍亲切的阐述，使得某些艰涩难懂的概念变得具体易晓，把原本七零八落的材料梳理得井然有序、层次分明。所以说，文章的结构其实可以视作思想与材料的激荡和结合，也可说是写作者运用材料去表现其思想的结晶。

其次，我们可以把结构理解成一种思想的澄澈与境界。援笔立成几乎是过于夸张的说法，七步成诗也是极少数创作天才的个案表现，普遍情况是作者在正式动笔书写之前会先有一番思虑上的定静与沉淀，称之为构思、运思。换言之，要处理好一篇文章，先要整顿好自己的想法，梳理好自己的思路，把自己的思想调适到某种澄澈的状态，升华至某种艺术的境界，而任何一篇结构与布局妥善流畅的文章，皆少不了这样的前置作业。王勃运思前会躺床大睡，孟浩然写诗之时常把妻孩支开，李白构思创作之时习惯先喝酒作为酝酿，宋明理学家平日喜爱静坐沉思，鲁迅在藤椅上抽烟，等等，都不外乎是一番定静与沉淀的工夫。一切外界物、心中识能转变成笔下的文墨，乃系建立在创作者对其创作对象的观察和认识、理解和判断的基础之上，文章里头的所有形象、意象、观感、态度、情理都必须有各自所能依循的轨道与路径，文章的创作者率先使自己的思虑澄澈清晰，便是把这条轨道与路径给铺设妥当，使得创作能够文从理顺，脉络明确清楚，情节与叙事环环相扣。至于思想的境界方面，构思追求猎奇与精妙，所谓出人意表、别出心裁、与众不同、预留伏笔，等等，都是写出了思想上的卓越境界。创作者的构思虽无对错之别，却有高下之分，愈是巧妙新颖的构思呈现在文章里头，往往愈能达到某种使读者眼睛为之一亮，或是让人大跌眼镜的惊奇效果，也愈能大幅地替自己的文章加分。当创作者能将深邃如渊、缤纷如虹的思想，借着用字遣词表现在文章结构当中，无疑就是已经具备了四两拨千斤的才华，而把文章写至某种羚羊挂角、举重若轻的艺术境界了！

　　写出好作品的另一要素就是以精密的思路去替文章布局，在行文中展现出流畅的层次感。读者阅读文章时，会有意无意地发觉有些文章读起来毫无迟滞感，上句和下句、上段和下段、前一章节与后一章节，前后的衔接能达到紧密妥帖，宛如一个整体。无论情节上、景域上、时序上、事件上，都读不出矛盾钝涩之处。反之，有些文章却会让人觉得里头似乎有某段落与某情况是不应该出现的，作者的多加着墨显得画蛇添足了；而有某段落与某情况是应该详加叙述却被作者草率带过，害得文章读起来语焉不详、没头没尾。读者在阅读作品时直观感受上的落差，大抵是取决于文章本身的流畅程度，就像是古时候所谓"文气""文理"的概念。《文心雕龙·附会》提到的"总文理、统首尾、定与夺、合涯际、弥纶一篇"①，阐明了行文的流畅与否在相当大的程度上是取决于作者思路的顺畅与否。创作者在行文写作之初，保持思路的顺畅澄澈，诉诸笔墨后则文气一以贯之、洋溢纵横，文章内容便显得有条理、有规律、有节奏。换言之，人们阅读到某优异作品时的不禁赞叹，就是隐约发觉到作品背后蕴藏着作者的运思、巧思，能被作品触动而产生共鸣，正是作者本身在创作时把精妙的思路贯穿于文章，使其文从理顺的鲜明成效。当然，要使得思路顺畅清晰并非一蹴可及，这也需得透过一番苦心锻炼与反复练习。运用巧妙的思路写出一篇好的文章，也是写作者在行文之初就得充分展现的行动，至于思路的酝酿和运使，可以从下列几项要领着手。

　　其一，涉猎广博。任何创作者都不可能在正式动笔书写的那一刻，所有的灵感与文艺内涵都无缘无故地泉涌而出。一切能作为书写内容的字句或情节，端赖写作者平日的努力学习和日积月累，所以思路所蕴含与覆盖的对象，主要便是写作者平日涉猎过的书籍刊物，所谓"秀才不出门，能知天下事"，读书足以使写作者变得博学多闻、见多识广。这些从学习上取得，尤其是从阅读上取得的知识、常识、见识，能被创作者吸收消化后援为己用，最终会成为写作活动中的绝佳向导，能让思路在行文当中有效地运作起来。例如，王国维称赞曹雪芹为阅世丰富的客观之诗人，包罗万象正是其作品《红楼梦》如此精彩的原因之一，这也必须归功于曹雪芹本身的涉猎广博、见闻丰硕，涉猎内容包含

---

① 刘勰. 文心雕龙［M］. 范文澜, 注. 北京：人民文学出版社，2006：650.

诗、文、词、戏、谜语、对联、饮食。

其二，体验情境。行文写作定有其描述的对象，这对象也许是通往内心，如独白或自我沉思的内容；这对象也可能是指向外界，写某个人、写某些人、写某件事、写某些事、写某处景物、写某些景物，或是写人与事物的联系，写人在景物中的行动或感触，等等。总而言之，写作者笔下记载的内容，无非是对某特定情境的描绘及重现，倘若创作者平日对自己所处的情境只是走马看花，全没有半点体验和领略的话，就算纸笔已然摆在眼前，仍旧是束手无策，连要挤出个片纸只字都苦无头绪。例如，梭罗因有瓦尔登湖湖畔的亲身体验，而完成了《瓦尔登湖》；余秋雨因有对都江堰的亲身体验，而完成了《文化苦旅》里的《都江堰》。

其三，勤于激发。文章不会是凭空而生的，它是因应某些念头与想法的文字具体化呈现，或者是人们以文字记录下他们觉得是重要的、有价值的，必须长久留存或发扬宣告的人、事、物、景、情、理，等等。所以，文章是身为写作"主体"的创作者本身，和被书写对象"客体"两者之间共融与互相作用的结晶，这种共融与互相作用的媒介称之为灵感，灵感终究需要靠创作者自行激发而出。是故，在学习写作之初，与其先害怕自己写得不好，倒不如担心自己毫无灵感。勤勉地激发自己的灵感是有助于写作的。例如，余秋雨说过："我发现自己特别想去的地方，总是古代文人留下较深脚印的所在，说明我心底的山水并不完全是自然山水，而是一种人文山水。"① 这样的人文山水正是余秋雨创作的灵感与媒介所在，挖掘山水背后的人文元素，则是余秋雨勤于激发的表现。

参考文献

[1] 巴金. 家 [M]. 北京：人民文学出版社，1953.

[2] 班固. 汉书 [M]. 长沙：岳麓书社，2007.

[3] 狄德罗. 狄德罗美学论文选 [M]. 北京：人民文学出版社，1984.

[4] 雷·韦勒克，奥·沃伦. 文学理论 [M]. 北京：生活·读书·新知三联书店，1984.

[5] 罗大经. 鹤林玉露 [M]. 北京：中华书局，1997.

---

① 余秋雨. 文化苦旅 [M]. 武汉：长江文艺出版社，2014：2.

[6] 刘勰. 文心雕龙 [M]. 范文澜, 注. 北京: 人民文学出版社, 2006.

[7] 林海音. 城南旧事 [M]. 北京: 人民文学出版社, 2017.

[8] 萧统. 文选 [M]. 上海: 上海古籍出版社, 1998.

[9] 席慕蓉. 七里香 [M]. 北京: 作家出版社, 2018.

[10] 章学诚著. 叶瑛, 校注. 文史通义校注 [M]. 北京: 中华书局, 2011.

[11] 苏洵著. 曾枣庄, 金成礼, 笺注. 嘉祐集笺注 [M]. 上海: 上海古籍出版社, 2001.

[12] 亚里士多德. 诗学 [M]. 陈中梅, 译. 北京: 商务印书馆, 2005.

[13] 伍蠡甫主编. 西方文论选: 上卷 [M]. 上海: 上海译文出版社, 1979.

[14] 维克多·雨果. 克伦威尔序, 雨果文集: 17卷 [M]. 柳鸣九主编. 柳鸣九, 译. 石家庄: 河北教育出版社, 1998.

[15] 吴毓江撰. 孙启治, 点校. 墨子校注 [M]. 北京: 中华书局, 2008.

[16] 俞元桂主编. 中国现代散文理论 [M]. 南宁: 广西人民出版社, 1984.

[17] 余秋雨. 文化苦旅 [M]. 武汉: 长江文艺出版社, 2014.

| 思考与练习

1. 文章主题的选择对成功的写作有怎样的影响？试举例加以说明。
2. 文章布局对开头、中间、结尾各有何不同的要求？
3. 选择写作材料要注意哪些方面？
4. 写一篇有关大学生宿舍生活的文章，自选主题，写完后看看哪些材料符合主题，哪些材料偏离了主题。

第三章　诗歌写作

诗歌写作有没有窍门？绝对有的。中国作为诗歌的国度，数千年来累积了丰富且珍贵的诗歌杰作，滋养着无数人的心灵。而这份宝藏不仅等待后世挖掘，也期待来者回馈。假使掌握了诗歌写作的知识、方法，我们可以抒发情感、驰骋想象，更可以借此感动他人，鼓舞彼此追求一个尊严且健康的人生，这不是一件很有意义与价值的事情吗？本章将以培养诗歌写作能力为主旨，通过经典生动的实例、循序渐进的说明，奠定初学者在诗歌写作上的良好基础，启发诗歌写作的创新思维。

第一节　诗歌的基本知识

一、诗歌的定义与特点

诗歌写作的第一个窍门，就是清楚认识诗歌的定义与特点。

诗歌是"一种音韵生动，语言凝练，结构多样，用以反映生活和表现情志的文体"。通过这个定义，首先注意到诗歌的语言，格外重视音乐美、字斟句酌的推敲，以及结构的经营。只要把握住诗歌的语言特点，写作时便不容易与其他文类发生概念混淆。概念清楚，"诗歌"的基本架势摆得有板有眼，连带省去一些初学者易犯的毛病，例如，写旧诗时不懂得平仄、押韵，写新诗却变成"分行的散文"。

其次，注意到诗歌写作有两个目的，一个是主观上"表现情志"，一个是客观上"反映生活"。关于前者，中国古代文学史有相关论述，例如，"诗言志"或"诗缘情"的说法，说明诗歌尤其擅长表现人的心志与情感。关于后者，西方传统也有不少文献记载，例如，诗歌是现实的"模仿"或者"再现"，说明诗歌同样以现实生活为基础。只有紧扣诗歌目的，诗歌才不会是无病呻吟，更不会是空中楼宇，而是一种极具生命感的写作类型。

诗歌的各种特点，是围绕着前述定义推演而来的。诗歌的样式多元，不同的诗歌类型，自然也有不同的特点，但一般来说，诗歌的特点主要包含抒情性、音乐性、意象性等。

（一）抒情性

诗歌最为显著的第一个特点，就是强烈的抒情性。

《诗经》说："心之忧矣，我歌且谣。"因为内心情绪的跌宕起伏，使得诗歌写作出现了动机，这几乎是所有艺术诞生的先决条件，古今中外皆然。班固的《艺文志》认为两汉乐府民歌"感于哀乐，缘事而发"，陆机的《文赋》主张"诗缘情而绮靡"，现代诗人郭沫若说"诗的本质专在抒情"；西方浪漫派代表，英国诗人华兹华斯也说"诗是强烈情感的流露"。当喜怒哀乐等情绪萦回心头，难以排解，写诗便是一件再自然不过的事。

诗歌的抒情性又可以简单分为两种，即主观的抒情与客观的抒情。主观的抒情，指的是诗人直接表达情感。例如，陈子昂的《登幽州台歌》说：

念天地之悠悠，独怆然而涕下。[①]

在这两句诗行里，客观现实被推至"天地"这个大远景，没有具体描绘，反倒是诗人的主观情感得到充分表现。而经过这样的"特写"，诗人沧海一瞬的孤寂感，也直接地向读者涌来。

客观的抒情，指的是借由客观事物表达情感。例如，杜甫的《自京赴奉先县咏怀五百字》说：

朱门酒肉臭，路有冻死骨。[②]

在这两句诗行里，诗人的主观情感相对隐约，客观现实获得充分表现。诗人不直言感慨，反而透过具体可感的物象，间接向读者展示一个贫富不均的社会现况。

至于写作时是要选择主观的抒情还是客观的抒情，则依据诗人秉性、写作题材、诗作风格等因素，而有不同表现。粗略而言，擅长主观抒情的诗人，题

[①] 陈子昂.登幽州台歌.//彭庆生.陈子昂诗注[M].成都：四川人民出版社，1981：208.
[②] 杜甫.自京赴奉先县咏怀五百字.//邓魁英，聂石樵.杜甫选集[M].上海：上海古籍出版社，2012：67.

材多取自切身经验，由小我推至大我，诗作风格近于浪漫派，情感张力较大；擅长客观抒情的诗人，题材多源于社会观察，由大我蕴含小我，诗作风格近于现实派，讽喻性较强。

主观的抒情与客观的抒情实也并行不悖。例如，屈原的《离骚》说："长太息以掩涕兮，哀民生之多艰。"① 诗人不仅直抒胸臆，张扬了主观情感，同时也观照社会，揭示了客观现实。

（二）音乐性

丰富的音乐性是诗歌的第二个特点。所谓音乐性，即诗歌的"音韵"与"律动"。

首先，诗歌的"音韵"，包含韵脚、声调与声情等元素的安排，其中又以韵脚的效果最为突出。中国古代文学认为"有韵为诗，无韵为文"，就是以押韵作为区分诗歌或者散文的依据。例如，徐志摩的《偶然》说：

> 我是天空里的一片云，
> 偶尔投影在你的波心——
> 你不必讶异，
> 更无须欢喜——
> 在转瞬间消灭了踪影。②

这首诗的遣词造句基本与散文没有太大差异，主要差别是断行后，诗歌凸显了韵脚及声调起伏，"云"与"心""异""喜""影"的叠沓转进、先扬后抑，使得诗歌优美动听。诗歌的音乐性不仅在韵脚重复、声调协调，还有因为分行、句型、标点符号而产生的节奏感。

这就是诗歌特殊的"律动"，更是经营诗歌音乐性时不能轻忽的关键环节。例如，郭沫若的《我是个偶像崇拜者》说：

> 我崇拜创造的精神，崇拜力，崇拜血，崇拜心脏；

---

① 屈原. 离骚 // 刘向，王逸. 楚辞 [M]. 周游，译注. 南昌：二十一世纪出版社集团，2018：7.
② 徐志摩. 偶然 // 赵遐秋，曾庆瑞，潘百生. 徐志摩全集：卷 1 诗集 [M]. 南宁：广西民族出版社，1991：100.

> 我崇拜炸弹，崇拜悲哀，崇拜破坏；
> 我崇拜偶像破坏者，崇拜我！
> 我又是个偶像破坏者哟！①

诗人在这不过数行的篇幅里，利用长短句的错落、相同句型的排比，以及复现的词汇"我""崇拜""偶像破坏者"，营造出一股非常明快的节奏感，更与诗中强烈措辞、接连的惊叹号相得益彰，传神地表现了五四文人的狂飙精神。

因此，诗歌写作如果能照顾好语言行进的音韵、律动，"诗味"通常会自然流露，甚至让读者以为"没有技巧"。而这点很值得初学者注意，即一首诗歌尽管可以设计多变的声响与节奏，终究不宜强求。举例来说，两汉乐府民歌之所以备受称誉，除了感情真挚质朴、意象浑然天成之外，也在于天然和谐的音乐美。是故，美国诗人格里芬说："诗人应服从自己创造的音节"，"不是被旁人所发明的千百条规则所束缚的音节，乃是他自己心中找到的个人的音节。"②

诗歌的音乐性无论如何讲究，仍应以"自然"为原则。

（三）意象性

诗歌的第三个特点是鲜明的意象性。

客观事物经过诗人独特的情感活动而创造出来的艺术形象，就是意象。物体的形象简称"物象"，是诗歌"意象"的基础。两汉乐府民歌《江南》说：

> 鱼戏莲叶东，鱼戏莲叶西，鱼戏莲叶南，鱼戏莲叶北。③

这首诗透过采莲者的目光，不但使得鱼群悠游莲田的"物象"跃然纸上，江南风情与乡野闲趣也令人回味无穷。不过，诗歌写作很多时候不止于客观物象的直接描绘。当物象隐含诗人的自我投射时，一个含义更为丰富的"意象"于是诞生。例如，戴望舒的《残叶之歌》说：

---

① 郭沫若. 女神 [M]. 北京：人民文学出版社，2018：100.
② 转引自覃子豪. 论现代诗 [M]. 台中：曾文出版社，1982：22.
③ 佚名. 江南. //郭茂倩, 国学典藏书系丛书编委会. 乐府诗集 [M]. 长春：吉林出版集团有限责任公司，2010：38.

来吧,你把你微风吹起,
我将我残叶的生命还你。①

微风中的落叶是物象,更是意象,影射着诗人的主观情志。一种自怜又倔强的情感,也就被"残叶"具体化了。

"意象"是客观物象的主观转化。诗歌的意象性与前述诗歌客观的抒情性,可说密切相关。李白在《玉阶怨》里的诗句,正是一个主观转化的佳例:

玉阶生白露,夜久侵罗袜。②

这首诗的客观物象是"石阶表面产生了露水,走过的人袜子都潮湿了",但诗人的用意不止于描绘客观物象,更尝试表现一位女子独守空闺的幽怨之情。"玉阶""白露""罗袜"是客观实景,又是主观心境,这也是诗歌在捕捉意象上的妙处,"情景交融"的美感。同理,王维的《使至塞上》说:

大漠孤烟直,长河落日圆。③

辽阔无边的塞外风光,与诗人镇守边疆的雄浑气魄互为表里,难分轩轾。由此可见任何物象都可以成为诗歌题材,小至白露罗袜,大至日月宇宙,皆能转化为一个个动人的"意象"。

一首诗歌还可能通过数个"意象"的串联、拼贴,组织成"意象群"以营造美感。例如,马致远的《天净沙·秋思》说:

枯藤老树昏鸦,小桥流水人家,古道西风瘦马,夕阳西下,断肠人在天涯。④

前三句乍看之下是多个客观物象的随机铺陈,实际上是一个个意象群的合理构

---

① 戴望舒. 雨巷: 戴望舒诗文 [M]. 北京: 中华书局, 2016: 24.
② 李白. 玉阶怨.//赵昌平. 李白诗文选评 [M]. 上海: 上海古籍出版社, 2012: 229.
③ 王维. 使至塞上.//李俊标. 王维诗选 [M]. 郑州: 中州古籍出版社, 2012: 95.
④ 马致远. 天净沙·秋思.//傅丽英. 马致远全集校注 [M]. 北京: 语文出版社, 2002: 212.

筑，围绕着"断肠人"的主观情志循序发展。意象的追求经常煞费诗人苦心，意象群的串接也考验着诗人的组织能力。如何捕捉一个准确的意象，乃至意象群？本书将在本章第二节继续讨论。

诗歌还有两个特点值得一提，就是诗歌的概括性与多义性。

刘勰认为《诗经》"以少总多，情貌无遗"，说的就是诗歌的概括性。诗歌经常利用概括性的语言留给读者想象空间。例如，苏轼的《江城子》说：

> 夜来幽梦忽还乡，小轩窗，正梳妆。
> 相顾无言，惟有泪千行。
> 料得年年肠断处，明月夜，短松冈。①

诗人夜梦亡妻，历历在目的往日光景应该充满细节，诗人却以"小轩窗，正梳妆"简单概括，以"明月夜，短松冈"几个字收煞天人永隔、生死契阔的悲绪。这样的概括，"言有尽而意无穷"，足以启迪读者寻思其中的空白，并在填补空白的过程中，产生深刻的同情。

诗歌留给读者的这种想象空间，或说解释的各种可能，即诗歌的多义性。因此，诗歌的概括性与多义性可说一体两面。常言"诗无达诂"，正因为诗歌的概括性，读者对于诗歌的诠释有相当自由度，没有"正解"。是以元好问评李商隐时说："诗家总爱西昆好，独恨无人作郑笺。"但话说回来，这里点出诗歌的概括性与多义性，并不意味着诗歌写作可以打迷糊仗，又或者作品完成后，解释权完全转交给读者；而是希望初学者明白诗歌写作的过程中，如果能够充分把握诗歌语言的概括性与多义性，对于增进诗歌写作能力将很有帮助。

二、诗歌的分类与要求

能够认识到诗歌的定义与特点，即把握了诗歌写作的第一把钥匙。至于诗歌写作的第二个窍门，则是认识诗歌的基本分类与要求。只要概念清楚、规则清楚，进入实际写作自然事半功倍。

---

① 苏轼. 江城子.//夏华. 东坡集：图文版 [M]. 沈阳：万卷出版公司，2012：20.

（一）新诗与旧体诗

诗歌有"新诗"与"旧体诗"两种类型。"新诗"，诞生于五四新文化运动时期，又有"白话诗""自由诗""现代诗"等别称，是专指中国现代文学发展出的诗歌类型。"旧体诗"则泛指《诗经》四言体、《楚辞》杂言体、两汉乐府、南北朝民歌体，以及唐诗、宋词、元曲等，都是中国古代文学里广义的诗歌类型。

以"新诗"与"旧体诗"的概念来区分诗歌类型，有两个重点：第一，"新诗"使用的是现代汉语，而"旧体诗"使用古代汉语，两者的语言系统不一样。第二，"新诗"作为中国现代文学诗歌写作的主流样式，有着与"旧体诗"截然不同的创作规则。

（二）自由诗与格律诗

诗歌有"自由诗"与"格律诗"的区分。这两种诗歌类型主要是根据诗歌形式规范的不同要求加以区分。

"自由诗"没有字数、句式、平仄、押韵的形式规范。诗人自由挥洒、不拘格套，例如，分行诗、散文诗、图像诗、数位诗等诗歌形式，都是拥有极大自由度的"自由诗"。"格律诗"则有形式规范，是一套供诗人创作依循的"游戏规则"。典型的格律诗，例如，唐诗中的绝句律诗、宋词中的小令等，皆有严格的字数、句式、平仄、押韵等格式要求。中国古代文学中的旧体诗，多数是格律诗，但也有楚辞杂言体、两汉乐府民歌与南北朝民歌等相对宽松的诗歌形式。

此外，新诗大多数是自由诗，不表示新诗创作排斥"格律"。例如，闻一多在《诗的格律》里倡导"戴着脚镣跳舞"，认为新诗讲究一种"建筑美"，也就是诗节的匀称与诗句的齐整。闻一多的《死水》、冯至的《十四行诗》、向阳的《十行集》等诗集，也都透露出诗人对新诗"游戏规则"的某种追求。

至于西方传统文学中，也有讲究头韵、尾韵，抑扬格，音步等形式因素的格律诗，例如，英雄双韵体、十四行诗（商籁体）等。

（三）抒情诗与叙事诗

"抒情诗"与"叙事诗"的区分，则主要根据诗歌篇幅与内容的不同。

"抒情诗"通常篇幅短，或以咏怀，或以伤感，或以怨刺，不一而足。无论主观的抒情或客观的抒情，往往字斟句酌，语言张力大，意象紧凑；音乐性因为短制而变化多端,婀娜生姿。例如,唐诗中的绝句,多是抒情诗。一般来说,"抒情诗"里头讲述的事件相对模糊,人物、动作、情节、冲突、时空背景等故事要素,不是抒情诗表现的重点。

"叙事诗"篇幅长,多用以记人、叙事、咏史,有类似小说戏剧的结构,但人物刻画与事件情节相对立体、丰满;诗歌音乐性也因为篇幅大,而有纡缓层递、众声叠沓的空间与气势。例如,《孔雀东南飞》《木兰诗》及古希腊的《荷马史诗》等,皆是叙事诗的佳构。

(四)散文诗与民歌

"散文诗"与"民歌"则是两个特殊的诗歌类型。

"散文诗"专指一种特殊的诗歌类型,这种诗歌类型因为文体模糊了"诗"与"散文"的界限,又兼善二者美感而得名。"散文诗"既借助了散文在形式与描绘细节上的特点,同时也融入了诗歌在抒情性、意象性、音乐性方面的讲究。"散文诗"可归类为"新诗""自由诗""抒情诗"的旁支。自法国诗人波特莱尔首创散文诗《巴黎的忧郁》以降,比如屠格涅夫的《散文诗》、泰戈尔的《新月集》、高尔基的《海燕之歌》、纪伯伦的《沙与沫》、鲁迅的《野草》等,都是散文诗的名篇。

"民歌"专指一种源自民间的诗歌类型,作者大多数佚名,或为集体创作、口传文学,语言自然纯朴,情感真挚动人,带有浓厚的民间色彩。例如,《击壤歌》、两汉乐府民歌《上邪》、南北朝民歌《敕勒歌》等,都是言简意赅、流芳千古的民歌杰作。

通过前述讨论,可见诗歌依据不同的标准可分成多样的诗歌类型,也各具特点。不过总体来说,"新诗"与"旧体诗"是目前最方便操作,也是最主要的诗歌类型。下文即分论这两个类型的基本要求。

(五)新诗写作的基本要求

新诗写作的基本要求可从新诗的"语言"与"形式"两点谈起。

首先,新诗使用的"文学语言",强调一种创新、理性与感性交融的"意象语言",而非生活常用语或条理抽象的科学语言。

其一,文学语言与"日常语言"的操作不同。但这不是说文学语言拒斥"口语",而是日常语言为便利沟通,遣词造句一般需要符合约定俗成的语言规则。新诗使用的文学语言,经常通过语言规则的破坏来营造美感。例如,北岛的《一切》：

  一切信仰都带着呻吟
  一切爆发都有片刻的宁静[①]

  信仰如何呻吟，爆发如何宁静？这些诗句的趣味，实际从打破日常语言规则开始。其二，文学语言与"科学语言"的操作也不一样。大体而言，科学语言重视语意明白、逻辑清楚，推论过程往往需要一个步骤一个步骤地详细交代，以免概念产生不必要的分歧。新诗使用的文学语言，在很大程度上借助语意省略、矛盾甚至模棱两可来启发读者的想象。例如，顾城的《一代人》说：

  黑夜给了我黑色的眼睛
  我却用它来寻找光明[②]

  诗歌的表述虽不符合逻辑，却能凸显绝望中仍渴求希望的沉重感。其三，新诗使用的文学语言，特别重视"意象语言"的使用。这点在介绍诗歌的本质特点时已有介绍。

  再者，新诗多数使用的形式是"分行诗"。虽说新诗多为自由诗，无特定规范，字词如何组织、标点符号如何运用、诗行如何排列，随任诗人创造，然而新诗发展迄今，有些基本形式可以提供给初学者参考。这些形式也讲究布局、章法、结构等技巧。分行诗、散文诗、图像诗便是三种基本形式，又以分行诗最为主流，可说是新诗写作入门的必经途径。

  分行诗，也即将诗歌分成一行一行排列。相对于散文诗以段落的方式组织诗句、图像诗以图形的方式组织诗句，分行诗更强调以诗歌的韵律、节奏，也即音乐的方式组织诗句。换言之，分行诗有利于表现诗歌的音乐性。例如，海子的《面朝大海，春暖花开》首段：

  从明天起，做一个幸福的人

---

① 北岛. 北岛诗精编[M]. 武汉：长江文艺出版社，2014：10.
② 顾城. 黑眼睛[M]. 北京：人民文学出版社，1986：8.

> 喂马，劈柴，周游世界
> 从明天起，关心粮食和蔬菜
> 我有一所房子，面朝大海，春暖花开①

先从诗歌的韵律上来看，分成四行，行末四字便获得造成诗歌韵律的独特位置，进而表现出两个层次的韵律感。一是行末语音的起落，有循环往复的效果：人（起）—界（落）—菜（落）—开（起）。二是末两行押的尾韵，又呼应第二行的句中韵脚，隐隐造成语音的复沓绵延：劈柴（chái）—蔬菜（cài）—春暖花开（kāi）。接着就节奏来看，这首分行诗在标点符号的安排方面，很见形式上的考虑。通过句中逗号的布置，每一行都可独立为几个短语、短句，而短语、短句的数量首两行与末两行相当：2—3—2—3。这种语气短长的相似安排，即造成一首诗歌独特的节奏感。

此外，分行诗的形式要求还有一点值得注意。基于不同效果，分行诗的标点符号可以省略。尽管在每个句尾加上标点符号，有断句明确、语气突出等功能，例如，前引徐志摩的《偶然》或郭沫若的《我是个偶像崇拜者》。但不加标点也有不加标点的好处。省略标点，分行诗的语法结构变得松脱、弹性，语意运动因为没有明显停顿而产生延宕、游移，诗歌此时的表现力可能更为强烈。

以海子的《面朝大海，春暖花开》第二行"喂马，劈柴，周游世界"为例。这句诗行如果独立出来，欠缺主语，只是一个没头没脑的句子，但这句诗行实际有主语，即前一行的谓语"幸福的人"。试想如果第一行补上句点以结束语气，"明天起，做一个幸福的人"，则不仅第二行接续"喂马"略感突兀，更关键的是，加上句点后的笃定语气，与这首诗歌明亮的色调下隐隐悲郁的情调相违背。如果是幸福从明天开始，那"今天"呢？

能够理解新诗作为一种文学语言、意象语言，能够理解新诗如何通过分行诗这个形式来经营诗歌的音乐性，可说已经把握了新诗写作在"语言"与"形式"上的基本要求。

---

① 海子. 面朝大海, 春暖花开. //程一身. 面朝大海 春暖花开：海子诗选 [M]. 郑州：河南文艺出版社, 2017：183.

(六)旧体诗写作的基本要求

旧体诗写作的基本要求,则重点在于"格律"这个形式规范。

旧体诗多为格律诗,古代汉语写作遵循的是古代汉语中约定俗成的语言规则。而这个语言规则,具体地表现在格律诗的规范上。是以,旧体诗写作的第一要点,便在于把握格律诗的平仄格式与押韵规则,并借此揣摩古代汉语的特殊情韵。

首先,格律诗有固定的平仄格式。古代汉语分"平、上、去、入"四声,后三者又统称为"仄声"。平声与仄声有不同的声情表现,平声绵长而平稳,仄声短促而升降。格律诗通过平仄相连交错,铿锵淋漓地表现了诗歌的音乐美。例如,王之涣的五言绝句《登鹳雀楼》:

  白日依山尽, 仄仄平平仄
  黄河入海流。 平平仄仄平
  欲穷千里目, 平平平仄仄
  更上一层楼。① 仄仄仄平平

可注意到格律诗的平仄格式,有两个基本原则:单独一行,平仄两两交替;前后两行,平仄要不"相对",要不"相黏"。所谓相对,指的是两行里每个字平仄相对,像"白日依山尽"对"黄河入海流"。这不妨视为中国传统对联的概念,一首绝句即由两个对联(上下联)组成,律诗则有四个对联。相黏指的是第二行与第三行的平仄,因为避同求异做出调整,像"黄河入海流"与"欲穷千里目"相黏。而这两个基本原则,不仅适用于绝句律诗的创作,宋词、元曲亦然,由此可见旧诗写作非常倚重平仄格式。

其次,格律诗有严格的押韵规则。汉字读音由声母和韵母组成,押韵就是使用相同韵母的字,使诗歌产生规律的听觉感受,或者说一种节奏感。而格律诗一般押脚韵,但不仅要求偶数行最后一个字的韵母相同,也须照顾到韵的平仄。格律诗写作常要翻阅《平水韵》这类韵书,以确认使用的字确实符合规范,比如,"白"字读音按现代汉语为平声(bái),在古代汉语却归入仄

---

① 蘅塘退士.金性尧,注释.金文男,辑评.唐诗三百首新注[M].上海:上海古籍出版社,2016:396.

声（bek）。

综上所述，介绍了诗歌的基本知识，包含定义、特点、类型与要求，也可说为诗歌写作做好了启动准备。在下面两节里，将以"新诗"的写作与修改作为本章诗歌写作的训练重点，期待能引领并一同体验诗歌写作的乐趣。

第二节　诗歌的写作训练

一、现实生活为基础

诗歌写作，应该从哪里开始？

从现实生活开始，现实生活是一切创作的基础，能提供创作者源源不绝的灵感。然而，现实生活包罗万象，再熟悉的道路也会不时出现崭新的风景。初学诗歌写作的人，除了对前述诗歌的定义、特点、类型与要求有基本的理解与把握外，又如何从纷沓繁杂的现实生活里找到诗歌的"第一个句子"？

要回答这个问题，不妨再自我建立两点诗歌的创作观。一是诗人应该保持敏锐的感官。唯有保持敏感，现实生活才不至于船过无痕。二是诗人应该珍惜现实生活带来的种种感受，甚至将这些感受储备起来，等待发酵。唯有懂得珍惜，现实生活才不至于像过眼云烟。

这两点创作观一旦建立，现实生活便不再是随机无序的"过日子"。因为现实生活总有些细节与感受让人难以忘怀，像是父亲斑驳的鬓发，母亲踩踏缝纫机的声音，或者老家厨房的气味。这些细节无不是诗歌的基础。

换句话说，以现实生活为基础，所谓的灵感远不是虚幻缥渺的空想。它通常具体亲切，看似毫不费力。例如，美国诗人艾略特的有名诗句"我是用咖啡匙子量走了我的生命"，就是将现实生活的一个小习惯，转化为诗人驰骋想象最有力的翅膀。

诗歌写作的前期准备，首先就需要把握住现实生活中的任何经验与感受。现实生活中各式各样的视觉、听觉、嗅觉等感官经验，以及相应幽微多变的心理感受，正是培养诗情与诗想的沃土。诚如德国文豪歌德所说："诗应该从现实得到暗示，以现实为基础，尽可能避免凭空虚构。现实定能供给动机、表现点与核心,但由此造成美的生动的全体,那是诗人的任务与才气。"诗人必须能够感觉到现实生活带给"我"的独一无二的暗示,并通过诗歌的语言把生命中的"美"表现出来。在这个时候,就算想象尚未落实成为文字,诗歌的"第一个句子"可说已经开始了。

试看宗白华的《诗》:

啊,诗从何处寻?
在细雨下,点碎落花声!
在微风里,飘来流水音!
在蓝空天末,摇摇欲坠的孤星![1]

当诗人感叹诗歌的踪迹难以寻觅,眼前的细雨、落花、微风、流水、蓝空、孤星,竟无不是诗歌向他致意的身影。这首诗的趣味,最在于首句"啊,诗从何处寻?"这句提问所隐含的失落感,在诗歌写作的当下便自我消解,获得释放。显然,诗人是不愁没有诗歌的灵感,他明知故问地将问题向读者勾起,实际为向读者展示现实生活中斑斓的诗意。弦外之音,无非告诉我们,只要愿意用心去听、去看、去生活,一定会找到"诗"。

二、发现诗歌的题材

人生从不乏诗意,问题是哪些题材适合用来写诗?现实生活提供了无比丰沛的写作材料,但如何鉴别,如何在有限的篇幅,选择题材 A 而非题材 B?这就涉及诗歌写作选材的问题。

初学诗歌的创作者,在选材时可通过下列两个自我提问予以简单判断。首先,你关于这个题材的印象是否深刻?其次,你关于这个题材的情绪反应是否强烈?

诗歌的题材,在大方向上应该选择那种萦回心头、难以忘怀的生命经验。反过来说,那些印象模糊、情绪反应淡薄的生命经验,即便来自现实生活,很难借以创作出好的作品。因为诗歌写作的动机很可能显得不充分,连自己也无

---

[1] 宗白华. 流云小诗 [M]. 合肥:安徽教育出版社,2000:24.

法说服。诗歌不是记录现实生活的流水账，也不是文字游戏，更多的是处理人生在世的许多瞬间。譬如母亲的一滴泪，做孩子的看了多半会千头万绪、有口难言。一般人的"难言之隐"，也经常是诗歌写作的动机。

例如，一位体育系学生，在课堂上屡次表示自己不会诗歌写作。但当他开始回忆自己过往中印象深刻的、情绪反应强烈的生命经验时，他提到中学最后一场棒球比赛。那一场球赛的胜负，将决定他的未来能否继续朝职业球员迈进。结局是他的球队输了这场关键比赛，整个球队的棒球梦因此梦碎。那位学生说他忘不了比赛结束后，所有队员换下球衣，在巴士车上不发一语，直至返抵校园。接着队友们都自顾自离开学校，他也浑浑噩噩地骑了单车回家。回到家后，他惯性地打开书桌台灯，翻开参考书，却一点也没有学习的心思。他说，他特别记得老家窗外的田间小径，偶尔一辆砂石车疾驶而过的声音。

事实上，这位体育系学生表达的生命经验，正是一个充满诗意的瞬间。试想，砂石车并不会挑选哪一天经过他老家，他也不会是第一天听见砂石车声音，但为何那一天特别不同，以至于多年后在大学的写作课上，还难以忘怀？是否因为心情沉重，所以砂石车辗过小径的声音也倍感刺耳？是否他也清楚意识到，最熟悉不过的练球、比赛与读书的日子已然告终，人生的轨辙已然转变，而前途犹未可知。

因此，尽管现实是诗歌的基础，生活无不是可入诗的题材，但写作时需审视、省思、鉴选现实生活中诗意最饱满的那些片刻。这就触及题材选择更微观，也更实际的操作层面了。假设我们是前述故事里那位学生，要选择写"棒球场的喧嚣""巴士上的静默"还是"砂石车的声音"？基本上，这三者是一件事，因为选材大方向正确，可从这三个不同时空，选择具体的题材 A 或题材 B 来发挥，比如，通过"球衣"表现高昂的斗志，"台灯"表现不灭的希望。这时候选材的依据又是什么？试看洛夫的《生活》：

  嚼着五毛钱的鱿鱼干
  这条路我走得好吃力

  黄昏，落叶挂来冬天的电话
  说太阳要打瞌睡

在淡淡的雾所统治的十一月
连唆使女人偷吃果子的蛇也要睡了

摸摸口袋,今年该添一袭新的蓝布衫了
我不能让热情再一次押入当铺
昨天,云很低
朋友向我索酒
他说醉后的天会变得很高,很蓝
然而,唉!抽屉里只有卖不掉的诗

我无言关起窗子
任北风讪笑而过……①

还原这首诗的"现场",很可能就是诗人凭窗之际,对生活本来面目的惊鸿一瞥。精彩在于首二句"嚼着五毛钱的鱿鱼干",使接续"好吃力"产生自嘲的况味,一切咎由自取。无论是"当铺"暗示的经济困窘,或者"北风讪笑"影射旁人的冷言冷语,诗人不改嘴馋、嗜酒、爱诗的脾性,固执一如抽屉"只有卖不掉的诗"。有意思的是,诗人自我消遣、感叹生活的艰辛,却不显得气馁沮丧。诗人的"蓝布衫",与酩酊后的"天会变得很高,很蓝",是两个相互呼应的意象,指涉诗人的理想。"无言关窗"是以成为一个诗人坚决的表态动作,与前述"不能让热情再一次押入当铺"的宣言,相互衬托诗人的怀抱。

  由此可见,诗歌写作经常需"发现"日常事物间的相关性,并依据题材 A 或题材 B 所表现的生命感的不同效果,做出题材的选择。而大多时候,表现力较强的题材,更易与读者产生较深刻的共鸣。例如,前引诗作选择"嚼着鱿鱼干",而非"梅子干"这类日常事物,原因很可能在于咀嚼鱿鱼干格外费劲,更能够表现诗人的困顿感,至于与鱿鱼干"缠斗"过的读者,读到这自然有所会心。

---

① 洛夫. 洛夫自选集 [M]. 台北:黎明文化事业股份有限公司,1975:19.

三、捕捉诗歌的意象

懂得以现实生活为诗歌基础、为灵感,懂得选择印象深刻、情感强烈的生命经验为题材,懂得考量不同题材的表现力之后,可以开始寻思捕捉诗歌的意象。但意象要如何捕捉?

这里有两个技巧可供初学者参考:"提纯"与"关联"。

"提纯",也就是让一个满布细节的生活经验逐步收敛,浓缩成一个具高度概括性的诗歌语言。就像洛夫将《生活》逐步收敛、浓缩为吃鱿鱼干,"鱿鱼干"就是一个高度概括的意象。小诗的创作,尤其会表现出这种提纯的技术。例如,夏宇的《甜蜜的复仇》不过数句:

把你的影子加点盐
腌起来
风干

老的时候
下酒①

诗人将一段逝去的感情比喻成等待风干的腌制物,其中"盐"既暗示流过的泪水,也暗示不愿一刀两断的心理纠葛(用盐腌制可以防腐),即高度概括了诗人失恋的复杂情绪。

又譬如某次课堂操作,尝试以"抽象思维具象化"的方式引导学生创作小诗。一位同学以梦想为题,写下"梦想是一颗蒜头/爆过才香"。寥寥两句,却是一则诗意盎然的青春宣言。这位同学准确捕捉了"蒜头"作为主要意象,先是利用蒜头作为辛香料的呛辣,暗示人在追求梦想时的姿态,再通过"爆香"这个生活细节,有力地表现了年轻灵魂的无限冲劲。

"关联",则是让多个题材通过诗行的并置、联结,激荡出诗歌丰富的想象

---

① 夏宇. 甜蜜的复仇. //谢冕,罗振亚. 百年新诗:情爱卷 [M]. 天津:百花文艺出版社,2013:405.

空间。例如,庞德的《在地铁车站》也是两行的小诗:

> 这几张脸在人群中幻景般闪现;
> 湿漉漉的黑树枝上花瓣数点。①

诗人通过"人脸"与"花瓣"以及"地铁"与"黑树枝"并置,开启诗歌的想象空间:地铁里快速移动的人群,似乎突然放慢脚步,像树枝上的花朵一般争奇斗艳起来。进而,"湿漉漉的黑树枝"不仅概括地表现了列车的形貌,地铁站与乘客的氛围,更成为"死亡"的隐喻。可以这么说,诗人将两个题材"提纯"为两个各自独立的意象,并通过"关联"强化诗人搭乘地铁时所感受到"生"与"死"的矛盾冲突。

为更好地说明二者差异,不妨打个比方:"提纯"是"减法","关联"是"加法"。通过"减法",诗歌能够精准捕捉一个富有风姿情韵的意象。通过"加法",诗歌延伸叙述,联句成篇,一个意象"召唤"另一个意象,多个意象产生共鸣交响,谱写诗歌乐章。试看食指的《相信未来》首二段:

> 当蜘蛛网无情地查封了我的炉台
> 当灰烬的余烟叹息着贫困的悲哀
> 我依然固执地铺平失望的灰烬
> 用美丽的雪花写下:相信未来
>
> 当我的紫葡萄化为深秋的露水
> 当我的鲜花依偎在别人的情怀
> 我依然固执地用凝霜的枯藤
> 在凄凉的大地上写下:相信未来②

这首诗第一节通过"炉台"召唤"灰烬""余烟"等意象,表现了诗人失望的情绪,"蜘蛛网"的查封则进一步加以渲染。这是基于各个意象的空间关

---

① 庞德. 在地铁车站.//飞白. 诗海:世界诗歌史纲现代卷 [M]. 桂林:漓江出版社,1989:1145.
② 食指. 相信未来 [M]. 桂林:漓江出版社,1988:26.

系，作为启动意象"关联"的依据。炉台旁边自然有灰烬、余烟、蜘蛛网，意象顺理成章彼此关联，而不显得刻意造作。第二节通过"紫葡萄"召唤"露水""鲜花""枯藤"，强化了诗人"相信未来"的理念坚持。这是基于时间关系而有的意象"关联"。葡萄树受雨露滋养，开花结果，最后凋谢为枯藤。因此，把握住"提纯"的技巧、"关联"的逻辑，也可说把握住捕捉诗歌意象的窍门了。

综上，本节讨论了诗歌发想、选材与意象经营，希望能对不知如何下笔的初学者提供一些启发性思维。而有了好题材，有了亮眼的意象，紧接的就是写作最实际的"叙述"问题。直言之，写得"像"一首诗并不难，难的是怎么写才"是"一首诗。请先练习写作一首诗歌，完成后再参照下一节的案例讨论，相信对此会更有把握。

第三节 诗歌的修改

一首诗歌的写作，往往来自一时的灵思泉涌。就在某个时刻，诗歌的动机锐不可当，语言奔泻而出，迤逦成篇。然而，这时候完成的诗歌多为"半成品"，还需要多方面加工，才有机会成为有口皆碑的艺术作品。也就是说，诗歌的初稿通常与完稿还有一段相当的距离。如何修改初稿，以至于尽善尽美？这是创作者能否迈进下个阶段的重要课题。这里介绍三个关于诗歌修改的大方向，即语言、声音、结构，以资参考。

一、锤炼诗歌的语言

首先，诗歌的语言应该如何修改？

有人说诗歌是最精致的文学形式，这个"精致"很大程度表现在诗歌语言的千锤百炼，而锤炼语言的诀窍不外"精""省"二字。诗歌语言应该力求精省，每个字词，甚至标点符号都蕴含创作者的用心与用意。这正是诗歌写作和修改的难点。至于锤炼语言的具体方法，可以简单地从两方面入手：一是删除冗赘；二是替换字词。

删除冗赘，就是剔除诗歌里头语意重复以及无关紧要的部分，为诗歌"瘦身"，让诗歌的语言表现在有限的篇幅达到最好效果。例如，一首诗歌的初稿可能是：

> 草地上的蒲公英有几朵
> 我们的承诺就有几朵
> 就像在浩瀚的星河上滑过一艘小船
> 我们在船上轻声唱和
> 一首儿歌
> 请看我们悠扬的歌声如何点亮
> 一路的灯火

然而，在保留主要语意的前提下，删除冗赘后的诗歌或许只剩三行：

> 蒲公英几朵，承诺几朵
> 浩瀚的星河上一艘小船一首儿歌
> 点亮蜿蜒的灯火

对比修改前后的文字，可发现修改后的文字叙述精炼了许多，比较趋近诗歌的语言操作。大体而言，冗赘的语言让诗歌的结构松弛；删除冗赘，诗歌的结构自然比较紧密。但值得留意的是，过分紧密，会阻碍语言的自然流动，反而可能使得诗歌显得矫揉造作。因为诗歌写作需要的是一种松紧协调、秾纤合度的语言表现。例如，舒婷的《呵，母亲》里的诗句：

> 虽然晨曦已把梦剪成烟缕
> 我还是久久不敢睁开眼睛[①]

假使一味删除冗赘，诗行可能变成：

[①] 舒婷．双桅船[M]．上海：上海文艺出版社，1982：14．

晨曦剪梦成烟
　　我不敢睁眼

两相对照，若把"虽然""已把""缕""还是""久久""开""睁"等字词删去，则叙述简练，语言表现却无疑变得干涩、板滞许多，这样的修改可说适得其反。

　　替换字词，则是为诗歌"健美"，让诗歌的语言表现产生多样变化。例如，一首诗歌的初稿可能是：

　　每一位战功显赫的将军，都教我振作
　　像一棵沾满露水的
　　杉树

　　突然与
　　一头头强壮的麋鹿
　　擦身而过

然而，替换字词后的诗歌或许变成：

　　每一位战功彪炳的悍将，都教我振奋
　　像一棵汲满霜露的
　　冷杉

　　骤然与
　　一头头健壮的麋鹿
　　擦身而过

替换字词让诗歌的语言表现更趋细致，连带诗歌的趣味也增加了。在前述范例里，诗歌替换的字词如下："彪炳"替代"显赫"，"悍将"替代"将军"，"振奋"替代"振作"，"汲满霜露"替代"沾满露水"，"冷杉"替代"杉树"，"健壮"替代"强壮"。两相对照，前者是后者的同义词、近似词，例如，"战功彪炳"与"战功显赫"、"健壮"与"强壮"语意雷同。不过，替换字词的趣味，就在于选用不同的文字符号，诗歌的语意产生细微变化。像"彪炳"这个词，不仅字形上"虎"与"火"，相对"显赫"来得具象可感，"彪炳"与"霜露""冷杉"等词的反差感也更强。而替换字词除了不同字形、字义的考虑，字音的选择也是各见匠心。但诗歌在声音上的表现该如何考虑呢？

二、聆听诗歌的声音

伏尔泰说："诗是灵魂的音乐。"

前面讨论过诗歌的音乐性，主要表现在音韵与律动，或者说声响与节奏上。写作时至少要注意两点：一是自觉控制"声情"（声音表情）表现，且尽量与内容相协调；尤其是用韵的字音，是需要照顾和经营的。二是每一行诗句的字音行进，在保持文气通顺的前提下，注意节奏变化。一个最简单的检验方式，就是将诗歌"读"出来，"听"进去。如此一来，对于一首诗的声音表现就能有很真切的把握，有瑕疵、需要修改微调的地方也会自动浮现。

首先，每个字依据韵母可分为"开口音"（韵母为 a、e、o）或者"闭口音"（韵母为 i、u），两者声情不同，使用在诗歌里的效果也有所不同。粗略地说，开口音清亮，闭口音含蓄，声音表情就有"明"与"暗"的不同；开口音的情绪表现较具力度，闭口音的情绪表现较为细腻。可以试着配合着诗歌的情绪起落，选择使用什么样的字音，来调整诗歌的"色调"。例如，余光中的《乡愁四韵》，即借此表现诗歌迂回荡漾的音乐美：

<u>给我一瓢长江水</u>啊<u>长江水</u>
<u>那酒</u>一样的<u>长江水</u>
<u>那醉酒</u>的滋味是乡愁的滋味
<u>给我一瓢长江水</u>啊<u>长江水</u>①

这样的诗朗读起来，特别见滋味，除了排比句式造成文气叠沓，以开口音为头韵、脚韵也是关键。诗人不仅利用开口音强而有力的声情，模拟长江江水的壮

---

① 余光中. 余光中诗选 [M]. 台北：洪范书店有限公司，1981：291.

阔，更与汹涌心头的乡愁相呼应，使诗歌的形式与内容得到有机组合。再以徐志摩的《我有一个恋爱》为例，这首诗则以闭口音为脚韵，表现诗歌低吟含蓄的音乐美。开头四句：

> 我有一个恋爱——
> 我爱天上的明星；
> 我爱它们的晶莹；
> 人间没有这异样的神明。①

两相对照，这首诗的音乐形式与余光中的《乡愁四韵》非常类似，都照顾头韵、脚韵，且利用排比句式，来营造诗歌的声响效果。但差别在于，徐志摩这首诗因为选择闭口音来表现恋爱的柔情，适合轻声细读，却不宜高声朗诵；朗读反破坏了其中悠长的情韵。

其次，注意每一行诗句的文气是否通顺，整体是否表现出适当的节奏感。例如，一首诗歌的初稿可能是这样：

> 当最后一颗星隐去
> 一位牧童松开了手
> 铜亮弹壳铿锵洒落
> 在地平线出现一道
> 无人机掷出的黎明

然而在考量诗歌的声响、文气与节奏后，或许可以修改成：

> 当最后一颗晨星隐去
> 牧童
> 松开手
> 铜亮的弹壳洒落

---

① 徐志摩. 我有一个恋爱. //赵遐秋，曾庆瑞，潘百生. 徐志摩全集：卷1诗集[M]. 南宁：广西民族出版社，1991：25.

在地平线

　　铿锵

　　一道无人机掷出的

　　黎明

显而易见，修改前的豆腐方块，诗歌的文气较为板滞，整体也欠缺节奏感。一旦将齐平的诗句拆解开来，字音的行进就有很多种可供选择的节奏变化。本文展示的修改策略，先是调整句式的长短，不吝于让诗行增加，因此整首诗的声情与节奏才有表现的空间。其次，依文气通顺与否，增删字词，例如，将"一位牧童松开了手"拆成两句，并删去三个字，这是因为拆成两句后文气自然变松，这时用字就顺势紧凑点，以求平衡。至于"铜亮弹壳铿锵洒落"拆成两句，反倒多一个字，则因为"铿锵"作为状声词，独立使用力度较强，又能与前后文产生更多语意的碰撞；但这个词挪出后，"铜亮弹壳洒落"略显干涩，故加上语气词"的"以润泽文气。而以上种种，都是诗歌修改常见的调整，目的就是为了达到诗歌的音乐性。

　　必须说明的是，无论前述声情的设计，还是这里对于文气、节奏感的考量，第一个也是最重要的判断依据，应该来自创作者自身。换言之，只有创作者能够判断诗歌的声音，是否达到充分的效果；他人的意见再精到，终究仅供参考。所以刘勰的《文心雕龙》说："声含宫商，肇自血气。"胡适说："你不能做我的诗，正如我不能做你的梦。"正因为诗歌的声音表现，源自人人不同的秉性、气质乃至于灵魂，初学者应在广泛的写作练习中累积经验，以体认自我对诗歌音乐美的审美判断与追求。

三、编织诗歌的结构

　　一首诗歌在什么时候可称得上"完成"？

　　一首诗歌的初稿，在经过声音的修改后，结构通常也已经决定，因为节奏的生成不仅与句式的长短有关，也影响着诗歌结构的最终形式。但这里将结构独立出来讨论，更多的是提供给初学者在写作与修改过程中，一种诗歌整体布局的思维。

　　简单地说，诗歌结构的形式，根据诗行行进的内在逻辑，可粗分为"并列结构"与"递进结构"。这两种结构形式并不相互排斥,也常见合用的情况。

首先,诗歌的"并列结构",意味着诗人利用类似句式,也即排比,为诗歌的结构形式。在这种并列结构中,诗行间的发展关系不很明确,反倒像罗列在读者眼前,然而采取这种结构形式,诗歌的音乐性通常是得到凸显的。前引郭沫若的《我是个偶像崇拜者》、北岛的《一切》都是并列结构。这里再以痖弦的《如歌的行板》的部分诗行为例进行说明:

> 温柔之必要
> 肯定之必要
> 一点点酒和木樨花之必要
> 正正经经看一名女子走过之必要
> 君非海明威此一起码认识之必要
> 欧战,雨,加农炮,天气与红十字会之必要
> 散步之必要
> 遛狗之必要
> 薄荷茶之必要
> 每晚七点钟自证券交易所彼端
> 草一般飘起来的谣言之必要。[①]

在这首诗里,诗人运用"之必要"三个字的排比作为诗歌的主要结构形式,再通过长短句的错落调整,营造鲜明的节奏感。这也就是诗歌并列结构的趣味之一。但设计和控制诗行之间的起承转合是诗歌并列结构写作的难点。"温柔"如何接续"肯定"、"一点点酒和木樨花"如何接续"正正经经看一名女子走过"?因为诗歌放松诗行前进的逻辑,整体看来自然是跳跃性思维。这是并列结构的另一个趣味,让诗行彼此激荡,产生出其不意的火花。诗歌的结尾创作,是这种结构形式的第二个难点。一般有两种处理,一是让诗歌停止于音乐性最饱满的瞬间;二是让诗歌最后转而采取递进结构,再筹划诗歌应当的休止。痖弦的《如歌的行板》即采取第二种方式,试看诗人在排比十几回"之必要"后,如何为这样的诗歌画下句点:

[①] 痖弦. 痖弦自选集 [M]. 台北:黎明文化事业股份有限公司,1977:150.

> 而既被目为一条河总得继续流下去
> 世界老这样总这样：——
> 观音在远远的山上
> 罂粟在罂粟的田里

诗人带点自嘲地说"被目为一条河总得继续流下去"，让前述诗行流水账式的排比有了合理基础，也即作为一位诗人，就是不断绵延诗的叙述，宛若一条河流。而"世界老这样总这样"，也戏谑地回扣前述一切存在既然都有"必要"，看似文字游戏的罗列也难以苛责。但诗人紧压着的最末两句，则凸显诗人的反思：难道罂粟象征的"恶"也有其必要，难道观音远观象征的道貌岸然也有其必要？

其次，诗歌的"递进结构"，意味着诗人尝试交代诗行间的发展关系。诗歌的递进结构，也就是小说、戏剧等写作类型主要采取的结构形式。因此，可以利用"起、承、转、合"，来赋予一首诗歌相对严谨的结构形式。例如，一首诗歌的初稿可能是：

> 追踪一尾狐狸而忘返的
> 猎人，惶惶
> 寻水声
> 行到野林深处
>
> 山雾散去
>
> 他寞落地站在悬崖边
> 瀑布，有小孩
> 踱踩磊石
> 踩水花，一少妇拎着风铃看着
>
> 像等风起

这首诗的开场（起）写一位猎人，迷途忘返在森林里头。继而，像是一出戏剧准备换场,"山雾散去"(承)。走不出山林的猎人在悬崖枯站着,舞台中央是来瀑布戏水的小孩与少妇,少妇转为诗歌叙述的焦点,少妇不知为何拎着风铃(转)。最后旁白介入,难道是在等风吹起(合)?而通过前述解释,我们会发现诗歌即便采取类似于小说、戏剧的递进结构,诗歌对于人物、事件的交代与塑造也多半是很简约的。假如作者没跳出来告诉读者这故事的设计,是一位猎人不知自己已死去,仍奋力在森林里寻找出路,却撞见来瀑布凭吊自己的妻小。读者对这首诗歌的理解很可能雾里看花,不知所以。

但诗歌不是谜语,读诗也不是为了领会猜谜的乐趣,这时候作者就有必要给予读者更多线索,以帮助读者进入一首诗歌的情境。而这通常有几种方式,以前引诗作来说,作者可以增加诗歌的篇幅,加入关键的细节;或者给诗歌加上前言式的副标如"记一位罹难的猎户",或迳以之为题目;或者将诗歌题目命为《山鬼》;又或者加上一篇附记,说明故事发想的梗概。总而言之,在诗歌修改的过程不妨换个角度,以读者的身份考虑诗歌的表现,无论语言、声音、结构皆然,这对于精进诗歌写作能力,绝对百利而无一害。毕竟,能写出一首感动自己,也能感动他人的诗歌,是非常美好的事!

参考文献

[1] 彭庆生. 陈子昂诗注 [M]. 成都:四川人民出版社,1981.

[2] 邓魁英,聂石樵. 杜甫选集 [M]. 上海:上海古籍出版社,2012.

[3] 刘向,王逸. 楚辞 [M]. 周游,译注. 南昌:二十一世纪出版社集团,2018.

[4] 赵遐秋,曾庆瑞,潘百生. 徐志摩全集:卷1诗集 [M]. 南宁:广西民族出版社,1991.

[5] 郭沫若. 女神 [M]. 北京:人民文学出版社,2018.

[6] 郭茂倩. 乐府诗集 [M]. 长春:吉林出版集团有限责任公司,2010.

[7] 戴望舒. 雨巷:戴望舒诗文 [M]. 北京:中华书局,2016.

[8] 赵昌平. 李白诗文选评 [M]. 上海:上海古籍出版社,2012.

[9] 李俊标. 王维诗选 [M]. 郑州:中州古籍出版社,2012.

[10] 傅丽英. 马致远全集校注 [M]. 北京:语文出版社,2002.

[11] 夏华. 东坡集:图文版 [M]. 沈阳:万卷出版公司,2012.

[12] 北岛. 北岛诗精编 [M]. 武汉:长江文艺出版社,2014.

[13] 顾城. 黑眼睛 [M]. 北京：人民文学出版社，1986.

[14] 程一身. 面朝大海 春暖花开：海子诗选 [M]. 郑州：河南文艺出版社，2017.

[15] 蘅塘退士. 金性尧, 注释. 金文男, 辑评. 唐诗三百首新注 [M]. 上海：上海古籍出版社，2016.

[16] 宗白华. 流云小诗 [M]. 合肥：安徽教育出版社，2000.

[17] 洛夫. 洛夫自选集 [M]. 台北：黎明文化事业股份有限公司，1975.

[18] 谢冕, 罗振亚. 百年新诗：情爱卷 [M]. 天津：百花文艺出版社，2013.

[19] 飞白. 诗海：世界诗歌史纲. 现代卷 [M]. 桂林：漓江出版社，1989.

[20] 食指. 相信未来 [M]. 桂林：漓江出版社，1988.

[21] 舒婷. 双桅船 [M]. 上海：上海文艺出版社，1982.

[22] 余光中. 余光中诗选 [M]. 台北：洪范书店有限公司，1981.

[23] 痖弦. 痖弦自选集 [M]. 台北：黎明文化事业股份有限公司，1977.

思考与练习

1. 诗歌的定义是什么？它包含哪些特点？它有哪几种类型？新诗与旧体诗的写作要求有何不同？
2. 诗歌的写作要领可分为几个方面来理解与把握？请举出具体实例来说明。
3. 诗歌的修改可从哪几个方面着手？请结合具体实例加以分析。
4. 写作一首20行左右的抒情诗。写完之后，简要说明写作这首诗的灵感来源、意象使用、语言创意及音韵安排。
5. 依照"递进结构"将苏轼的《江城子》改写为一首新诗。

第四章　散文写作

散文的概念原创于中国，赞宁《宋高僧传》卷三《唐大圣千福寺飞锡传》中有："先在多罗叶时，并是偈颂。今所译者多作散文。不空与锡等及翰林学士柳抗，重更详定，锡充证义正员，辞笔不愧斯职也。"这里的"散文"与押韵的偈颂相对，具有文体意识。至迟在宋元时期，散文就是指无韵之笔，与现代意义上的散文接近。现代的散文是以记叙、抒情为主，篇幅短小、题材广泛的体裁。广义的散文是泛指一切散体文，包括游记、评论等，甚至包括应用文；狭义的散文是文艺性散文，就文学意义而言，它是与诗歌、小说、戏剧等相提并论的文学样式。本章指后一种。

散文的题材广泛，形式自由，具有情思之美，营造风神之美的境界是散文文体的重心。

第一节 散文的基本知识

一、散文的源流

（一）散文的发生

关于散文的产生，有不少人认为散文晚于诗歌，不少中国文学史都持这种观念，从老一辈学者刘大杰、游国恩等到现在的陈文新等编著的文学史，大多数都这样认为。比如，褚斌杰在《中国文学史纲要》中说："根据历史的考察，在文学部门里，最初产生的文学样式——诗歌，就是人类在从事集体劳动中，依照劳动时的节奏，因袭着劳动呼声的样式而产生的。"[1] 褚斌杰不仅从《吕氏春秋·古乐》《淮南子·道应训》找到依据，还引证鲁迅的《且介亭杂文·门外文谈》里的一段话作为强有力的论据：

人类是在未有文字之前，就有了创作的，可惜没有人记下，也没有法

---

[1] 褚斌杰编著. 中国文学史纲要：先秦、秦汉文学 [M]. 北京：北京大学出版社，2012：15.

子记下。我们的祖先的原始人,原是连话也不会说的,为了共同劳作,必需发表意见,才渐渐的练出复杂的声音来,假如那时大家抬木头,都觉得吃力了,却想不到发表。其中有一个叫道"杭育杭育",那么这就是创作;大家也要佩服,应用的,这就等于出版;倘若用什么记号留存下来,这就是文学;他当然就是作家,也就是文学家,是"杭育杭育派"。①

鲁迅的这段话当然是讲文学的起源,也有诗歌是最早产生的文学样式的看法,不过鲁迅也是在臆测,并没有经过考证,他在杂文里这样写无可厚非,如果把这作为权威的论证就显得草率了。

陈文新主编的《中国古代文学史》明确地推断:"诗歌是比散文更早发达的文学体裁,原因就在于诗歌更接近巫术,较之散文更受巫师的钟爱。"② 陈文新相信文学起源于巫卜,巫师便是艺术家,为了印证这个观点,他引用维科的《新科学》里的一段话:"对诗人来说,没有什么事情比歌唱巫师们对符咒所造成的奇迹更加笃爱了。这一切都要用一个事实来说明:各民族对于神的万能都有一种藏在内心的感觉。从这种感觉里又涌起另一种感觉,即引导各族人民都对占卜表示无限崇敬。诗人们就是以这种方式在异教民族中创造出各种宗教。"③ 文学的起源与巫术有关,但是这不能说明文学就是起源于巫术,这是显而易见的道理。维科的这段话只是阐述在一定阶段与宗教的关系,并没有说文学起源于巫术。既然文学起源于巫术这个大前提有问题,"诗歌早于散文"的结论就不可靠。

西方也有学者认为诗歌早于散文,认为诗歌可以产生在文字之先,而散文则必须产生在文字之后。这种论者错误的根本是忽略了散文创作的初始形态。衡量诗歌、散文发生的标准不同,论述诗歌的发生时,以口头文学为标准;探讨散文的发生时,则以文字创作为标准。

在文字没有被创造之前,最早的文学固然是口头文学。"早在文字出现以前,文学就诞生了。最早的文学便是古老的歌谣和神话故事。"④ 口头文学不仅仅是指歌谣,还包括神话故事。神话故事是散文的始源形态。还有,人类在

---

① 鲁迅著. 鲁迅全集:第六卷[M]. 北京:人民文学出版社,2005:96.
② 陈文新主编. 中国古代文学:上[M]. 北京:北京大学出版社,2012:9.
③ (意大利)维科. 新科学[M]. 朱光潜,译. 北京:商务印书馆,1997:187.
④ 马积高,黄钧主编. 中国古代文学史:上[M]. 北京:人民文学出版社,2014:16.

早期交际过程中,描述事物、交流思想都是用质朴、简单的表达方式,这与神话故事一样,也是"口头散文"。如此看来,散文与诗歌一样,也是人类社会最早产生的文学样式之一。

(二)散文的定义及源流

关于散文的概念,有人认为散文的概念来自西方。郁达夫在《中国新文学大系·散文二集·导言》中说:"中国古来的文章,一向就以散文为主要的文体……正因为说到文章就指散文,所以中国向来没有'散文'这一个名字。若我的臆断不错的话,则我们现在所用的'散文'两字,还是西方文化东渐后的产品,或者简直是翻译也说不定。"郁达夫的"臆断"一不小心就错了。散文的概念在宋朝已经出现。除了北宋赞宁在《宋高僧传》卷三《唐大圣千福寺飞锡传》中有"今所译者多作散文"之语外,还有北宋科学家兼文学家的沈括在《梦溪笔谈·补笔谈》卷下三《芦荻》说:"然《召南》'彼拙者荻'。谓之初生可也。《秦风》曰:'蒹葭苍苍,白露为霜'。则散文言之,霜降之时亦得谓之葭,不必初生,若对文须分大小之名耳。"① 可见"散文"的原创出自华夏,而且已经具备文体意识。到了南宋,"散文"一词不仅具有散文文体意识,而且对散文特点做了分析。楼昉为南宋著名的文体理论家,绍熙四年进士,他编撰的《崇文古诀》被《四库提要》评赞为"篇目较备、繁简适中",《崇文古诀》卷二十四评苏轼的《策略五》说:"此篇主意在通下情。间架整,波澜阔,议论佳,可为策格。作散文生疏,苦于断续不相连者,或语句费力者,熟读不患不进。"② 在这里,楼昉提出了散文要语断而意不断,语句流畅,这与今天讲散文形散意聚相似。金朝的王若虚在《滹南集》卷三十七中说:"杨雄之经,宋祁之史,江西诸子之诗,皆斯文之蠹也。散文至宋人始是真文字,诗则反是矣。"王若虚认为宋人议论为诗,以才学为诗,以书本知识为诗,都不是真文字,而宋人的散文直抒胸臆才是真文字。揭示了散文的本体是自由的心灵,散文的形式是自由的书写,体现了现代意义的价值。所以,周作人在《新文学源流》中认为:"新文学在中国土里原有它的根。"进而指出苏轼、公安派小品正是新文学的根。新文学的散文与中国古代散文是对接的,任何人无视中国传统文化都是不对的。

---

① 沈括. 梦溪笔谈全译 [M]. 金良年,胡小静,译. 上海:上海古籍出版社,2014:317.
② 王水照编. 历代文话:第一册 [M]. 上海:复旦大学出版社,2007:493.

二、散文的特征

（一）散文的题材

散文的题材最为广泛，与其他文学样式相比，它不必如小说那样塑造典型人物、叙述完整的故事，也不必如戏剧那样展开矛盾冲突，更不会如诗歌那样选取具有诗的意境的题材。散文可以选取生活中的零碎片段，也可以选取宏大题材。大到广袤无垠的宇宙，小到微不足道的尘埃，大千世界的芸芸众生、万事万物，诸如自然景观、世情物理、一片云霭、一段记忆、一句话语，古往今来，都可以成为散文的写作对象。概而言之，宇宙间、人世间的事和理，只要能引起作者的情思，都可以信笔挥洒，天马行空。在现代文学史上，重大题材如瞿秋白反映俄国十月革命的《饿乡纪程》和《赤都心史》，萧乾描述抗日中人民的伟大的《血肉筑成的滇缅路》和表现欧洲人民反法西斯英勇斗争的《银风筝下的伦敦》等均为名篇。梁实秋的《雅舍小品》多以生活中常见的理发、吃饭、下棋等为主题，把人生艺术化了，一直受到读者的青睐。周作人的《苍蝇》和梁遇春的《猫狗》选材很小，却更是传诵的名篇。

（二）形散神不散

散文的"散"，表现为舒展自如。对此，宋朝的苏轼深有体会，他在《文说》中写道："吾文如万斛泉源，不择地皆可出。在平地滔滔汩汩，虽一日千里无难。及其与山石曲折，随物赋形而不可知也。所可知者，常行于所当行，常止于不可不止，如是而已矣。其他虽吾亦不能知也。"这是苏轼所崇尚的自由境界。理学家的道德科条，政治家的政教法令，在这种创作自由中都被排除出去。尚自然、贵自由，这是散文中"散"的本质，不是随便涂鸦，也不是像一盘散沙那样无序。对此，李广田在《谈散文》中对散文的"散"与小说、诗歌进行比较："如把一个'散'字作为散文的论点，那么就应当给小说一个'严'字，而诗则给它一个'圆'字。如把散文比作行云流水，那么小说就是精心结构的建筑，而诗则为浑然无迹的明珠。说散文是'散'的，然而既已成文，而且假如是一篇很好的散文，它绝不应当是'散漫'或'散乱'，而同样的,也应该像一座建筑,也应当像一颗明珠。"① 这段话很好地说出了散文"形散神聚"的特点。散文看似随心所欲、信手拈来,却是为了表现内在的"神"。

  散文必须散,散文不散,就不可能姿态横生。这里以苏轼的《文与可画筼筜谷偃竹记》为例。元丰二年(1079)正月,文与可病逝。七月,苏轼在湖州晾晒书画,发现亡故的文与可送给自己的这幅《筼筜谷偃竹》,见物生情,就写了这篇杂记。本节即以此画为线索,叙述作者和文与可的深挚友谊及睹物思人的悲痛,写得庄谐相衬、情深意切,是一篇典型地体现苏轼文理自然、姿态横生的特点的优秀散文。

  此文的题目是给友人文同"偃竹"作记,但是一开始却先介绍文同的画论:

> 竹之始生,一寸之萌耳,而节叶具焉。自蜩腹蛇蚹以至于剑拔十寻者,生而有之也。今画者乃节节而为之,叶叶而累之,岂复有竹乎?故画竹必先得成竹于胸中,执笔熟视,乃见其所欲画者,急起从之,振笔直遂,以追其所见。如兔起鹘落,少纵则逝矣。

  文与可,名同,北宋梓州永泰(今四川盐亭县),曾任洋州知州。文与可是苏轼的表兄,著名画家,长于画竹,曾画《筼筜谷偃竹》赠苏轼。元丰二年(1079)正月病逝。筼筜(yún dāng)是一种节长而竿高的大竹子。筼筜谷在陕西洋县西北,谷中多筼筜竹。偃竹是指仰斜的竹子。宋神宗熙宁八年(1075),文与可任洋州知州,曾在此谷中筑亭。曾画《筼筜谷偃竹》赠苏轼。文同作为画家,他的艺术理论应该不少,苏轼只引用文同的"成竹在胸"的理论,这是画论的艺术精华。

  文章接下去又说:

> 与可之教予如此。予不能然也,而心识其所以然夫既心识其所以然,而不能然者,内外不一,心手不相应,不学之过也。故凡有见于中而操之

---

① 李广田. 中国新文艺大系 1937—1949·文学理论卷一:谈散文 [M]. 上海:上海文艺出版社,1990:491.

不熟者，平居自视了然，而临事忽焉丧之，岂独竹乎？

这是苏轼对文同理论的发挥。画竹"必先得成竹于胸中"。这实际是主张意在笔先，反对临画敷衍；主张整体上的"神似"，反对枝节之间的"形似"。作者以赞同的口吻所表达和发挥的这个见解，苏轼认为，尽管他心知其意，如果让他动手，还是不能得心应手，即"内外不一，心手不相应"，苏轼认为这是"不学之过"。他进一步说，不仅画竹如此，别的事情也是这样。在苏轼看来，文同这一理论，对整个文艺领域具有普遍的指导意义。所以下面又举出苏辙称赞文同的话。文同画的是竹，而寄托的则在于道。

> 子由为《墨竹赋》以遗与可曰："庖丁，解牛者也，而养生者取之；轮扁，斫轮者也，而读书者与之。今夫夫子之托于斯竹也，而予以为有道者，则非耶？"子由未尝画也，故得其意而已。若予者，岂独得其意，并得其法。

这一段通过叙述文与可的画论和苏轼、苏辙对此画论的反映，不仅写出了文与可画技的高妙和见解的卓越，而且也道出了自己对文与可的敬仰之情和知己之感。其中有议论、有描写或述人之言，或直抒己见，纵横错落，灵活我变，显得言而有味，情理俱谐。

> 与可画竹，初不自贵重，四方之人持缣素而请者，足相蹑于其门。与可厌之，投诸地而骂曰："吾将以为袜材。"士大夫传之，以为口实。及与可自洋州还，而余为徐州。与可以书遗余曰："近语士大夫，吾墨竹一派，近在彭城，可往求之。袜材当萃于子矣。"书尾复写一诗，其略云："拟将一段鹅溪绢，扫取寒梢万尺长。"予谓与可，竹长万尺，当用绢二百五十匹，知公倦于笔砚，愿得此绢而已。与可无以答，则曰："吾言妄矣，世岂有万尺竹也哉！"余因而实之，答其诗曰："世间亦有千寻竹，月落庭空影许长。"与可笑曰："苏子辩由辩矣。然二百五十匹，吾将买田而归老焉。"因以所画筼筜谷偃竹遗予，曰："此竹数尺耳，而有万尺之势。"筼筜谷在洋州，与可尝令予作《洋州三十咏》，《筼筜谷》其一也。予诗云："汉川修竹贱如蓬，斤斧何曾赦箨龙。料得清贫馋太守，渭滨千亩在胸

中。"与可是日与其妻游谷中，烧笋晚食，发函得诗，失笑喷饭满案。

以上追忆二人在交往过程中与画竹相关的几件趣事。写得幽默风趣亲切自然，而就在这些日常生活的琐事中，在这些戏语笑语里，表现出文与可坦率高雅的胸襟气度，机敏、超卓的智慧才能，也可见出作者和文与可的"亲厚无间"。

文章到此，文同的理论和实践都谈到了，但是苏轼为什么写这些呢？难道只是赞文同的画论？或者只是在叙旧？

最后一段说明了写作此文的缘由，并表明二人感情深厚、关系亲密无间。

元丰二年正月二十日，与可没于陈州。是岁七月七日，予在湖州曝书画，见此竹，废卷而哭失声。昔曹孟德《祭桥公文》，有"车过""腹痛"之语。而予亦载与可畴昔戏笑之言者，以见与可于予亲厚无间如此也。①

先说在文与可死后七个月，"曝书画，见此竹，废卷而哭失声"，"哭失声"三个字写尽了作者睹物思人的无限悲痛。接着又引曹操的典故来强调"予亦载与可畴昔戏笑之言者，以见与可于予亲厚无间如此也"，平淡语中现出悼念亡友的真挚情感。

通观整篇结构，前半部分侧重于说理，后半部分侧重于叙事，全文以画竹线索来组织安排材料，极为自然、流畅。

文章的主体追忆了作者与文同的交往趣事，乍看上去似乎枝蔓，待到文章最后，读者才悟出，所有这一切都是为了表达作者的悲痛之深，以喜衬悲，也益见其悲，较好地体现了艺术的辩证法。

作为一篇绘画题记，大多要描述画面的形象，叙说画家作画的过程，交代收藏者的得画经历，总之，不外以鉴赏、考订为主要内容。而苏轼的这篇《文与可画筼筜谷偃竹记》，却不是一般的绘画题记，它实际上是一篇纪念文章，是表现作者对一位诗人兼书画家的朋友、亲戚的追怀、悼念。苏轼谈画竹理论，实际上是赞美与怀念这一理论的总结者和实践者——文与可。

由此可以看出，散文要散开，思路要神游万仞，精骛八极，变幻莫测，观

---

① 孔凡礼，点校. 苏轼文集 [M]. 北京：中华书局，2004：365-366.

沧海于须臾，抚四海于一瞬。当代著名作家刘白羽的《日出》就有这个特点。作者分别摘取了海涅的散文冬季、云雾缭绕中的日出和屠格涅夫的小说秋季柔和明丽中的日出画面，以后叙写了在印度科摩林海角和黄山狮子林两次看日出都没有如愿的情景，最后是在万仞高空中作者终于"看到了一次最雄伟、最瑰丽的日出景象"。

  这时间，那条红带，却慢慢在扩大，象一片红云了，象一片红海了。暗红色的光发亮了，它向天穹上展开，把夜空愈抬愈远，而且把它们映红了。下面呢？却还象苍莽的大陆一样，黑色无边。这是晨光与黑夜交替的时刻，这是即将过去的世界与即将到来的世界交替的时刻。你乍看上去，黑夜还似乎强大无边，可是一转眼，清冷的晨曦变为磁蓝色的光芒。原来的红海上簇拥出一堆堆墨蓝色云霞。一个奇迹就在这时诞生了。突然间从墨蓝色云霞里蠢起一道细细的抛物线，这线红得透亮闪着金光，如同沸腾的溶液一下抛溅上去，然后象一支箭一直向上冲，这时我才恍然大悟，原来这就是光明的白昼由夜空中迸射出来的一刹那。然后在几条墨蓝色云霞的隙缝里闪出几个更红更亮的小片。开始我很惊奇，不知这是什么。再一看，几个小片冲破云霞，密接起来，溶合起来，飞跃而出，原来是太阳出来了。它晶光耀眼，火一般鲜红，火一般强烈，不知不觉，所有暗影立刻都被它照明了，一眨眼工夫，我看见飞机的翅膀红了，窗玻璃红了，机舱座里每一个酣睡者的面孔红了。这时一切一切都宁静极了，宁静极了。整个宇宙就象刚诞生过婴儿的母亲一样温柔、安静，充满清新、幸福之感。再向下看，云层象灰色急流，在滚滚流开，好让光线投到大地上去，使整个世界大放光明。我靠在软椅上睡熟了。醒来时我们的飞机正平平稳稳，自由自在，向我的亲爱的祖国、向太阳升起的地方航行。

  海涅描写的冬季、云雾缭绕中的日出以及屠格涅夫描写的日出图的引用，不管是在色彩上还是在动态描绘上，都为刘白羽描写的日出图做了衬托，并很好地书写了文章的主题，赞美了我们伟大的祖国正如朝阳东升，光彩夺目，雄伟瑰丽。从全文来看，五幅画面交相辉映，气势雄浑，恣肆汪洋。单看每幅画，都有独特的风姿个性，连缀成一幅长卷，又浑然一体。

  散文要多用曲笔，思路放开，这样，内容丰富，主题突出。

(三) 情真

散文要表现真情。散文是一种最能体现个性也是最利于坦率地表现自己思想情感的文体。虽然文学作品都要表现自己的思想感情,但是,诗歌是通过意象的构成来抒情,小说戏剧是通过人物、情节来表现内容和主旨,作者一般不直接表达情感,而是要隐藏自我。而散文可以直接在文中抒发自己的感情,就像与读者面对面交谈,显得真切自然。

情真意切是散文内容的本质要求。请看高晓声的《摆渡》:

有四个人到了渡口,要到彼岸去。

这四个人:一个是有钱的,一个是大力士,一个是有权的,一个是作家。他们都要求渡河。

摆渡人说:"你们每一个人,都要把自己最宝贵的东西分一点给我,我就摆。谁不给,我就不摆。"

有钱人给了点钱,上了船。大力士举举拳头说:"你吃得消这个吗?"也上了船。

有权人说:"你摆我过河以后,就别干这苦活了,跟我去做一点干净省力的事儿吧。"摆渡的听了高兴,扶他上了船。最后轮到作家开口了。作家说:"我最宝贵的,就是写作。不过一时也写不出来。我唱个歌儿给你听听吧。"

摆渡人说:"歌儿我也会唱,谁要听你的!你如实在没有什么,唱一个也可以,唱得好,就让你过去。"作家就唱了一个。摆渡人听了,摇摇头说:"你唱的算什么,还没有他(指有权力的)说的好听。"说罢,不让作家上船,篙子一点,船就离了岸。

这时暮色已浓,作家又饥又冷,想着对岸家中,妻儿还在等着他回去想办法买米烧饭吃,他一阵心酸,不禁仰天长叹道:"我平生没有作过孽,为什么就没有路走了呢?"

摆渡人一听,又把船靠岸,说:"你这一声叹,比刚才唱的好听,你把最宝贵的东西——真情实意分给了我。请上船吧!"

作家过了河,心里哈哈笑。他觉得摆渡人说得真好,作家如不是这样,是应该无路可走的。

到了明天,作家想起摆渡人已跟那有权的走掉,没有人摆渡,那怎么行呢？于是他就自动去做摆渡人。从此改了行。

作家摆渡，不受惑于财富，不屈从于权力；他以真情实意对渡客，并愿渡客以真情实意报之。

过了一阵之后，作家又觉得自己并未改行，原来创作如同摆渡一样，目的都是把人渡到前面的彼岸去。

高晓声这篇文章启示我们，文学创作是真挚情感的产物，而散文尤其要表现最宝贵的人间真情。作家抒发自我情感的散文，如我国韩愈的《祭十二郎文》、归有光的《项脊轩志》、朱自清的《背影》、史铁生的《秋天的怀念》，国外卢梭的《忏悔录》、恩特赛的《挪威的欢乐时光》等，都是因为写得情真意切，扣动了读者的心弦。有的散文虽然不是写作家的自我生活，但是作家的情感为所写的人和事所燃烧，读者依然可以感到一种感情的冲击力。比如，司马迁的《屈原列传》《李将军列传》，古希腊柏拉图的记载苏格拉底言行的散文《游叙弗伦》等便是如此。

（四）散文文体的审美核心：风神美

郁达夫曾经在《中国新文学大系·散文二集·导言》中借用王士祯的神韵说谈散文的美说："在散文里似以情韵或情调两字来说，较为妥当。这一种要素，尤其是写抒情或写景的散文时，包含得特别多。"其实这种情调，不如用"风神"二字代替。归有光、茅坤等以风神评论散文，后经桐城派、林纾、陈衍等人进一步阐释发挥，形成了一套完整的风神理论体系。风神论是散文美学的核心理论。

"风神"一词最早见于晋宋人物的评论中。《晋书》卷三十五《裴楷传》："楷风神高迈，容仪俊爽，博涉群书，特精理义，时人谓之'玉人'。"[①] 风神表示一种内在精神焕发出的外在容仪美。《世说新语·赏誉》："天锡见其风神清令，言语如流，陈说古今，无不贯悉。又谙人物氏族中来，皆有证据。"[②] 这里的风神是指精神上的萧散飘逸。总之，风神是人物精神的神采化、风度化。后来被人们借鉴到文学艺术批评中。《唐宋八大家文钞》的编撰者茅坤在《庐陵文钞》中说："西京以来，独称太史公迁，以其驰骤跌宕，悲慨呜咽，而

---

① 房玄龄等. 晋书[M]. 北京：中华书局，2008：1046.
② 刘义庆著. 朱铸禹，汇校汇注. 世说新语汇校汇注[M]. 上海：上海古籍出版社，2008：425.

风神所注,往往于点缀指次独得妙解。譬之览仙姬于潇湘洞庭之上,可望而不可近者。累数百年而得韩昌黎,然彼固别开门户也。又三百年而得欧阳子。予览其所序次当世将相、学士、大夫墓志碑表,与《五代史》所为梁、唐二《纪》,及他名臣杂传,盖与太史公略相上下者。"① 茅坤的这段话中,标举了司马迁的风神和欧阳修的风神,建立了一种新的批评范式,风神论相当于诗歌的境界说,成为散文艺术的核心理论。

风神是情感和生命意识的流露。是司马迁的发愤抒情,是韩愈的不平则鸣,也是欧阳修的文穷而后工。司马迁在《报任安书》中有这么一段:

> 古者富贵而名摩灭,不可胜记,唯倜傥非常之人称焉。盖文王拘而演《周易》;仲尼厄而作《春秋》;屈原放逐,乃赋《离骚》;左丘失明,厥有《国语》;孙子膑脚,《兵法》修列;不韦迁蜀,世传《吕览》;韩非囚秦,《说难》《孤愤》;《诗》三百篇,大厎(zhǐ)圣贤发愤之所为作也。此人皆意有所郁结,不得通其道,故述往事,思来者。及如左丘明无目,孙子断足,终不可用,退论书策,以舒其愤,思垂空文以自见。仆窃不逊,近自托于无能之辞,网罗天下放失旧闻,考之行事,稽其成败兴坏之理,凡百三十篇。亦欲以究天人之际,通古今之变,成一家之言。草创未就,适会此祸,惜其不成,是以就极刑而无愠色。仆诚已著此书,藏之名山,传之其人,通邑大都。则仆偿前辱之责,虽万被戮,岂有悔哉!然此可为智者道,难为俗人言也。②

作者说明自己受腐刑后隐忍苟活的原因是为了完成《史记》。作者进一步列举了文王、孔子、屈原、左丘明、孙膑、吕不韦、韩非等非凡特殊的人才能够忍辱负重,完成流传后世的不朽之作的业绩,说明他们体现了最大的人生价值。作者说他是学习先贤,当时《史记》草创未成,就遭此灾,他痛惜全书没有完成。因此,受酷刑而无愠色,遭戮笑却能忍耐,最后终于完成了《史记》,偿还了前面受辱的债。司马迁在这里提出一个面对死亡这一重大而严肃的问

---

① 王水照编.历代文话:第二册[M].上海:复旦大学出版社,2007:1843.
② 班固著.颜师古,注.汉书[M].北京:中华书局,2007:2735.《报任安书》亦见于《昭明文选》,文字有出入,这里以《汉书》为据。

题:"人固有一死,死有重于泰山,或轻于鸿毛,用之所趋异也。"① 一个人慕义而死,固然值得推许,但是,如果仅仅以一死来对不公进行抗议,岂不是"若九牛亡一毛,与蝼蚁何异!"那些在悲愤、困厄中奋起,以最大的毅力来成就人生辉煌的人,更值得称赞。司马迁在这儿不仅表现了强烈的生命意识,而且对生命的意义做了思考。

风神是人物内在的主体精神与外在的艺术风貌的融和。

宋朝士大夫,尤其是北宋前中期的官员大都专注于修齐治平,关注民生。宋朝以儒治国,至仁宗朝,儒学复兴运动声势浩大,形成了一种以名节相激励、以道义相标榜的士风。欧阳修的《上范司谏书》表现了强烈的为民请命、勇于任事的精神,体现了以名节相激励的士风。在"庆历党议"中范仲淹落职知饶州,欧阳修为此愤愤不平,挥笔写下《与高司谏书》,表现了他嫉恶如仇的精神,他也因此被贬夷陵,被贬后他并不怨天尤人。他在夷陵后作《与尹师鲁书》中说:"每见前世有名人,当论事时,感激不避诛死,真若知义者,及到贬所,则戚戚怨嗟,有不堪之穷愁形于文字,其心欢戚无异庸人,虽韩文公不免此累,用此戒安道慎勿作戚戚之文。"表示自己直面人生、坚持正道的高尚气节。这种不以物喜不以己悲的人格力量,其形于文章,虽然遭遇贬谪,却没有郊寒岛瘦的苦况。因此,欧阳修贬谪夷陵,有《夷陵县至喜堂记》《峡州至喜亭记》,贬谪滁州而有《醉翁亭记》《丰乐亭记》。《醉翁亭记》成为千古名篇,就在于欧阳修以优美的散文艺术形式,解读了关于"尧舜气象"(乐于山水与造福于民)这一儒家最高人生境界的古老命题。欧阳修在滁州为政务在"宽简",百姓受益于他的仁政,欧阳修在滁州实现了孔子的"老者安之(伛偻)、朋友信之(众宾欢也),少者怀之(提携)"政通人和的理想境界,这是醉翁之乐的深刻含义。因此,《醉翁亭记》是立意高远、风神飘逸的旷世之作。

风神不是单一风格,是作家的艺术个性的体现。

风神往往被人们理解为阴柔之美。这未免太狭隘,含蓄节制是风神,豪迈奔放也是风神。既然风神人物的精神个性在体貌上有表现,那么,在艺术上自然也是体现作家的艺术追求。欧阳修的散文风格为六一风神,是欧阳修内在主体精神的体现。王安石散文的拗折劲健的风格是他"拗"的思想个性的体现。《宋史·王安石传》极言他拗的个性:"安石议论高奇,能以辩博济其说,果于

---

① 班固著. 颜师古,注. 汉书[M]. 北京:中华书局,2007:2732.

自用,慨然有矫世变俗之志。……安石性强忮,遇事无可否,自信所见,执意不回。"而在变法过程中,更体现出王安石坚毅的性格。王安石的《答司马谏议书》就表现了这种拗折的风格:

> 儒者所争,尤在于名实。名实已明,而天下之理得矣。今君实所以见教者,以为侵官、生事、征利、拒谏,以致天下怨谤也。某则以谓受命于人主,议法度而修之于朝廷,以授之于有司,不为侵官;举先王之政,以兴利除弊,不为生事;为天下理财,不为征利;辟邪说,难壬人,不为拒谏。至于怨诽之多,则固前知其如此也。①

面对司马光的指责一一回击,四个排比句富于内在的逻辑力量,气象森然,法度极严。王安石虽是拗人,然而真理却在他手中,因此文章虽然拗折,但是有理、有据,更有力。吴北江评此文"挺接处,矗如山立"。王安石讲法度,却不呆板,法度之中见出转折波澜,所以王安石的散文显得峰峦连绵、丘壑深广、神采飞扬。苏洵行文雄放,来自于他纵横家的渊源。苏轼的散文以雄健奔放、挥洒自如为特色,他在散文里抒写自由的心灵,成为实现他生命的自由和实现对现实超越的最高境界。现代著名作家何其芳的《画梦录》追求"以很少的文字制造出一种情调:有时叙述着一个可以引起许多想象的小故事,有时是一阵伴着深思的情感的波动。……我追求着纯粹的柔和,纯粹的美丽"。

总之,风神是生命意识的觉醒,是对人物命运的关怀,是一种风姿、风韵,表现了一个作家独特的艺术境界。

第二节 散文的种类

辨别散文的种类,在中国传统文人看来极为重要。近人来裕恂的《汉文典·文章典》论述文章的做法与体制时说:"文章莫先于辨体,体立而经以周密之意,贯以冲和之气,饰以雅健之词,实以渊博之学,济以宏通之识,然后

---

① 王安石撰. 李之亮,笺注. 王荆公文集笺注 [M]. 成都:巴蜀书社,2005:1233-1234.

其文彬彬，各得其所。"① 这确实是重要的经验之谈，因为确立好文体是提炼主题、谋篇布局和遣词造句的前提。不过，中国古代的文体分得很细，《昭明文选》分为37类，还有人认为分得太粗，明朝吴讷的《文章辨体》就增加到50类，稍后的徐师曾在《文体明辨》中把文体细分为100类。今天看来，显得烦琐。按照内容和表现方式，散文大致可以分为叙事散文、写景散文、抒情散文和议论散文等几种。当然，这只是大致的划分，实际情况比较复杂，为了叙述方便，我暂且按照这几种类型阐述。

一、叙事散文

叙事散文也叫记叙文，是以记叙人物和事件为主的散文，如《左传》、司马迁的《史记》、郭沫若的《洪波曲》《圣经》、普鲁塔克的《希腊罗马名人传》等都是杰出的长篇叙事写人散文；韩愈的《张中丞传后叙》、朱自清的《背影》、陀思妥耶夫斯基的《在耶稣身旁过圣诞节的小男孩》等是著名的短篇散文。它主要的表现方式是叙述。叙述是写作中最基本、最重要的表述方式，也最能反映一个作家的写作造诣。通过作者高超的叙述技法，作品中的人物和故事常常给我们留下难以磨灭的记忆。例如，司马迁写项羽：

> 项王军壁垓下，兵少食尽，汉军及诸侯兵围之数重。夜闻汉军四面皆楚歌，项王乃大惊曰："汉皆已得楚乎？是何楚人之多也！"项王则夜起，饮帐中。有美人名虞，常幸从；骏马名骓，常骑之。于是项王乃悲歌慷慨，自为诗曰："力拔山兮气盖世，时不利兮骓（zhuī）不逝！骓不逝兮可奈何！虞兮虞兮奈若何！"歌数阕，美人和之。项王泣数行下，左右皆泣，莫能仰视。
>
> 于是项王乃上马骑，麾下壮士骑（jì）从者八百余人，直夜溃围南出，驰走。平明，汉军乃觉之，令骑将灌婴以五千骑追之。项王渡淮，骑能属者百馀人耳。项王至阴陵，迷失道，问一田父。田父绐（dài）曰："左。"左，乃陷大泽中。以故汉追及之。项王乃复引兵而东，至东城，乃有二十八骑。汉骑追者数千人。项王自度不得脱，谓其骑曰："吾起兵至今八岁

---

① 王水照编. 历代文话：第九册 [M]. 上海：复旦大学出版社，2007：8617.

矣,身七十余战,所当者破,所击者服,未尝败北,遂霸有天下。然今卒困于此,此天之亡我,非战之罪也!今日固决死,愿为诸君快战,必三胜之,为诸君溃围、斩将、刈旗,令诸君知天亡我,非战之罪也。"……于是项王乃欲东渡乌江。乌江亭长舣(yǐ)船待,谓项王曰:"江东虽小,地方千里,众数十万人,亦足王也。愿大王急渡。今独臣有船,汉军至,无以渡。"项王笑曰:"天之亡我,我何渡为!且籍与江东子弟八千人渡江而西,今无一人还,纵江东父兄怜而王(wàng)我,我何面目见之!纵彼不言,籍独不愧于心乎!"乃谓亭长曰:"吾知公长者。吾骑此马五岁,所当无敌,尝一日行千里,不忍杀之,以赐公!"乃令骑皆下马步行,持短兵接战。独籍所杀汉军数百人,项王身亦被十余创。顾见汉骑司马吕马童曰:"若非吾故人乎?"马童面之,指王翳曰:"此项王也。"项王乃曰:"吾闻汉购我头千金,邑万户。吾为若德。"乃自刎而死。王翳取其头,余骑相相蹂践争项王,相杀者数十人。最其后,郎中骑杨喜、骑司马吕马童、郎中吕胜、杨武,各得其一体。五人共会其体,皆是。

太史公曰:吾闻之周生曰"舜目盖重瞳子",又闻项羽亦重瞳子。羽岂其苗裔邪?何兴之暴邪?夫秦失其政,陈涉首难,豪杰蜂起,相与并争,不可胜数。然羽非有尺寸,乘势起陇亩之中,三年,遂将五诸侯灭秦,分裂天下,而封王侯,政由羽出。号为"霸王",位虽不终,近古以来未尝有也。及羽背关怀楚,放逐义帝而自立,怨王侯叛己,难矣。自矜功伐,奋其私智而不师古。谓霸王之业,欲以力征经营天下。五年卒亡其国,身死东城,尚不觉悟而不自责,过矣。乃引"天亡我,非用兵之罪也",岂不谬哉!①

《史记》是我国第一部纪传体通史,它凝聚了司马迁毕生的心血。有人把《史记》誉之为悲剧英雄画廊,西楚霸王项羽则是悲剧群像中的绝代典型,而"项羽之死"这个片段便是这部旷世悲剧的最后一幕。这最后一幕由垓下之围、东城快战、乌江自刎三场组成,其中包含了楚歌夜警、虞兮悲唱、阴陵迷道、东城快战、拒渡赠马、赐头故人等一连串惊心动魄的情节和细节。司马迁怀着满腔激情,运用史实、传说和想象,传写了项羽的穷途末路,不断丰富、发展

---

① 陈振鹏,章培恒主编. 古文鉴赏辞典[M]. 上海:上海辞书出版社,1997:281-283.

了他的性格，获得了可歌可泣的艺术效果。

第一场：垓下之围。在若断若续、如泣如诉的四面楚歌声中，项羽"时不利兮可奈何！虞兮虞兮奈若何！"的感慨，显得英雄气短、儿女情长，以致这位从不曾流过泪的西楚霸王也不禁"泣数行下"，显得那么多情而无奈。

第二场：东城快战。当项羽"自度不得脱"之后，连连说："此天之亡我，非战之罪也。""令诸君知天亡我，非战之罪也。"与后面的"天之亡我，我何渡为"互相呼应，三复斯言；明知必死，意犹未平。不服气正显示了他的平生意气，说明了他自负、自尊而不知自省、自责。

写阴陵迷道，目的在于揭示这位末路英雄丧失人心；写东城溃围、斩将、刈旗，则着意于进一步展开他拔山盖世的意气和个人英雄主义的性格。

第三场：乌江自刎。其中写了拒渡、赠马、赐头三个细节。"知耻近乎勇"。自惭无面见江东父老这个细节，展示出他的知耻、重义。对自己的死，他毫不在意；却不忍爱马被杀，以赠亭长。因为，"吾骑此马五岁，所当无敌"。五年来无数胜利的回忆，猛然涌上心头。今昔如此，情何以堪！文章写到这里，实已神完气足，司马迁再加上把头颅留赠故人这样一个出人意表、千古未闻的细节。故人必欲杀之以邀功取赏，项羽却慷慨赐头，"吾为若德"。蝼蚁之微，泰山之高，两两对比，何等鲜明！

项羽终于自刎了，他是站着死的。在这最后一幕中，给我们印象最深刻的，是三个场次之间的节奏变化，起伏张弛，抑扬徐疾。第一场重在抒情，节奏纤徐，情如悲筋怨笛，以变徵之音形成了呜咽深沉的境界。第二场重在叙事，全用短节奏，铁马金戈，声情激越。第三场江畔陈辞，羽声慷慨。"纵江东父老怜而王我，我何面目见之！纵彼不言，籍独不愧于心乎！"连用两反诘句，顿挫抑扬，极唱叹之胜。此外，还用了许多形象生动、蕴涵丰富的细节，其中必有不少出于传闻、揣度，但无不使人感到可感可信、入情入理。充分显示了司马迁卓越的叙事才能。

二、写景散文

写景散文就是描摹景物，主要表现方式是描写。写景要达到如临其境的艺术效果，以景衬人，创造一种情景交融的意境。在写景散文中，描写和叙述经常合二为一，称为"描述"。但是作为两种表述方式，作用不一，叙述在于交代和介绍,让人明白事实;而描写着眼于刻画与描摹,注重形象,以唤起想象、情感体验。

下面试以马克·吐温的《登勃朗峰》为例,体会写景散文的魅力。

赴勃朗峰的途中,我们先坐火车去了马蒂尼,翌晨八时许,便徒步出发。路上有很多人结伴而行,乘坐马车的,骑骡的——因而扬起阵阵尘埃。队伍分散开去,络绎不绝,前后长达一英里左右。路为上坡——一路都为上坡——且相当陡峭。天气灼热难挡,乘坐在缓慢爬行的骡背之上和辚辚移进的马车里的男男女女,焦炙于火辣辣的炎阳之下,其状真是可怜可悯。我们可在树林中避暑纳凉,稍作歇息,可那些人不行。既然花了钱坐车,就一定要使他们的旅行价有所值。

我们取道黑首,抵达高地,沿途不乏秀色美景。有一处需经隧道,穿山而过;俯瞰脚下峡谷,只见一股清流急湍其间,环顾四周,岩壁巉峻,丘岗葱绿,美不胜收。整个黑首道上,到处瀑布倾泻,轰鸣作响。

抵达阿冉提村前约莫半小时,一座巨大的白雪穹顶骤然映入眼帘,日照其上,光艳耀目。穹顶呈V字形,巍峨庄观,此乃一座山门,原来我们已亲眼目睹了被称"阿尔卑斯之王"的勃朗峰。我们拾阶而上,威严的穹顶也随之愈升愈高,耸入蓝天,最后仿佛独据苍穹。

勃朗峰周围的一些山峰奇形怪状——都为浅棕色的光秃尖岩。有些顶端尖峭,并微微倾向一旁,宛如美女的纤指;有一怪峰,形如塔糖,又似主教头上的帽子;因巉岩太过陡峭,皓皓白雪无法堆积,只能在分野处才得以偶见几处。

在逗留高地、向山下的阿冉提村进发之前,我们曾仰面遥望附近的一座峰巅,但见色彩斑斓,彩霞满天,白云缭绕,轻歌曼舞,那朵朵白云精美柔细,宛如游丝蛛网一般。五光十色中的粉红嫩绿,尤为妩媚动人,所有色彩轻淡柔和,交相辉映,妖媚迷人。我们干脆就地而坐,饱览独特美景。这一彩幻只是稍作驻留,顷刻间便飘忽不定,相互交融,暗淡隐去,可又骤然返光灼灼,瞬息万变,真是无穷变幻,纷至沓来;洁白轻薄的云朵,微光闪烁,仿佛身披霓裳羽衣的纯洁天使。

良久,我们终于感悟到,眼前的绚丽色彩以及它们的无穷变幻便是我们从飘浮的肥皂泡中能看到的一切,泡泡所到之处,种种色彩变幻,尽被摄入其中。……他扬鞭一挥，车便辚辚向前。如此颠簸，我生平从未有过。近来的几场暴雨冲毁了几处路面，但我们不停不息，一如既往地保持着速度，疾驰向前，什么乱石废物，沟壑旷野，一概不顾——有时一两个轮子着地，但大多为腾空而起。那位镇定而善良的狂车夫还时不时地掉转头来，神情威严地冲我们说道："哈，看到了吗？如我所说吧——我可是名副其实的车夫之王呐。"每当我们险遭不测时，他总是面不改色，和颜悦色地说："只当是种乐趣吧，先生们，这种情况不常见，但很不寻常——能坐上车王的车的人，可是少之又少啊——看到了吧，真如我说的，我就是车王。"

他说的是法语，还不时地打嗝，像是在加标点符号。他朋友也是法国人，说的却是德语——但标点系统毫无二致。那朋友自称"勃朗队长"，要求我们和他一同登山。他说他爬山的次数比谁都多——四十七次——而他兄弟只有三十七次。除他外，他兄弟是世上最佳的向导——可他自己，对了，请别忘了——他是"勃朗队长"——这个尊号是非他莫属的。

那车王果然信守诺言——像疾风般赶上并超过了那长长的游客车队。结果，到达沙蒙尼旅馆后，我们住进了上等的房间。如果这位王爷的车技略欠敏捷——或者说，不是老天有意安排，在他离开阿冉提时喝得酒气熏熏，那将是不可能的。[1]

勃朗峰位于法国和意大利边境的西阿尔卑斯山勃朗山群中间，是阿尔卑斯山脉也是整个欧洲的最高峰，海拔 4 810 米。勃朗峰地势高耸，受西风影响降水丰富，常年积雪，勃朗峰在法语里面意为"银白色的山峰"。这座"阿尔卑斯山之王"让作者怦然心动。峡谷中的清流急湍，黑首道上满是瀑布的轰鸣，独踞苍穹的高高雪岭，山中诸峰体态各异，这些美景都让作者着迷。尤其是勃朗峰的云彩瞬息万变的美景，更让他惊奇，他竟然把它比作阳光下破碎的肥皂泡。

这篇文章独具匠心的地方不在于对美景的描写，而是对车夫的描摹。为作者赶车的车夫更是一道美丽的风景线。这位自封为"车夫之王"的车夫，深为自己的工作和技术自豪。无论他有把握地赶超前面的车队，还是每次在化险为

---

[1] 苏福忠选编.外国散文百篇必读[M].北京：人民文学出版社，2011：329-331.

夷后的镇定自若,都让人感到他是一位自信、乐观的人。同行的还有与车夫一样自信的向导,他47次登上勃朗峰,自封为"勃朗队长"和世界上最好的向导。他们在辛苦而危险的工作中,始终以一种乐观、自信的工作态度迎接每一位客人。这种生活态度值得赞许。或许,他们的存在为气势磅礴的勃朗峰增添了一种魅力。因此,勃朗峰的美景和为他们赶车的车夫在作者看来都是风景,缺一不可。

三、抒情散文

抒情散文注重抒发作者的思想感情,具有浓郁的抒情性。抒情散文也有写景状物或写人记事的,但这些内容都是为了抒发感情。比如,峻青的《雄关赋》有记事写景的部分,但所有这一切,都是为了抒发情感,作者一开篇将面对山海关的浓烈感情倾泻而出。作者酣畅淋漓地描绘雄关的雄伟,雄关见证了中华民族抵御外侮的决心和勇气。文章的主题升华为真正坚固的雄关,只有存在于人们的心中。——这就是信念。再如,林语堂的《秋天况味》也是借景抒情的名篇。因事抒情的散文有冰心的《我的家在哪里》,作者梦见自己坐车去找曾经与父母兄弟一起居住过的"中剪子巷",却怎么也找不到,抒发了她对故土的思念。

抒情散文更多的是通过写人抒情。比如,郭沫若的《芭蕉花》、朱自清的《给亡妇》、巴金的《再忆萧珊》、柯灵的《回看血泪相和流》、史铁生的《秋天的怀念》、萧伯纳的《贝多芬百年祭》,等等。

下面一起欣赏郭沫若的《芭蕉花》:

> 这是我五六岁时的事情了。我现在想起了我的母亲,突然记起了这段故事。
>
> 我的母亲六十六年前是生在贵州省黄平州的。我的外祖父杜琢章公是当时黄平州的州官。到任不久,便遇到苗民起事,致使城池失守,外祖父手刃了四岁的四姨,在公堂上自尽了。外祖母和六岁的三姨跳进州署的池子里殉了节,所用的男工女婢也大都殉难了。我们的母亲那时才满一岁,刘奶妈把我们的母亲背着已经跳进了池子,但又逃了出来。在途中遇着过两次匪难,第一次被劫去了金银首饰,第二次被劫去了身上的衣服。忠义

的刘奶妈在农人家里讨了些稻草来遮身，仍然背着母亲逃难。逃到后来遇着赴援的官军才得了解救。最初流到贵州省城，其次又流到云南省城，倚人庐下，受了种种的虐待，但是忠义的刘奶妈始终是保护着我们的母亲。直到母亲满了四岁，大舅赴黄平收尸，便道往云南，才把母亲和刘奶妈带回了四川。

母亲在幼年时分是遭受过这样不幸的人。

……

母亲因为这样过于劳苦的原故，身子是异常衰弱的，每年交秋的时候总要晕倒一回，在旧时称为"晕病"，但在现在想来，这怕是在产褥中，因为摄养不良的关系所生出的子宫病吧。

晕病发了的时候，母亲倒睡在床上，终日只是呻吟呕吐，饭不消说是不能吃的，有时候连茶也几乎不能进口。像这样要经过两个礼拜的光景，又才渐渐回复起来，完全是害了一场大病一样。

芭蕉花的故事是和这晕病关连着的。

在我们四川的乡下，相传这芭蕉花是治晕病的良药。母亲发了病时，我们便要四处托人去购买芭蕉花。但这芭蕉花是不容易购买的。因为芭蕉在我们四川很不容易开花，开了花时乡里人都视为祥瑞，不肯轻易摘卖。好容易买得了一朵芭蕉花了，在我们小的时候，要管两只肥鸡的价钱呢。

……

芭蕉花的故事便是和我母亲的晕病关连着的。

我们四川人大约是外省人居多，在张献忠剿了四川以后——四川人有句话说："张献忠剿四川，杀得鸡犬不留"——在清初时期好像有过一个很大的移民运动。外省籍的四川人各有各的会馆，便是极小的乡镇也都是有的。

我们的祖宗原是福建的人，在汀州府的宁化县，听说还有我们的同族住在那里。我们的祖宗正是在清初时分入了四川的，卜居在峨眉山下一个小小的村里。我们福建人的会馆是天后宫，供的是一位女神叫做"天后圣母"。这天后宫在我们村里也有一座。

那是我五六岁时候的事了。我们的母亲又发了晕病。我同我的二哥，他比我要大四岁，同到天后宫去。那天后宫离我们家里不过半里路光景，里面有一座散馆，是福建人子弟读书的地方。我们去的时候散馆已经放了假,大概是中秋前后了。我们隔着窗看见散馆园内的一簇芭蕉,其中有一株刚好开着一朵大黄花,就像尖瓣的莲花一样。我们是欢喜极了。那时候我们家里正在找芭蕉花,但在四处都找不出。我们商量着便翻过窗去摘取那朵芭蕉花。窗子也不过三四尺高的光景,但我那时还不能翻过,是我二哥擎我过去的。我们两人好容易把花苞摘了下来,二哥怕人看见,把来藏在衣袂下同路回去。回到家里了,二哥叫我把花苞拿去献给母亲。我捧着跑到母亲的床前,母亲问我是从甚么地方拿来的,我便直说是在天后宫掏来的。我母亲听了便大大地生气,她立地叫我们跪在床前,只是连连叹气地说:"啊,娘生下了你们这样不争气的孩子,为娘的倒不如病死的好了!"我们都哭了,但我也不知为甚么事情要哭。不一会父亲晓得了,他又把我们拉去跪在大堂上的祖宗面前打了我们一阵。我挨掌心是这一回才开始的,我至今也还记得。

我们一面挨打,一面伤心。但我不知道为甚么该讨我父亲、母亲的气。母亲病了要吃芭蕉花。在别处园子里掏了一朵回来,为甚么就犯了这样大的过错呢?

芭蕉花没有用,抱去奉还了天后圣母,大约是在圣母的神座前干掉了吧?

这样的一段故事,我现在一想到母亲,无端地便涌上了心来。我现在离家已十二三年,值此新秋,又是风雨飘摇的深夜,天涯羁客不胜落寞的情怀,思念着母亲,我一阵阵鼻酸眼胀。

啊,母亲,我慈爱的母亲哟!你儿子已经到了中年,在海外已自娶妻生子了。幼年时摘取芭蕉花的故事,为甚么使我父亲、母亲那样的伤心,我现在是早已知道了。但是,我正因为知道了,竟失掉了我摘取芭蕉花的自信和勇气。这难道是进步吗?[①]

本文选自郭沫若的《学生时代·山中杂记》,《芭蕉花》是郭沫若在1924年8月20日夜写于福冈的童年往事:母亲得了头晕病,呻吟呕吐,十分痛苦,需要芭蕉花入药治疗。当年才五六岁的郭沫若和二哥,爬进了私塾的园子偷摘了一朵芭蕉花。郭沫若兴奋地捧着芭蕉花赶到病床前献给母亲,母亲问清了花

---

① 郭沫若. 学生时代·山中杂记 [M]. 北京:人民文学出版社,1979:299-302.

的来历后非常生气,立刻叫郭沫若和二哥跪在床前,呵斥他们为"不争气的孩子",称"为娘的倒不如病死的好了"。父亲对此还对他们动了家法,并责令他们将芭蕉花送还原处。面对母亲的叹气,父亲的训斥,孩子"伤心"了,"我哭了,哥哥也哭了。"两个人的哭含义不同,因为他们的年龄不同,对世事的阅历也不一样。

　　一朵普通的芭蕉花,一对活泼天真的孩子,一对严厉的父母,构成了一个小故事,给人以深刻的启迪。病中的母亲盼花心切,但没有忘记育子的重任,父亲也能体察到孩子的孝心,但他坚守"勿以恶小而为之"的信条,第一次责罚了心爱的孩子。他们把孩子的品德看得比治病还重要,比生命还可贵,他们对孩子的爱才是真爱,爱得有价值。1939年,郭沫若的父亲病逝,毛泽东撰挽联:"先生为有道后身,衡门潜隐,克享遐龄,明德通玄趋往古;哲嗣乃文坛宗匠,戎幕奋飞,共驱日寇,丰功勒石励来兹。"评价得恰如其分。

　　文章的立意还把对母亲的思念与作者当时在日本的漂泊生涯联系起来,发出感喟,母亲的伤心是儿子不自爱,但在父母的训诫之后,却连童年的无邪和勇敢也失去了,让世间的风雨尘垢销蚀了幼年时代的自信和勇气。

　　《芭蕉花》语句平实,用词讲究,含义隽永,力透纸背。文章如千里来龙,来去无踪,看似散漫,实是丝丝入扣,前文写战乱、流亡、早婚、多子都是为芭蕉花故事张本,以"爱"为主线,表现哥俩与父母之间的深厚感情。作者巧用过渡句,放收自如,有草蛇灰线之妙。

四、议论散文

　　议论散文涉及社会人生的感悟,在社会万象和人生百态中去领悟人生的真谛,透视社会的本质,以知性见长。但它与有严密的逻辑性的一般议论文不同,它更多地偏重于形象的描绘和情感的抒发。比如,鲁迅的杂文、钱锺书的《写在人生边上》、王了一的《龙虫并雕斋琐语》以及培根、兰姆的随笔,蒙田的散文,等等。

　　下面一起欣赏欧阳修《五代史伶官传序》:

　　　　呜呼!盛衰之理,虽曰天命,岂非人事哉!原庄宗之所以得天下,与其所以失之者,可以知之矣。

世言晋王之将终也，以三矢赐庄宗，而告之曰："梁，吾仇也；燕王，吾所立，契丹与吾约为兄弟，而皆背晋以归梁。此三者，吾遗恨也。与尔三矢，尔其无忘乃父之志！"庄宗受而藏之于庙。其后用兵，则遣从事以一少牢告庙，请其矢，盛以锦囊，负而前驱，及凯旋而纳之。

方其系燕父子以组，函梁君臣之首，入于太庙，还矢先王而告以成功，其意气之盛，可谓壮哉！及仇雠已灭，天下已定，一夫夜呼，乱者四应，仓皇东出，未及见贼而士卒离散，君臣相顾，不知所归；至于誓天断发，泣下沾襟，何其衰也！岂得之难而失之易欤？抑本其成败之迹，而皆自于人欤？《书》曰："满招损，谦得益。"忧劳可以兴国，逸豫可以亡身，自然之理也。

故方其盛也，举天下之豪杰莫能与之争；及其衰也，数十伶人困之，而身死国灭，为天下笑。夫祸患常积于忽微，而智勇多困于所溺，岂独伶人也哉！作《伶官传》。①

全篇文章只有四百来字，可是通过总结李存勖速亡的教训，非常雄辩透彻地阐明了"盛衰之理"在于人事，"忧劳可以兴国，逸豫可以亡身"的道理，这在社会危机十分严重，迫切需要进行政治改革的当时，不仅具有很大的历史借鉴作用，而且具有鲜明的现实意义。

开头提出中心论点："盛衰之理，虽曰天命，岂非人事哉！"然后落实到唐庄宗李存勖身上，观点突出而语气平缓。紧紧围绕着兴盛和衰亡的对比，举庄宗的史实加以论述，夹叙夹议，有理有据，"方其系燕父子以组……可谓壮哉"，紧扣"盛"；"及仇雠已灭，天下已定……何其衰也"，紧扣"衰"。两组句子如江河奔流，不可遏止，盛衰对比强烈。"岂得之难而失之易欤？抑本其成败之迹，而皆自于人欤？"作者用两个设问句承接上面的文势，一张一弛，显得自然错落。最后自然引出古语"满招损，谦受益"，和开头呼应，进一步深化了主题。全文除了层层深入，结构严谨，措辞平易，语言简练外，一个更为突出之处是，写得气势横空，咫尺风云，往复咏叹，感慨淋漓，带有浓重的感情色彩。文章多用短句、感叹句和对偶句，是造成这种特点的重要原因。如一开始就用感叹词"呜呼"，表现出作者深沉的感慨，打下文章悲壮哀婉的基

---

① 欧阳修. 新五代史·伶官传: 卷三十七 [M]. 北京: 中华书局, 2007: 397.

调,正如宋代李涂所说:"欧阳永叔五代史赞首必有呜呼二字,固是世变可叹,亦是此老文字,遇感慨便精神。"(《文章精义》五一)又如二、三两段结尾分别以"其意气之盛,何其壮哉"和"何其衰也"这样短促的感叹句出之,议论中融有情韵,给人以一唱三叹,跌宕有致的感觉。文中还有不少精辟的对偶句,如"虽曰天命,岂非人事","祸患常积于忽微,而智勇多困于所溺",含意警策,句式整齐,和散体句参杂用之,使文章读来抑扬顿挫,音节谐美,气势旺盛,具有很强的艺术感染力。明代茅坤说:"此等文章,千年绝调。"清代沈德潜也说:"抑扬顿挫,得《史记》神髓。"(《唐宋八大家文读本》卷十四)前人对此文都给予了很高的评价。

这篇文章引用史实做论据很见功底。作为一个历史学家,欧阳修对李存勖的兴亡历史了然于心,但是作者没有引用李存勖重大的历史事件,而是从李克用临终的遗言写起,然后写作为儿子的李存勖如何完成父亲的遗愿,这样,就把李存勖的兴衰与中心论点紧紧绾在一起。由此可知作者选材之巧妙。还有,作者在写李克用的临终遗愿时,多用短句,可以看出李克用对朱温等人的切齿痛恨。李存勖每次出征以少牢告庙的情形,气氛严肃庄重,这种生动传神的描写,在议论文中是极难得的。

总之,欧阳修的这篇史论观点鲜明,结构严谨,论述充分,是一篇标准的议论文;当然更是一篇文艺性的议论文,是一篇不朽之作。

从《五代史伶官传序》可知,议论性散文的文学性很重要。比如,晚唐罗隐的《谗书》卷四《辨害》:

> 虎豹之为害也,则焚山,不顾野人之菽粟;蛟蜃之为害也,则绝流,不顾渔人之钓网。其所全者大,而所去者小也。
>
> 顺大道而行者,救天下者也;尽规矩而进者,全礼仪者也。权济天下,而君臣立、上下正,然后礼义在焉。力不能济于用,而君臣上下之不正,虽抱空器,奚所设施?是以佐盟津之师,焚山绝流者也;扣马而谏,计菽粟而钓网者也。於戏![1]

罗隐不仅是晚唐的著名诗人,更是杰出的散文家。这篇短文出自他的代表

---

[1] 李定广. 罗隐集系年校笺 [M]. 北京:人民文学出版社,2013:723.

作《逸书》。题作《辨害》，文章处处围绕"害"字落笔，虎豹为害则焚山，蛟蜃兴风作浪则绝流，这种办法副作用太大，但是"所全者大，所去者小"。用两个"不顾"，表示态度坚定，一"大"一"小"足见其分辨利弊的正确。接着，作者宕开一笔，从具体事物分析，转入到理论高度的阐发："顺达道而行者，救天下者也；尽规矩而逃者，全礼义者也。"引导人们从大局出发去分析"焚山""绝流"的利与弊，既是对上文比喻的升华，又引起下文要评述的史实。作者不动声色地写道："权济天下，而君臣立、上下正，然后礼仪在焉。力不能济于用，而君臣上下之不正，虽抱空器，奚所施设？"用权力治理国家，正名分，自然产生礼义，如果大权在握，却不以之济世，又有什么建树呢？由此作者引述"佐盟津之师"和"叩马而谏"来阐述这个道理。吕尚辅佐周武王讨伐殷纣王，看上去是大逆不道的"篡弑"，但是拯救了天下，建立了新的礼义，是"顺达道而行"。而伯夷、叔齐维护君臣名分，认为武王伐纣是以臣弑君，因而"叩马而谏"，甚至不食周粟而死。以"佐盟津之师"和"叩马而谏"分别类比焚山、绝流和计菽粟、顾渔网，嘲讽"叩马而谏"，赞誉"佐盟津之师"，表现作者辨析利害，从大局和整体出发，敢于放弃局部利益。

全文只有 131 个字，却将一个重大问题辨析得如此清晰和深刻，除了设喻的恰切和思辨的敏锐外，还有选材的精当。在组织材料时，则遵循人们的认识规律，先具体设喻，再抽象议论，由焚山、绝流引出"佐盟津之师"和"叩马而谏"，并把这两件史实与焚山绝流、计菽粟顾渔网相比附，揭示顺达道而行的必然性。全文中心突出，阐述深刻，巧妙自然。

现代作家中，也有不少议论性的散文名篇。比如，鲁迅的《女吊》。这篇文章太长，原文就不摘录了，这里就这篇文章做一点简析。

《女吊》收入《鲁迅全集·附集》第六卷（人民文学出版社 2005 年版）。《女吊》是鲁迅 1936 年 9 月 19 到 20 日写的，最初发表于 10 月 5 日《中流》半月刊第一卷第三期。鲁迅是 1936 年 10 月 19 日去世的，也就是《女吊》写成于他去世前的整整一个月。《女吊》是鲁迅晚年极为自得的杰作。10 月 17 日，鲁迅去世前的两天，他会见了一对日本夫妇，鲁迅谈话间提到"这一次写了《女吊》"，神情颇为得意，"把面孔全部挤成皱纹而笑了"。

开头从王思任引用"会稽乃报仇雪耻之乡，非藏垢纳污之地！"一开始就破空而起。然后用"但其实……不过……"的句式，文章又显得从容平和。当他回忆童年时代家乡的习俗时，颇有些自豪地刻画了有复仇精神，比别的一切鬼魂更美、更强的鬼魂形象——女吊。"……先有悲凉的喇叭；少顷，门帘一掀，她出场了。大红衫子、黑色长背心，长发蓬松颈挂两条纸锭，垂头，垂手，弯弯曲曲的走一个全台，内行人说：这是走了一个'心'字。"一出场就让人胆战心惊。接着，她披着头发向后一抖，来了一个亮相：现出石灰一样的圆脸，漆黑的浓眉，乌黑的眼眶，猩红的嘴唇。特写镜头既写出她的可怕，更表现出她急于复仇的心情。她以悲凉的唱腔，说明她的来历：本是良家女，卖入勾栏里，被逼自缢死。这女鬼有一种狞厉的美。夺人神魄的外表有力地表现出以牙还牙的报复心理。

但是作者直接写"女吊"的文字只占全篇的五分之一。鲁迅还写了"起殇""义勇鬼""男吊"等活动，三次挑出老年人对"男吊"行为知其然而不知其所以然的迷惑，大人对扮"义勇鬼"的孩子的责罚，等等。从这些民俗风情可以看出中国人的精神侧面："女吊"虽然具有复仇精神，然而她忙于"讨替代"。她有时一心"讨替代"就忘了复仇，但这也一样地合乎人情。中国人无疑有复仇的渴望，但在行为和精神深处更多的是"逃免"和旁观心态，表现出人的畏惧异端、邪恶的怯懦。

不过，鲁迅对国民的怯弱劣根性批判不是主要的，村妇们刮锅煤不使其成为一个圈，是为了避免它像那诱人自杀的圈套。这不是怕复仇，只是对付"讨替代"。接下去作者卒章显志地议论道："被压迫者即使没有报复的毒心，也决无被报复的恐惧，只有明明暗暗，吸血吃肉的凶手或其帮闲们，这才赠人以'犯而勿校'或'勿念旧恶'的格言，——我到今年，也愈加看透了这些人面东西的秘密。"这些是对那些有知识却没有心的"前进作家"或"人面东西"的讽刺。他们对于复仇的恐慌，较之于无知民众的怯弱，更显得虚伪和无耻。

第三节　散文的写作

散文易学不易工，要想写好散文，需要大量阅读散文名篇，经常练习，还需要对生活的爱，有一双发现美的眼睛。

下面从写作的角度，谈谈散文的立意、选材、谋篇布局等艺术构思问题。

一、提炼主题

重视文章的主题,是我国文章实践的传统,秦以前的古文家遵循"辞达而已"的创作原则,南北朝范晔提出"以意为主,以文传意"的观点,唐朝杜牧对此更做了生动而明晰的阐发,他在《答庄充书》中说:

> 凡为文以意为主,气为辅,以辞采章句为之兵卫。未有主强盛而辅不飘逸者,兵卫不华赫而庄整者。四者高下圆折,步骤随主所指,如鸟随风,鱼随龙,师众随汤、武,腾天潜泉,横裂天下,无不如意。苟意不先立,止以文彩辞句,绕前捧后,是言愈多而理愈乱,如入闤闠,纷纷然莫知其谁,暮散而已。是以意全胜者,辞愈朴而文愈高;意不胜者,辞愈华而文愈鄙。是意能遣辞,辞不能成意,大抵为文之旨如此。①

"文以意为主"是我国文论最重要的命题,文章的主旨是文章的灵魂与统帅,是强化审美效果的依据,散文的蕴藉之美、曲折之美、多样统一之美等,都是在藏意和露意上作文章,使读者在求意的过程中获得乐趣。

文章主旨最基本的要求是正确,再上是纯厚,即文章的主旨是一个有丰富内涵的统一体。纯是指文章确立一个中心,与文章的内涵丰富不矛盾,意旨丛杂不行,发挥不开、缺乏厚度也不行。《祭十二郎文》是韩愈于唐德宗贞元十九年(803)在长安任监察御史时,为祭他侄子十二郎而写的一篇祭文。在情的内涵上,主要是从三点切入:一是强调家族亲情关系;二是突出老成之死的出乎意外;三是融注宦海浮沉之苦和人生无常之感,并以此深化亲情。文章极有厚度,因此沈德潜评云:"是祭文变体,亦是祭文绝调。"

文章的主旨除了有厚度,还强调新颖。写散文讲究感受的个性,比如,珍惜时间、热爱生命有不少人写过,而丰子恺的《渐》却别开生面,而且寓意深刻。

文章的立意因人不同,同样的题材,不同的人可以写成不同的文章。韩愈在《杂说四》里说,千里马因为没有遇到伯乐被埋没,"食不饱,力不足,才

---

① 吴在庆. 杜牧集系年校注 [M]. 北京:中华书局,2016:884.

美不外见",最后"衹辱于奴隶人之手,骈死于槽枥之间",语带悲愤。这种情形,岳飞在《良马对》中也有表现:

> 高宗问岳飞曰:"卿得良马否?"对曰:"臣有二马,日啖刍豆数斗,饮泉一斛,然非精洁既不受。介而驰,初不甚疾,比行百里,始奋迅,自午至酉,犹可二百里。褫(解除)鞍甲而不息不汗若无事然。此其受大而不苟取;力裕而不求逞,致远之材也。不幸相继以死。今所乘者,日不过数升,而秣不择粟,饮不择泉,揽辔未安,踊跃疾驱,甫百里,力竭汗喘,殆欲毙然。此其寡取易盈,好逞易穷,驽钝之材也。"高宗称善。

岳飞的对答表现出良马的品质、才能,良马不求逞能,它开始不拼命跑,要积蓄力量,要到百里以后才能奔跑。岳飞以此含蓄地提醒高宗说,用良将不要总是督责,不要掣肘,要让他能发挥才能。急于督促,甚至掣肘,最后良马不幸相继而死。同样的题材,岳飞的《良马对》的主旨不同于韩愈的《马说》。

文章的主旨很重要,因此,有些作家在行文时注意设置"文眼",也就是点睛之笔。比如,朱自清的《背影》的点睛之笔就是"背影"。它是文章的主旨和脉络的焦点,既突出主旨,又显得含蓄隽永。

写文章要有文德,主旨才会正确。章学诚在《文史通义·史德》中说:"人之气,燕居莫不平也。因事生感,而气失则宕,气失则激,气失则骄,毗于阳矣。文非情不深,而情贵于正。人之情,虚置无不正也。因事生感,而情失则流,情失则溺,情失则偏,毗于阴矣。阴阳伏沴之患,乘于血气而入于心知,其中默运潜移,似公而实逞于私,似天而实蔽于人,发为文辞,至于害义而违道,其人犹不自知也。故曰心术不可不慎也。"对于一件事情,不能没有是非得失,这就要心平气和来考虑问题,但是如果有了利害得失的考虑,就不会有公正,偏私不合理就没有文德。苏轼在《东坡志林》里否定商鞅变法和桑弘羊理财,是出于反对王安石变法来立论,他的议论看上去公正,实际上是出于私心,因此这篇文章就失之偏颇。

二、选材

散文以记叙事实或景物为主,流露出作者的真情。因此,散文的选材一是亲身经历的；二是写作对象有强烈的感情，甚至成为写作的动力。这是因为散文是一种注重书写真情、最具有个性化的文学样式，属于更个人化的创作。现代散文大师周作人提倡"艺术的"叙事抒情散文，强调以自我为中心，提倡"言志"的小品文，认为散文这种文体是"个人的文学尖端"[①]。周作人的散文以"冲淡平和"为主，他倾向于把文艺当成"自己的园地"，乐于饮苦茶、读杂书，陶醉于"苦雨斋"的古典风味，因此周作人散文的选材极平凡琐碎，多为地方风物、衣食住行、历史掌故等，一经他的笔墨点染，就有一种人生的情趣。《喝茶》《谈酒》《济南道中》《北京的茶食》《故乡的野菜》《乌篷船》等都是这样的名篇。

> 乌篷船大的为"四明瓦"，小的为脚划船亦称小船。但是最适用的还是在这中间的"三道"，亦即三明瓦。篷是半圆形的，用竹片编成，中夹竹箬，上涂黑油，在两扇"定篷"之间放着一扇遮阳，也是半圆的，木作格子，嵌着一片片的小鱼鳞，径约一寸，颇有点透明，略似玻璃而坚韧耐用，这就称为明瓦。三明瓦者，谓其中舱有两道，后舱有一道明瓦也。船尾用橹，大抵两支，船首有竹篙，用以定船。船头着眉目，状如老虎，但似在微笑，颇滑稽而不可怕，唯白篷船则无之。

这是《乌篷船》的一段，作者对乌篷船中的"三明瓦"做了精细的白描。先对"篷""明瓦"进行描写，并说明"三明瓦"的由来。接着，指点船首用篙，船尾用橹。然后，作者对船头这样描述："船头着眉目，状如老虎，但似在微笑，颇滑稽而不可怕。"字里行间流露出对家乡风物的赞叹之情，却用平静的语气道出。可以体会周作人对故乡的热爱。

沈从文的散文比起他的小说来，更能表现出他这个"乡下人"的寂寞。他最重要的散文是取材于故乡湘西而写出的《湘行散记》《湘西》，作者将湘西的风土人情，通过景物描写传出人事哀乐。如写常德的船，实写湘西的人情、风习，对沅陵的描写穿插了神话传说，等等。沈从文笔下的湘西世界，艺术感染力之高，在于他对湘西下层人民特异生命形式的倾心描述。

由此可知，散文的选材不仅要是自己熟悉的，而且要符合自己的艺术个

---

① 周作人. 看云集：冰雪小品选·序 [M]. 长沙：岳麓书社，1988：110.

性,真正能触动心灵的题材。

选材确定好以后,还要进行提炼。徐侔斋在《与杨明远书》中说:"人而操笔为人作传,不特其人之炉冶,直是其人之造物。若为炉冶,不过任我之陶铸,今则其人直我之生成矣,安得非造物耶?"徐侔斋提出写人要对材料进行"炉冶"和"造物"的方法。他列举了《汉书·陈遵传》中突出的几件事情,一是陈遵在公府里做官,"公府掾史率皆赢车小马,不上鲜明,而遵极舆马衣服之好",又每天醉归,耽误公事。受到指责,他却说:"满百乃相闻。"因为满100次就会贬官。二是"每大饮,宾客满堂。辄关门,取客车辖投井中。虽有急,终不得去。尝有部刺史奏事,过遵,值其方饮,刺史大穷,候遵沾醉时,突入见遵母,叩头自白当对尚书有期会状,母乃令从后阁出去"。投辖留客的做法热情过度。三是为河南太守时,"召善书吏十人于前,治私书谢京师故人。遵冯(凭)几,口占书吏,且省官事,书数百封,亲疏各有意,河南大惊"。这三件事情写出严遵的侠客风度和才干。不仅仅是史传散文对材料要进行"炉冶"和"造物",写作散文处理材料都应该如此。

三、结构成篇

散文形式自由,要做到形散神聚的关键在于如何结构成篇。这里面有一些技巧,现在选择几点来谈。

(一) 理线索

散文在形式上要散,但在布局上不能散,这就需要寻找线索,把散珠般的材料串起来。线索可以是一人一事,也可以是一个观点、一缕情思。线索有单线与复线、显脉与隐脉之分。鲁迅的《藤野先生》有两条线索:求学转变的过程和藤野先生的事迹。两条线索巧妙地交织在一起,而求学转变的过程则为隐脉。不要以为线索只有记叙文才有,议论文也有。如苏轼的《留侯论》,开头说豪杰之士必有过人之处,就提出一个"忍"字。说"忍"字又是从"勇"字来说的,提出匹夫之勇不算勇,只有人情有所不能忍者,"猝然临之而不惊,无故加之而不怒",能忍才是大勇,而其所以能忍,又是抱负甚大的缘故。从表面看来,勇和忍似乎是矛盾的,而作者却指出了它们的统一性。这个"忍"字将全篇中所讲的事情贯串起来。作者认为圯上老人赠书就是深折张良的不能忍的个性。文中又引证历史,再次申说忍的重要性。郑伯能忍所以能不战而胜，勾践能忍最终灭了吴国。圯上老人折辱张良实际上是对张良的考验，是为了让他"忍小忿而就大谋"，后来张良终于达到"秦皇帝之所不能惊，而项籍之所不能怒"的境界。接下来，作者把高祖之所以胜、项籍之所以败，归结到能忍与不能忍。作者不是孤立地讲张良，而是联系到刘邦、项羽的成败。作者以韩信求封假齐王的事例，把刘邦之能忍归结到系由张良成全，不仅说明了能忍对于张良、刘邦、项羽的事业的重大意义，还说明了圯上老人对张良的指导意义。作者以"忍"字为一线索贯串许多事件，又将能忍与不能忍并提，联系到大勇与匹夫之勇，并从成就大事业来看待"忍"字，内容极为丰富饱满。

（二）布疏密

布疏密也就是通常所说的详略得当，谋篇布局能做到"语疏而情密"是最高境界。布置好疏密的关键在于处理好中心事件与一般事件、主要题材与次要题材、具体描写与概括描写、叙述描写与抒情明意之间的关系。鲁迅的《记念刘和珍君》堪称典范之作。全篇七节文字，将刘和珍事迹与作者的感情交叉写出，将记叙、抒情和议论融为一体，并借助于"我实在无话可说""呜呼，我说不出话"等语句，造成强烈的艺术效果。

叙事文写人和事情，不仅仅是详略问题，更重要的是以谁为主要描写对象，这就要涉及宾主变化。请看《左传·隐公四年》里的一段文字：

> 州吁未能和其民，厚问定君于石子。石子曰："王觐为可。"曰："何以得觐？"曰："陈桓公方有宠于王，陈、卫方睦，若朝陈使请，必可得也。"厚从州吁如陈。石碏使告于陈曰："卫国褊小，老夫耄矣，无能为也。此二人者，实弑寡君，敢即图之。"陈人执之而请莅于卫。九月，卫人使右宰丑莅杀州吁于濮，石碏使其宰獳羊肩莅杀石厚于陈。
>
> 君子曰："石碏，纯臣也，恶州吁而厚与焉。'大义灭亲'，其是之谓乎！"

对此，冯李骅在《春秋左绣》中评道：

> 此篇传杀州吁，自应以吁为主。然石碏难处，又不在吁而在厚。文从州吁未能和其民叙起，已立一篇之主（以州吁为主）。而一则曰"厚问"，再则曰"厚从"，三则曰"厚与"。莅、杀两两对写，而中间直称二人（石

厚与父亲石碏的对话),不分首从。至末,单以"大义灭亲"赞石碏为纯臣,却全注重厚一边。盖论事则吁主而厚宾,论文则吁宾而厚主。看他起处从主入宾,结处反宾为主。中间由平而侧,安放无迹,手法绝佳。尤妙在重写石厚而仍不略州吁,结"恶州吁"三字,尤带得法密。左氏与宾主互用,尤并行不悖之妙。不可不深思而熟玩之也。①

从宾主关系而言,州吁是主,就事情的活动来说,石厚是活动者。如果从州吁写起,石碏的重要性就不突出,如果从石厚写起,也不能突出石碏。《左传》按照事件发展过程中三个人的不同作用来写,州吁要"和其民",就从州吁写起,次写石厚问计,就写石厚,最后是石碏的行动,这样就突出了石碏。石碏是真正的主人。在行文中宾主变化很好地突出了文章主旨。类似这种宾主变化的写法在《左传》中很多。例如,《宣公二年》中鉏麑(chú ní)刺杀赵盾前的情景,赵盾是主,鉏麑是宾,但主要写了鉏麑,借宾突出主。又如,《宣公五年》中宋寺人伊戾陷害太子的情景,罪魁左师写得隐约,反而像宾。

(三)设开阖

在全篇布局中注意语势和意念的对待和交叉相间。清朝唐彪在《读书作文谱》卷七中说:"盖开阖者,乃于对待诸法中,而兼抑扬之致,或兼反正之致者也。如宾主、擒纵、虚实、深浅诸法,皆对待者也。有对待而无抑扬反正之致,则宾主自宾主也,擒纵自擒纵也,虚实自虚实也,不可云开阖。惟对待中,兼有抑扬、反正之致,譬如水之逆风,风之逆水,一往一来,激而成文,而波澜出焉,乃真开阖也。而惜乎其理之久晦也。就时艺论,有本股自为开阖者,有二股共为开阖者,有四股共为开阖者,有通篇大开大阖者,得其法者,文多错综变化,有纵横离合之致焉。故开阖为时艺要法也。"② 虽然是针对八股文而言,却是散文创作也应该注意的。要而言之,设置开阖的关键在于既对文章的主旨及材料做深入开掘和推广,又能把生发之笔收拢。吴伯箫的《我还没有见过长城》开头即点题,但是作者不急于写长城,而是列举了在故都六年游历过的十多处著名景点,游完什刹海才拉回本题:"什刹海不见算什么呢?没去看长城才是遗憾!"作者采用曲折婉转的手法,在对比中突出长城的伟大,

---

① 李卫军编著. 左传集评 [M]. 北京:北京大学出版社,2016:72.
② 王水照编. 历代文话:第四册 [M]. 上海:复旦大学出版社,2007:3481.

这种迂回曲折、渐渐拉近主题的手法，正是巧妙设置开阖的匠心所在。全文显得摇曳多姿而又疏密有致。

文章的开阖，在议论性的散文中表现为务虚和务实。务虚是不接触正题，这就是开；务虚以后归到正题，这就是合。归到正题后再放开，是为了更好地说理，再归到正题。说理散文往往又多次反复地开阖，道理才能说透。孟子的《齐桓晋文之事章》堪称范例。由齐宣王的"以羊易牛"事件看出其不忍人之心，树立其"保民而王"的信心，用欲擒故纵的战术逼出齐宣王说出"将以求吾所大欲"，然后说出争霸是缘木求鱼。并以邹人与楚人争战为喻，图霸不仅不可能，而且还招致祸患。最后孟子为齐宣王描绘一幅"发政施仁"的美好图景，提出"制民之产"的具体内容。经过几次开阖，阐述了王道的主张。

谋篇布局除了上述的技法以外，还有波澜起伏、文章的过渡与照应、首尾完整等技法，这些艺术技巧，在写作实践过程中要慢慢感悟，进而做到得心应手。文章写好后，还需要修改。

四、散文的修改艺术

好文章是修改出来的。文章可以一挥而就，肯定有不完美的地方，曹植在《与杨德祖书》里说："世人之著述，不能无病。仆常好人讥弹其文，有不善者，应时改定。"字句是文章修改的重点。刘勰的《文心雕龙》："句有可删，足见其疏，字不得减，乃知其密。"问题是作为作者，总以为自己的文章字字珠玑，所以白居易在《与元九书》中说："凡人为文，私于自是，不忍于割截，或失于繁多，其间妍蚩，益又自惑；必诗文友有公鉴无姑息者，讨论而削夺之，然后繁简当否，得其中矣。"现当代文学史上的名家名作都有可以修改的地方。下面以刘白羽的《长江三日》（节选）为例，感受修改的重要性和修改的技巧。

【原文】在信中，我这样叙说："这一天，我象在一支雄伟而瑰丽的交响乐中飞翔。我在海洋上远航过，我在天空上飞行过，但在我们的母亲河流长江上，第一次，为这样一种大自然的威力所吸摄了。"

【改文】在信中，我这样叙说："这一天，我像在一支雄伟而瑰丽的交响乐中飞翔。我在海洋上远航过，我在天空中飞行过，但在我们的母亲河流长江上，第一次，为这样一种大自然的伟力所吸引了。"

1956年公布的"汉语简化方案",用同音代替的方法,把"像"合并到"象"里去;1986年重新发表的《简化字总表》恢复了"像"的合法地位,在表示"好像""似乎"的意思和形象上相同或有某些共同点等用法时,都用"像"。课文将这些用法的"象"均改为"像"。"威力"是指强大、使人畏惧的力量,"伟力"是指巨大力量,带有赞美之情。"吸摄"是生造词,改为"吸引"较为自然。

【原文】朦胧中听见广播到奉节。停泊时天已微明。起来看了一下,峰峦刚刚从黑夜中显露出一片灰蒙蒙的轮廓。启碇续行,我到休息室里来,只见前边两面悬崖绝壁,中间一条狭狭的江面,已进入瞿塘峡了。江随壁转,前面天空上露出一片金色阳光,象横着一条金带,其余天空各处还是云海茫茫。

【改文】朦胧中听见广播说,到了奉节。"江津号"停泊时,天已微明。起来看了一下,峰峦刚刚从黑夜中显露出一片灰蒙蒙的轮廓。启碇续行,我来到休息室里。只见前边两面悬崖绝壁,中间一条狭狭的江面,船已进入瞿塘峡了。江随壁转,前面天空上露出一片金色阳光,像横着一条金带,其余各处还是云海茫茫。

"广播到奉节"表意不清楚,改后句意明朗。加上"江津号"表意明确。后面几处删去多余的字。

【原文】瞿塘峡口上,为三峡最险处,杜甫《夔州歌》云:"白帝高为三峡镇,瞿塘险过百牢关。"古时歌谣说:"滟滪大如马,瞿塘不可下;滟滪大如猴,瞿塘不可游;滟滪大如龟,瞿塘不可回;滟滪大如象,瞿塘不可上。"这滟滪堆指的是一堆黑色巨礁。它对准峡口。万水奔腾一冲进峡口,便直奔巨礁而来。你可想象得到那真是雷霆万钧,船如离弦之箭,稍差分厘,便撞得个粉碎。

【改文】瞿塘峡口为三峡最险处。杜甫《夔州歌》云:"白帝高为三峡镇,瞿塘险过百牢关。"古时歌谣说:"滟滪大如马,瞿塘不可下;滟滪大如猴,瞿塘不可游;滟滪大如龟,瞿塘不可回;滟滪大如象,瞿塘不可上。"这滟滪堆原是对准峡口的一堆黑色巨礁。万水奔腾,冲进峡口,便直奔巨礁而来。你可想象得到那真是雷霆万钧。船如离弦之箭,稍差分厘,便会撞得粉碎。

简短的判断句,主谓之间不用逗号,结构更完整。滟滪堆现在没有了,因此加上"原是"。"万水奔腾"后用一逗号,删去"一",这样显得语气急促,从语音上看,也显得整齐匀称。

【原文】现在，这巨礁，早已炸掉。不过，瞿塘峡中，激流澎湃，涛如雷鸣，江面形成无数游涡，船从漩涡中冲过，只听得一片哗啦啦的水声。过了八公里的瞿塘峡，乌沉沉的云雾，突然隐去，峡顶上一道蓝天，浮着几小片金色浮云，一注阳光象闪电样落在左边峭壁上。右面峰顶上一片白云象白银片样发亮了，但阳光还没有降临。这时，远远前方，无数层峦叠嶂之上，迷蒙云雾之中，忽然出现一团红雾，你看，绛紫色的山峰，衬托着这一团雾，真美极了。就象那深谷之中向上反射出红色宝石的闪光，令人仿佛进入了神话境界。

【改文】现在，这巨礁早已炸掉。不过，瞿塘峡中依然激流澎湃，涛如雷鸣，江面形成无数游涡。船从漩涡中冲过，只听得一片哗啦啦的水声。过了八公里长的瞿塘峡，乌沉沉的云雾突然隐去，峡顶上一道蓝天，浮着几小片金色浮云，一注阳光像闪电样落在左边峭壁上。右面峰顶上一片白云像银片样发亮了，但阳光还没有降临。这时，远远前方，层峦叠嶂之上，迷蒙云雾之中，忽然出现一团红雾。你看，绛紫色的山峰衬托着这一团雾，真美极了，就像那深谷之中反射出红色宝石的闪光，令人仿佛进入了神话境界。

修改了几处标点符号，删改一些字句，句意更加明确。

【原文】这时，你朝江流上望去，也是色彩缤纷：两面巨岩，倒影如墨；中间曲曲折折，却象有一条闪光的道路，上面荡着细碎的波光；近处山峦，则碧绿如翡翠。时间一分钟一分钟过去，前面那团红雾更红更亮了。船越驶越近，渐渐看清有一高峰亭亭笔立于红雾之中，渐渐看清那红雾原来是千万道强烈的阳光。八点二十分，我们来到这一片晴朗的金黄色朝阳之中。

【改文】这时，你朝江流上望去，也是色彩缤纷：两面巨崖，倒影如墨；中间曲曲折折，却像有一条闪光的道路，上面荡着细碎的波光；近处山峦，则碧绿如翡翠。时间一分钟一分钟过去，前面那团红雾更红更亮了。船越驶越近，渐渐看清有一高峰亭亭笔立于红雾之中，渐渐看清那红雾原来是千万道强烈的阳光。八点二十分，我们来到这一片明朗的金黄色朝阳之中。

此处改动两个字词，更适合描写的物境和文境。

【原文】抬头望处，已到巫山。上面阳光垂照下来，下面浓雾滚涌上去，云蒸霞蔚，颇为壮观。刚从远处看到那个笔直的山峰，就站在巫峡口上，山如斧削，隽秀婀娜，人们告诉我这就是巫山十二峰的第一峰，它仿佛在招呼上游来的客人说："你看，这就是巫山巫峡了。""江津"号紧贴山脚，进入峡口。

【改文】抬头望处，已是巫山。上面阳光垂照下来，下面浓雾滚涌上去，云蒸霞蔚，颇为壮观。刚从远处看到的那个笔直的山峰，就站在巫峡口上，山如斧削，隽秀婀娜，人们告诉我，这就是巫山十二峰的第一峰。它仿佛在招呼上游来的客人说：你看，这就是巫山巫峡了。"江津号"紧贴山脚进入峡口。

改"到"为"是"，更加准确。标点符号的准确使用，显得层次清晰、表意明晰。

【原文】红通通的阳光恰在此时射进玻璃厅中，照在我的脸上。峡中，强烈的阳光与乳白色云雾交织一处，数步之隔，这边是阳光，那边是云雾，真是神妙莫测。几只木船从下游上来，帆篷给阳光照的象透明的白色羽翼，山峡却越来越狭，前面两山对峙，看去连一扇大门那么宽也没有，而门外，完全是白雾。

【改文】红通通的阳光恰在此时射进玻璃厅中，照在我的脸上。峡中，强烈的阳光与乳白色云雾交织在一起，数步之隔，这边是阳光，那边是云雾，真是神妙莫测。几只木船从下游上来，帆给阳光照得像透明的白色羽翼。山峡越来越狭，前面两山对峙，看去连一扇大门那么宽也没有，而门外完全是白雾。

"一处"为补语，改用介词短语"在一起"，表意明确，语言显得顺畅。"帆篷"不可能被太阳照得透亮，改为"帆"，不仅语意连贯，而且描写真切。

总之，《长江三峡》经过修改后，语意明确清楚，通过字句的增删、标点符号的调整，文章更加顺畅，景色描写更加贴切。

参考文献

[1] 班固著．颜师古，注．汉书［M］．北京：中华书局，2007．

[2] 马积高，黄钧主编．中国古代文学史：上［M］．北京：人民文学出版社，2014．

[3] 房玄龄等撰．晋书［M］．北京：中华书局，2008．

[4] 孔凡礼，点校．苏轼文集［M］．北京：中华书局，2004．

[5] 李广田．中国新文艺大系 1937—1949：谈散文［M］．上海：上海文艺出版社，1990．

[6] 鲁迅．鲁迅全集：第 6 卷［M］．北京：人民文学出版社，2005．

[7] 刘义庆撰．朱铸禹，汇校汇注．世说新语汇校汇注［M］．上海：上海古籍出版社，2008．

[8] 李卫军编著．左传集评［M］．北京：北京大学出版社，2016．

[9] 郭沫若. 学生时代・山中杂记 [M]. 北京：人民文学出版社，1979.

[10] 周作人. 看云集：冰雪小品选・序 [M]. 长沙：岳麓书社，1988.

[11] 陈振鹏，章培恒主编. 古文鉴赏辞典 [M]. 上海：上海辞书出版社，1997.

[12] 褚斌杰编著. 中国文学史纲要：先秦、秦汉文学 [M]. 北京：北京大学出版社，2012.

[13] 陈文新主编. 中国古代文学：上 [M]. 北京：北京大学出版社，2012.

[14] 苏福忠选编. 外国散文百篇必读 [M]. 北京：人民文学出版社，2011.

[15] 维科. 新科学 [M]. 朱光潜，译. 北京：商务印书馆，1997.

[16] 王水照编. 历代文话：第2册 [M]. 上海：复旦大学出版社，2007.

[17] 王水照编. 历代文话：第4册 [M]. 上海：复旦大学出版社，2007.

[18] 王水照编. 历代文话：第9册 [M]. 上海：复旦大学出版社，2007.

[19] 吴在庆. 杜牧集系年校注 [M]. 北京：中华书局，2016.

[20] 欧阳修. 新五代史：伶官传 [M]. 北京：中华书局，2007.

[21] 李定广. 罗隐集系年校笺 [M]. 北京：人民文学出版社，2013.

思考与练习

1. 谈谈你对散文要"散得开"的理解。
2. 散文中"情"与"理"有着怎样的关系？
3. 请写一篇散文，并反复修改，努力达到能发表的水平。
4. 阅读朱正的《跟鲁迅学改文章》（岳麓书社2005年版）。

第五章　小说写作

小说写作有没有可供参考、借鉴乃至使用的方法？鲁迅曾说过，他是"不相信'小说作法'之类的话"，但是他也多次在复信或是演讲时，对青年作家谈起了自己创作小说的经验和体会。由此延伸，小说固然不像应用文写作一般，有固定的格式、套路，而且应用文写作必须按照固定方式进行；但是，小说写作背后有着一般的、规律性的经验和技巧。通过本章的学习，初学小说写作者可以纵览式地了解小说的特性、分类，进而从小说立意、故事、情节、人物、语言等元素着手，掌握小说写作的一些基本方式方法，为小说写作打下较好的基础。

第一节　小说的特性

一、小说的源起

爱听故事，应当是人类的天性。而故事与小说之间存在着天然的关系。小说的雏形产生于远古先民对故事的好奇和需求。在尚未形成文字的远古时期，先民们怀着对天地的好奇心和求知欲，猜想着神秘的未知自然世界和天外宇宙，于是在口口相传的讲述中，产生了最原始的神话和传说。同时，他们除了古老的神祇崇拜，还听取部落里的勇敢者讲述自己狩猎、捕鱼的惊险经历，这便是故事和传奇。由此融合，也便造就了小说的胚胎和萌芽。①

从我国文学的发展史来看，先秦散文的勃兴，叙事性内容的发展，直接推动了小说的演变。而司马迁所作的《史记》，则更是深刻影响了小说的发展。它改变了以往的编年体或国别体记叙史事的传统，以人物为中心的写作方法，通过人物的一个个事件让人物形象呼之欲出，也由此为小说文体的形成提供了编写故事情节和塑造人物形象的成功经验。而魏晋南北朝时期的志怪、志人小说，则为后期成熟小说的产生奠定了可靠的内容基础。

---

① 刘岸. 小说家的技巧 [M]. 阿图什：克孜勒苏柯尔克孜文出版社，2008：6.

随着时间的推移，唐代传奇的出现，标志着我国古典小说开始逐渐走向成熟。这主要表现在，小说意识显著增强，开始摆脱历史传记的写实性叙事，从现实生活中汲取素材，通过虚构的人物和事件完成文体创作。以唐传奇的《虬髯客传》为例，通过假托历史事件和人物，成功塑造了小说中的虬髯客及红拂女这两个人物。这篇传奇故事完全具备了现代小说中的基本要素，人物、情节、环境，无不精彩绝伦。让我们以该传奇故事的开篇部分来看：

隋炀帝之幸江都，命司空杨素守西京。素骄贵，又以时乱，天下之权重望崇者，莫我若也，奢贵自奉，礼异人臣。每公卿入言，宾客上谒，未尝不踞床而见，令美人捧出，侍婢罗列，颇僭于上。末年愈甚，无复知所负荷，有扶危持颠之心。

一日，卫国公李靖以布衣上谒，献奇策。素亦踞见。公前揖曰："天下方乱，英雄竞起。公为帝室重臣，须以收罗豪杰为心，不宜踞见宾客。"素敛容而起，谢公，与语，大悦，收其策而退。

当公之骋辩也，一伎有殊色，执红拂，立于前，独目公。公既去，而执拂者临轩指吏曰："问去者处士第几？住何处？"公具以对。伎诵而去。

公归逆旅。其夜五更初，忽闻叩门而声低者，公起问焉，乃紫衣戴帽人，杖一囊。公问谁？曰："妾，杨家之红拂伎也。"公遽延入，脱衣去帽，乃十八九佳丽人也。素面画衣而拜。公惊答拜。曰："妾侍杨司空久，阅天下之人多矣，无如公者。丝萝非独生，愿托乔木，故来奔耳。"公曰："杨司空权重京师，如何？"曰："彼尸居余气，不足畏也。诸妓知其无成，去者甚众矣。彼亦不甚逐也，计之详矣。幸无疑焉。"公不自意获之，愈喜愈惧，瞬息万虑不安。而窥户者无停履。数日，亦闻追讨之声，意亦非峻。乃雄服乘马，排闼而去，将归太原。

《虬髯客传》开篇部分主要讲述了隋炀帝临幸江都时期，司空杨素执掌朝政，每天前来拜谒杨素的达官贵人、英雄豪杰不知凡几。忽然有一天，一个身着布衣的青年来见杨素，向杨素畅谈天下大势。此人身材伟岸，英姿勃勃，神态从容，见解非凡。杨素歌伎红拂阅人无数，还从未见过这样的人物，不禁一见倾心。红拂女打听到这个布衣青年名叫李靖，住在长安的某旅馆中。于是，当天夜里，红拂女便找到李靖的住所，以身相许，与李靖私奔了。开篇部分短短的四百余字,形象地展现了红拂女敢爱敢恨的个性:她仰慕李靖,勇敢地追求心中所爱;同时,对于杨素的尸位素餐、倨傲无礼又是蔑视愤恨。红拂女连夜找到李靖,私奔而去的情节充满戏剧性和故事性。而在氛围塑造方面,通过"愈喜愈惧,瞬息万虑不安"等描写,将李靖与红拂女将要私奔的情景和心理,刻画得入木三分,如人在眼前。

明清时期,中国古典小说开始彻底走向成熟,并日臻完善。在这一时期,涌现出了一批流传至今的小说作品。蒲松龄所著《聊斋志异》8卷、491篇,40余万字,被誉为我国古代文言小说中成就最高的作品集。鲁迅在《中国小说史略》中评价此书是"专集之最有名者",郭沫若则写了一副对联,对《聊斋志异》赞赏:"写鬼写妖高人一等,刺贪刺虐入骨三分"。[①]

在这部合集中,其优秀作品不仅完全具备了小说的基本元素,展现出了小说创作的成熟度,而且个别篇章在现实主义的表述中,呈现出了现代主义文学中某种程度的魔幻性特征。如名篇《促织》,全文仅1 700字,讲述了明宣德年间一户人家的男主人成名,因捕捉"促织"(蟋蟀)而遭遇儿子不幸亡故,又死而复生的故事。成名的儿子溺亡后竟变成"促织",帮助父亲赢得了斗蟋蟀的比赛,并甚至因此改变了家庭命运。如此荒诞、颇具魔幻色彩的故事情节,出现在了《聊斋志异》中,从一个侧面反映了中国小说在漫长的历史发展过程中的成熟与进步。

以《水浒传》《三国演义》《西游记》《红楼梦》为标志性的中国"四大名著",则是中国古典小说的集大成之作,是中国小说发展历史中的巅峰之作。特别是《红楼梦》一书,它的恢宏、壮阔与深邃几乎抵达了小说极致,就小说的容量而言,它真的没法再大了。[②] 小说以贾、史、王、薛四大家族的兴衰为背景,以富家公子贾宝玉为视角,描绘了一批举止见识出于须眉之上的闺阁佳人的人生百态,展现了真正的人性美和悲剧美,可以说是一部从各个角度展现女性美的史诗。《红楼梦》是一部具有世界影响力的人情小说,举世公认的中国古典小说巅峰之作,中国封建社会的百科全书,传统文化的集大成者。

以《红楼梦》第五回"贾宝玉神游太虚境 警幻仙曲演红楼梦"为例。此章回借由贾宝玉入秦可卿卧室休息,细致地描绘了秦可卿卧室中的布局、各类

---

① 施晓宇. 大学文学写作 [M]. 福州:福建教育出版社,2012:83.
② 毕飞宇. 小说课 [M]. 北京:人民文学出版社,2016:5.

器物，如唐伯虎的画作、秦观所作对联、金盘、木瓜，等等，无不生动、细腻地再现了达官显贵的生活，是一幅非常精细的世俗画卷。

  说着大家来至秦氏卧房。刚至房中，便有一股细细的甜香。宝玉此时便觉眼饧骨软，连说："好香！"入房向壁上看时，有唐伯虎画的《海棠春睡图》，两边有宋学士秦太虚写的一副对联云：嫩寒锁梦因春冷，芳气袭人是酒香。案上设着武则天当日镜室中设的宝镜，一边摆着赵飞燕立着舞的金盘，盘内盛着安禄山掷过伤了太真乳的木瓜。上面设着寿昌公主于含章殿下卧的宝榻，悬的是同昌公主制的连珠帐。宝玉含笑道："这里好，这里好！"秦氏笑道："我这屋子，大约神仙也可以住得了。"说着，亲自展开了西施浣过的纱衾，移了红娘抱过的鸳枕。于是众奶姆伏侍宝玉卧好了，款款散去，只留下袭人、晴雯、麝月、秋纹四个丫鬟为伴。秦氏便叫小丫鬟们好生在檐下看着猫儿打架。

  "四大名著"的出现，标志着中国古典小说的成熟。在此之后，中国小说进入了新的历史发展阶段。特别是近代以来，受现代主义思潮影响，中国小说创作产生了新的流变。从新文学运动以降，鲁迅在白话文运动中创作出的《呐喊》《彷徨》，茅盾的写实主义力作《子夜》《虹》，巴金的"家春秋"三部曲，及至当代作家莫言的《红高粱》《檀香刑》，苏童的《妻妾成群》《黄雀记》，以及余华的《活着》《第七日》，等等，中国小说的发展已经融入至世界小说发展的历史中，中国小说作品及创作呈现出日益多元的发展面向。

二、小说的定义

  与所有文体相类似，小说从萌芽走向成熟，甚至最后产生各种流派的发展，其过程是长期而复杂的。以西方普遍认可的小说概念为例，是指18世纪前期开始的近代小说，如欧洲的小说家理查森的代表作《帕梅拉》、笛福的代表作《鲁滨孙漂流记》、菲尔丁的代表作《汤姆·琼斯》等，都被认为是近现代小说的肇始。但以小说的滥觞而言，14世纪，意大利作家薄伽丘写就的《十日谈》，也被认为是短篇小说的早期代表作；至于长篇小说，则可前推至以传说中的英王亚瑟为中心的故事体和中世纪的传奇故事"亚瑟王传奇"。

在汉语语境下，"小说"一词最早见于《庄子·外物》：饰小说以干县令，其于大达亦远矣（干：追求；县令：美好的名声）。从此来看，其最初的本义和我们今天所谓的小说文体的含义相差是较远的。孔子则视小说为"小道"，君子不为，却也肯定小说"必有可观者焉"。到了东汉，班固在《汉书·艺文志》的九流十家之末列出了小说家，认为小说是"街谈巷议，道听途说者之所造也"，是"闾里小知者之所及"。

自古以来，中国文人对小说的论述莫衷一是，且基本态度是轻视的，不是认为小说是小知、小道，就是定其为"野史野事"。所以会有流传甚广的观点认为，"所谓小说者，野史之流也"，就是说小说是"野事"，连"正事"都不是。千百年来的科举制度把中国读书人阅读的范围束缚了，除了经史子集外再无工夫涉猎其他东西。因为小说和戏剧不在阅读范围以内，要想做官的或已经做了官的读书人，即使对此发生兴趣，也只能偷偷摸摸地看。除了如金圣叹（明末清初苏州吴县人，著名的文学家、文学批评家）这样极少数的文学评论家之外，很少有人敢像他那样公然表扬小说的价值，声称《水浒传》《西厢记》足可与《离骚》《庄子》《史记》相提并论。①

古代这种轻忽小说的态度，于现当代文学重视小说创作、关注小说研究的氛围而言，差别还是较大的。对于小说观念的转折性改变，始自戊戌变法前后。由于西方观念引进，以梁启超为主的倡导者和组织者发起了"小说界革命"，直接推动了"新小说"的繁荣和发展，小说地位空前提高。梁启超在《论小说与群治之关系》一文中，提出小说具有"新民"的重要社会作用："欲新一国之民，不可不先新一国之小说。"小说堂而皇之荣登文学大雅之堂，小说理论也有了耳目一新的面目，对于小说概念的理解也渐趋一致。② 五四运动之后，普遍认为小说是一种虚构性文体，应当包含"故事情节、人物、环境"这三大要素。

但需要特别提出的是，到了 20 世纪，随着现代主义文学的兴起，小说的概念再度被重新定义，如何全面定义小说，又成了小说界争论的焦点。从本书编撰的角度出发，为了切合实际创作，根据《现代汉语词典》的释义，我们将小说定义为：它是一种叙事性的虚构类文学体裁，通过人物的塑造和事件、环

---

① 夏志清. 中国现代小说史 [M]. 杭州：浙江人民出版社，2016：8-9.
② 琚静斋. 文学写作教程 [M]. 北京：北京大学出版社，2013：69.

境的描述来概括地表现社会生活的矛盾。从小说作者的角度而言，它应当是作者对社会生活进行艺术概括，通过叙述人的语言来描绘生活事件，塑造人物形象，展开作品主题，表达作者的思想感情。

当然，不同的作家们对小说有着不同的认识。当代著名小说家贾平凹就认为："小说是什么？小说是一种说话，说一段故事，我们作过许许多多的努力——世上已经有那么多的作家和作品，怎样从他们身边走过，依然再走——其实都是在企图着新的说法。"（《白夜·后记》）这种"小说是一种说话"的经验之谈，值得小说写作者认真思索。

三、小说的特点

如果从小说"三要素"出发，很容易就探寻到小说的三个基本特点，即叙事性、人物性、环境性。

（一）叙事性

小说所要叙述的"事"，是它区别于其他文体的最大特点。小说叙述的"事"是一种描述性故事，是人物在一定背景下的行为或活动。西方作家称小说为叙事艺术，英国女作家伊丽莎白·鲍温说小说是一篇臆造的故事。故事尽管是臆造的，却能使人感到真实可信，真实于读者所了解的生活，真实于读者感到应该是什么样的生活。从志怪传奇发展到平民生活，从单纯的叙事发展到复杂的艺术描绘，小说的内涵变化很大。但是，无论怎样变化，总离不了叙事这个主要因素。小说家的技巧首先在于会说故事，拥有叙事技巧。许多成功的作家，总是凭借着故事动人、叙事丰饶的优势开始写作小说，走上文坛的。初学写作的文学青年，也最容易以有趣、生动、形象的故事敲开小说大门。

青春文学作家辛夷坞的系列小说作品，如《致我们终将逝去的青春》《原来你还在这里》《山月不知心底事》等，就是凭借着丰厚的叙事性，在初登文坛之际就吸引了广大读者，特别是年轻读者。在她的系列作品中，每部小说独立成文，但互相之间又形成联系，往往上部小说中出现的副线故事，就成为下部小说中的主线故事。也因此，在她的作品中形成了强烈的个人风格的叙事性。从叙事内容来看，她的作品可划分成两个部分：一是书中人物在读书时代的故事；二是他们毕业后步入社会参加工作的种种，两个阶段首尾相连、浑然一体。在她的经典作品《致我们终将逝去的青春》里，这种叙事特点表现得尤

为突出:

  自喻为"玉面小飞龙"的郑微,心怀着对邻家哥哥林静的爱意。当郑微终于如愿考上林静所在学校的邻校,她满怀期待地步入大学校园时却发现林静已出国留学,杳无音信。此时,家中父母离异,原因竟然是她的妈妈和林静的爸爸互相爱慕。生性豁达的她,埋藏起自己的爱情,后来却因一场闹剧意外地爱上同校的陈孝正,经历种种坎坷,郑微终于和陈孝正在一起了。板正自闭、敏感自尊、家庭贫困的陈孝正却在毕业的时候选择了出国留学,放弃了郑微。在郑微工作后,林静和陈孝正都出现在郑微面前,致使郑微纠葛在工作、感情甚至阴谋之中。

  从上述内容简介可看出,学校的感情与社会的现实激烈地碰撞,造成感情悲剧后,又随着书中人物的成熟在结局化为团圆。每个小说的人物都相互认识,并且都与书中虚拟的城市 G 市有渊源,通过这样的方式,辛夷坞将所有的小说有机串联并形成一个完整的故事。每一部小说凸显一个人物的主要性格,在另一部小说中将此人物以配角形象出现,展现出另一性格,人物的正反面形象也因此被剖析得淋漓尽致[①]。

(二) 人物性

  小说写事,目的是要刻画人物。故事与人物,互为倚重。一方面,小说中的故事通过人物的行为、语言来推动;另一方面在叙述故事的过程中,又还原了人物,给了书中人物"血肉",让人物立起来,有了各自不同的形象。后者,同时也是小说的核心要素。一部小说如果不深入写人物,或者说每个人物都是千人一面,那这部小说可以说就是失败之作。著名作家老舍在《怎样写小说》里就说过:"写一篇小说,假如写者不善描写风景,就满可以不写风景,不长于写对话,就满可以少写对话;可是人物是必不可缺少的,没有人便没有事,也就没有了小说。创作人物是小说家的第一项任务。把一项复杂热闹的事写得很清楚,而没有创造出人来,那至多也不过是一篇优秀的报告,并不能成为小说。"

  纵观古今中外优秀的或是成熟的小说作品,无一不是在小说里成功地塑造

---

① 聂庆璞. 网络写手名家 100 [M]. 北京: 中央编译出版社, 2014: 170-174.

了令人记忆深刻的人物形象。这种人物形象往往只要提到他的名字，读者的脑海里自然地就会浮现出那个人物的样子。《水浒传》写梁山一百零八将，每个人物都写得活灵活现，每个人物都各具特色，人物个性在作者施耐庵的笔下表现得淋漓尽致。譬如，写八十万禁军教头林冲，外号"豹子头"，他武艺高强，书中从他与洪教头比武一小节的寥寥几笔描述中就可立等显现：

> 林冲想到："柴大官人心里只要我赢他。"也横着棒，使个门户，吐个势，唤作"拨草寻蛇势"。洪教头喝一声："来、来、来！"便盖将下来。林冲往后一退，洪教头赶入一步，提起棒又复一棒下来。林冲看他脚步已乱，便把棒从地下一跳，洪教头措手不及，就在那一跳里，和身一转，那棒直扫着洪教头臁儿骨上，撇了棒，扑地倒了。

再如书中的花和尚鲁智深，他为人侠义好打不平，心地刚直但又心思细腻。在"拳打镇关西"一节中，施耐庵是这样描写的：

> 郑屠当不过，讨饶。鲁达喝道："咄！你是个破落户！若只和俺硬到底，洒家倒饶了你！你如今对俺讨饶，洒家偏不饶你！"又只一拳，太阳上正着，却似做了一个全堂水陆的道场，磬儿、钹儿、铙儿一齐响。鲁达看时，只见郑屠挺在地上，口里只有出的气，没了入的气，动掸不得。鲁提辖假意道："你这厮诈死，洒家再打！"只见面皮渐渐的变了。鲁达寻思道："俺只指望痛打这厮一顿，不想三拳真个打死了他。洒家须吃官司，又没人送饭，不如及早撒开。"拔步便走，回头指着郑屠尸道："你诈死，洒家和你慢慢理会！"一头骂，一头大踏步去了。

许多如《水浒传》那样的经典小说之所以能流传至今，其核心因素就在于作者成功塑造了面目各异的"各色人等"。小说塑造人物，可以全方位地调动一切手段，既要写出人物独特的个性，又要写出人物的群体性。小说写人的最终目的，是通过人物性来反映某种社会本质或是人生意义。如同《水浒传》那样，一百零八将合在一起，就是深刻揭示了官逼民反、逼上梁山的社会现实，及其所呈现出的梁山好汉群体性的"众生相"。

(三) 环境性

小说中的环境性包含两个方面的内容：一是"背景"，即小说中进行演绎的故事、塑造的人物等，都要在一定的社会环境中进行。特别是小说中的人物，是社会性的，其活动不会在真空状态下进行。写事或人都要注意其所处的大时代背景，以及小的社会生活背景①。"文革"结束后，中国文坛上涌现出了一大批"伤痕文学"作品，这些作品主要描述了知青、知识分子及城乡普通民众等在那个年代的悲剧性遭遇。这类作品无疑被烙上了极为强烈的时代印记，这与70年代末至80年代初，整个中国社会反思"文革"带来的深刻影响的社会环境相符合。

小说中的环境性，还包含另一方面的内容，即"氛围"。小说通过人物事件的描述，在字里行间中营造出某种小说所特有的氛围感觉。以美国当代悬疑惊悚小说家斯蒂芬·金的作品而言，他的系列作品无不是通过大量细节的刻画描写，在行文中营造出吊人心悬、让人感受到压迫感的氛围环境。而这种氛围环境有时竟会让读者喘不过气来：

八岁那年，他参加了童子军。女训导的住处离家一英里远，去程很轻松，在临近傍晚的下午阳光中走走路挺舒服的。可是，回家时总是已经到了黄昏，七扭八歪的长条阴影渐渐铺上道路；若是碰上聚会格外热烈，结束得太晚，你就必须摸黑走路回家了，而且是单独一人。

单独。是的，这正是关键词，是英语中最可怕的词语。谋杀没有深刻的寓意，地狱只是一个可怜的换喻词……

路上要经过一座废弃的教堂，是卫理公会的礼拜堂，其遗骸位于一片积霜堆冰的草坪背后，每次经过那些目光灼灼、无知无觉的窗户时，你的脚步声在自己耳中都会格外响亮，正在哼唱的歌曲也会凝结在双唇间，你会开始设想教堂里是什么样子：翻覆的长椅、朽烂的赞美诗集、崩塌的圣坛，只剩下耗子在那里守安息日，你会禁不住想教堂里除了耗子之外还有什么东西——有啥样的疯子，有啥样的怪物。爬虫般的黄眼睛也许正在窥视你。也许光是盯着还不够；也许某天夜里，那扇布满裂纹、摇摇欲坠的大门会被猛然推开，站在那里的东西只用看一眼就能让你发狂。

---

① 琚静斋. 文学写作教程 [M]. 北京：北京大学出版社，2013：73.

以上文字是出自斯蒂芬·金经典代表小说《撒冷镇》。在上述的那段描述中，作者通过孩童年幼时的目光观察，刻意营造了撒冷镇那萧败阴森、令人不寒而栗的环境氛围。《撒冷镇》（*Salem's Lot*）是他在 1975 年发表的一部以吸血鬼为题材的恐怖小说，曾于 1976 年获得第 2 届世界奇幻奖最佳小说作品提名。作品的创作契机来自于斯蒂芬·金与他妻子塔比莎·金的一段交谈，当时塔比莎曾提到"若在欧洲的吸血鬼来到美国乡村里，会有何种情况发生"的一段话，这激发了斯蒂芬·金的一连串想法。于是，他在书中创造出了一个在破落的美国小镇——撒冷镇发生的一段吸血鬼的故事。整部小说在作者的刻意描写下，成功营造了一种恐怖、逼仄，但又令人欲罢不能的氛围感觉。这种"环境性"特征，贯穿了作者系列小说作品的始终，同时也很好地反映了小说所应具有的主要特性。

第二节　小说的分类

小说这一文学体裁发展至今，不同时期、不同作家已经创作出了难以计数的小说作品。这些小说作品类型多样、内容丰富，蔚为大观。特别是改革开放以后，国门打开，各种小说创作的新思维涌进国门，现代主义、后现代主义思潮深深地影响了我国一批小说作家。例如，余华的小说《活着》《许三观卖血记》，莫言的小说《红高粱家族》，马原的小说《冈底斯的诱惑》等，都带上了鲜明的先锋性特点。

现当代西方小说创作出现了许多不同的流派，如魔幻现实主义、表现主义、意识流、野兽派、象征主义等，这些不同的类别主要偏重在小说内容和意象的塑造，是小说创作手法的创新和发展。本书对小说的分类，偏重于从小说形式对现当代中文小说进行归类，且主要按照篇幅、题材这两个层面来进行。

一、按篇幅分类

（一）微型小说

微型小说的字数在千字以内，篇幅完全符合瞬息万变的现代社会中忙碌的人们的阅读习惯，几乎每天都可以看到人们为这类的小说赋予一个新名词和新定义。例如，极短篇、精短小说、超短篇小说、微信息小说、一分钟小说等。微型小说因为题材常是生活经验的片段，因此可以是有头无尾、有尾无头，甚至无头无尾。高潮放在结尾，高潮一出马上完结，营造余音绕梁的意境。

（二）短篇小说

短篇小说的字数在几千至两万字之间，其特色中有所谓的"三一律"：一人一地一时，也就是减少角色、缩小舞台、短化故事中流动的时间。另外，虽然它们时常惜墨如金，但一般认为短篇小说仍应符合小说的原始定义，也就是对细节有足够的刻画，绝非长篇故事的节略或纲要。所有小说基础，其发展初期并无长短之分，而是随时代而区分。短篇小说多要求文笔洗练，虽然这样使其内容更生动、翔实但也限制了其发展，在宏大叙事表达方面，有所欠缺。

（三）中篇小说

中篇小说的字数在两万字至六万字之间，其容量大小、篇幅长短、人物多寡、情节繁简等均介于长篇小说和短篇小说之间，通常只是截取主人公一个时期或某一段生活的典型事件来塑造形象，反映社会生活的某个方面，故事情节完整；线索比较单一，矛盾斗争不如长篇小说复杂，人物较少。所以，相比于长篇，中篇小说比较容易把握，也更容易成功。因为对于初涉创作领域的人而言，写作长篇易陷入多数情节所造成的凌乱难收的困境，而写作短篇不是转折太少而单调，就是转折太多而显得拥挤。这时考虑将原本的构想修改成中篇是一个广受推荐的建议。

（四）长篇小说

长篇小说的字数在六万字以上。一般认为，字数在六万或十万字以上的为长篇小说，还可细分为小长篇（一般六万到十万字）、中长篇（一般十几万到三五十万字）、超长篇（一般超过百万字）。如果作者打算表现人生中常见的错综复杂关系，则必须使用这么大的篇幅。通常就算是笔调轻松的长篇小说，也会有一个内里的严肃主题，否则很容易陷入无组织或是零乱。初涉小说的写作者在写作长篇时最需注意全局对主题的呼应、结构的严密性，以及避免重复矛盾或缺漏。

二、按题材分类

（一）神话小说

神话小说借助神话的表现形式或以神话为题材内容的小说，它起源于远古时代原始先民的口头创作。马克思在《政治经济学批判导言》中说道，当时出现大量的"用想象或借助想象力以征服自然、支配自然，把自然力加以形象化"的远古神话，实际上这就是人类创的神话小说。

（二）武侠小说

武侠小说也可称为武打小说，多以侠客和义士为主人公，描写他们的身怀绝技、见义勇为和叛逆造反等行为。中国最早出现的长篇武侠小说为清代古典名著《三侠五义》。民国时期，尤其是"五四"以来舶来文化的冲击，中国小说的发展出现多元化。1930年，李寿民开始在天津的《天风报》以还珠楼主为笔名连载长篇武侠小说《蜀山剑侠传》，自此东南亚刮起了一股武侠风。以金庸、古龙、梁羽生等为代表，将近代中国武侠小说创作推向了巅峰。

（三）仙侠小说

仙侠小说的雏形与诞生，可以说起源于武侠，却更盛于武侠。早在民国之前，武侠更具实，而还珠楼主引入虚后，后来作者则受之启迪，半虚半实化，从而进入了一段百家争鸣时期。尽管武侠文化到后期，风格也是越来越向仙侠靠拢，这是一种尝试性的创作，不过当时没有受到其他武侠作者重视，以致仙与侠一直脱离，直到《灵仙侠世传》的出现才正式地融合了仙侠。

（四）侦探小说

侦探推理小说是指在故事的描述过程中带有足够的线索让读者可以推理出结局，也可以不加推理而由小说中的"侦探"来推导出结局的小说。侦探小说发展的早期是受西方影响，如《霍桑探案》，而当代摆脱西方影响的作品是《游戏侦探集》。

（五）探险小说

它是以各种不寻常的冒险事件为描写的中心线索，主人公往往有不平凡的经历、遭遇和挫折，情节紧张、冲突尖锐、场面惊险、内容离奇。西方比较盛行，国内《游险记》与《寻龙诀》的出现，也带来了一点热度。

（六）历史小说

历史小说主要是以史实记录为蓝本，重新记述刻画历史人物和事件。这类作品所描写的主要人物和事件都有历史根据，但容许适当的虚构。因此，它虽然可以给读者提供一些历史知识，但它的主要目的在于给读者以启示和教育。网络上出现的历史小说大多是以中国古代历史为背景的穿越类小说。

（七）言情小说

它是以讲述爱情为中心，通过完整的故事情节和具体的环境描写来反映爱情的心理、状态、事物等社会生活的一种文学体裁。言情小说的创作题材丰富多样，包括后宫文、穿越文、都市文、青春校园文等，但都是以描述恋爱感情为主题。

（八）科幻小说

它是指根据现有的科学理论进行幻想的小说，并非凭空捏造。国内著名科幻小说家刘慈欣曾获得科幻小说"雨果奖"等国际奖项，被国内舆论赞誉为"以一己之力将中国科幻小说提升到了世界水平"。他所创作的《三体》《流浪地球》《乡村教师》等，都为广大读者所熟悉。

（九）都市小说

都市小说是指在都市发生的现代故事，小说的内容仅局限于生活，可以说是现实生活中的翻版或是艺术体现，小说的剧情内容以及细节都是来源于现实生活。当前，发表在各大文学期刊上的小说作品，大都是反映现代都市生活的题材。近年来，涌现出了一批如双雪涛、张悦然、班宇等青年作家，他们拥有与父辈截然不同的都市生活经验，因此，都市题材成为他们创作的最主要的题材类型。

第三节　小说的写作要领

小说要怎么写？有一种说法认为"文无定法"，因此小说写作并没有普遍性的规律可言，并不能像做数学方程式一样，有固定的解题步骤。这种说法以"规律"代替"要领"，掩盖了小说创作可以有基本的写作方法。而这种"基本方法"就是小说写作的"方法论"。授人以鱼不如授人以渔。本书将介绍小说写作的要领方法，小说写作者特别是初写作者掌握了基本的"方法论"，则可以较为迅速地进入小说写作的状态。

一、细致观察，思考联想

处处留心皆学问，人情练达即文章。古人的这句话，贾宝玉在《红楼梦》里见了赶紧摇头避走，他是见不得这些古板说教的话的，但我们不是"贾宝玉"，不论做何种文章，"处处留心"是非常必要的。"处处留心"，对于小说作者而言，就是要环顾四周，每一个旮旯角落都要用心观察——去发现所有可供写作的源泉、线索、素材。

清代诗人郑板桥曾经写过这样的诗句："些小吾曹州县吏，一枝一叶总关情。"这句话的原意是说就算是衙门里地位低下的小官吏，民间每一件小事都要牵动着自己感情，都要自己去关心。由此作引申，小说作者，不论是知名作家还是刚起步的写作者，对于世间发生的一切都要具有足够的关心和关注。而这些，都将是小说写作的起点。

"细致观察"在小说写作中的作用是显而易见的。钱锺书在写作长篇小说《围城》时，通过自己的细心观察，并经过艺术加工，成功地在第一章里就塑造了"鲍小姐"这样一个颇有心计、作风大胆的"西化"女子。在1937年从法国回国的"白拉日隆子爵号"邮船上，钱锺书是这样安排她出场的：

两人回头看，正是鲍小姐走向这儿来，手里拿一块糖，远远地逗着那孩子。她只穿绯霞色抹胸，海蓝色贴肉短裤，漏空白皮鞋里露出涂红的指甲。在热带热天，也许这是最合理的妆束，船上有一两个外国女人就这样打扮。可是苏小姐觉得鲍小姐赤身露体,伤害及中国国体。那些男学生看得心头起火,口角流水,背着鲍小姐说笑个不了。有人叫她"熟食铺子"(charcuterie),因为只有熟食店会把那许多颜色暖热的肉公开陈列;又有人叫她"真理",因为据说"真理"是"赤裸裸的"。鲍小姐并未一丝不挂,所以他们修正为"局部的真理"。

鲍小姐生长在澳门,据说身体里有葡萄牙人的血。"葡萄牙人的血"这句话等于日本人说有本位文化,或私行改编外国剧本的作者声明他改本"有著作权,不许翻译"。因为葡萄牙人血里根本就混有中国成分。而照鲍小姐的身材估量,她那位葡萄牙母亲也许还间接从西班牙传来阿拉伯人的血胤。鲍小姐纤腰一束,正合《天方夜谭》里阿拉伯诗人所歌颂的美人条件:"身围瘦,后部重,站立的时候沉得腰肢酸痛。"长睫毛上一双欲眠似醉、含笑、带梦的大眼睛,圆满的上嘴唇好像鼓着在跟爱人使性子。

方鸿渐还想到昨晚那中国馆子吃午饭,鲍小姐定要吃西菜,说不愿意碰见同船的熟人,便找到一家门面还像样的西馆。谁知道从冷盘到咖啡,没有一样东西可口:上来的汤是凉的,冰淇淋倒是热的;鱼像海军陆战队,已登陆了好几天;肉像潜水艇士兵,会长时期伏在水里;除醋外,面包、牛肉、红酒无一不酸。

钱锺书在《围城》第一章的一开篇就把"鲍小姐"这样的人物给写活了。为什么他能做到描写得那么活灵活现呢?根据钱锺书爱人杨绛回忆,当年作者搭乘从法国归国的邮船上并没有像鲍小姐这样的人物,倒是在出国留学时在邮船上遇见一个东南亚丰满女性,黑红的皮肤,鼓胀的胸脯令留学生们大饱眼福[①]。通过细心观察,钱锺书的脑海里留下了这位女子的深刻印象,在后来的写作中他又通过丰富的联想,将这个丰满的东南亚女性移植到了《围城》里的鲍小姐身上。

在这里,又涉及写作时的"思考联想"。在必要的观察基础上,小说作者必须通过积极的思考、丰富的联想,才能得以对原始故事、人物等进行"深加工"艺术写作。很多时候,小说作家写作一篇小说作品,往往是听闻、知会某个生活的片段、截取面后,运用丰富的想象构想出一个全新的故事。

---

① 施晓宇. 大学文学写作 [M]. 福州:福建教育出版社,2012:25.

当代小说家须一瓜在谈到她写作小说《灰鲸》(该作品获得2017年第十七届百花文学奖短篇小说奖)的缘起时,如是说:"好多年前,我遇到一个海洋学家。他的经历很传奇,他关于传奇经历的讲述率真而滑稽,但是,我挂一漏万的记忆,就记住了他曾为一头巨型抹香鲸搞了一个追悼会。其他,他所有故事,之前与之后的,我都忘记了。我还认识一个植物学家,他曾告诉我许多专业知识,包括各种花和树的名字,我基本都忘记了,但我记住了他跟我说的一件事。那就是,每天(也许不是每天)天刚蒙蒙亮,他独自开着车,从几乎无人的市区干道上而过,汽车里永远是他最喜欢的交响乐。他就在交响乐中,一条一条大街,巡视着所有的行道树和街心花木,这是他一个人的阅兵式。他就这样在交响乐中,开始他每一天的日子。"

须一瓜通过海洋学家及植物学家这两个人,对生活中曾发生的某个片段的陈述,联想到了一个人从充满理想到堕入庸常的故事过程。小说《灰鲸》以平淡乏味的中年婚姻为描写对象,其生活好似搁浅在海滩的灰鲸一般奄奄一息。一个热爱鲸鱼的少年的出现让身为鲸鱼专家的丈夫找到了意外的乐趣,妻子却淹没在庸常的日常之中,感到无限疲乏——婚姻,因一次偶然的笑场而结合,又因琐碎的生活而麻木。小说《灰鲸》大篇幅写了灰鲸们。其实它是在写一个人,经历过梦想及梦想黯淡的庸常人生,但也许某一天哪一个因素触发你重新想起这个梦想,心中会感慨很深。"灰鲸"在小说里是一种隐喻符号,是对生活沉寂平庸的隐喻,它在小说里起到了触发作者联想,并引申出整篇故事内容的作用。

凭借丰富的想象、联想,小说作者在创作时往往能在单一故事、单一情节的基础上,深度挖掘其素材的背后含义。甚至,有时这种挖掘产生了令作者也意想不到的结果,同时也极大地展示了素材背后的含义。小说家毕飞宇写于1991年,并于1993年发表在《钟山》杂志上的短篇小说《祖宗》,就是很好的例证。《祖宗》写的是一位百岁老人死亡的故事。毕飞宇谈到,这个故事是我闲聊的时候听来的。来自安徽乡村的朋友告诉他:在他的老家有一种说法,一个人到了100岁如果还有一口的牙,这个人死了之后就会"成精",是威胁。当这个原始素材进入毕飞宇写作视野时,他敏锐地捕捉到了其背后所蕴含的愚昧与荒诞。这种荒诞性在他的笔下得到了拓展,他对素材进行了联想加工,描写了一位老祖母年届百岁时,仍然保有一口好牙,其子孙后代因害怕流传的"诅咒",为了不威胁到整个家族,于是群起对太祖母进行了"拔牙"。他这样

写道:

可能是几分钟,也可能是太祖母的肩头又上了一层尘埃,我一直弄不清楚。在这个沉默的尽头父亲和他的十二个兄弟离开了坐席,齐刷刷地跪在了太祖母的面前。太祖母有些合不拢嘴,每一颗牙都在笑。太祖母说,起来,小乖乖,都起来,早就不信这个啦!小乖乖们在地上黑糊糊地站了起来,三叔拿了绳子,七叔手执老虎钳,九叔的手里托着一只红木托盘。过了一刻太祖母的牙齿全排在木盘里了,牙根布满血丝,我觉得这些带血的牙齿就是我的家族,歪歪斜斜排在红木托盘里头,后来我儿一声啼哭,那个念头便随风而去,不可追忆。我后来再也没能想起我当时的念头,只记得那种迅猛和生硬痛楚的心理感受,再后来我闻到了TNT的气味,我就像被冰块烫着了那样被TNT的气味狠咬了一口。

毕飞宇后来在谈到此篇小说时,特别提到这段"拔牙"写作过程,让他感受到了"恐惧"。这种"恐惧"除了是作者经过艺术加工,所以产生的局部细节"血腥"之外;更多的是作者对这种在中国大地上仍然存在的迷信旧俗,对于家族成员意念上的控制,所产生的"不寒而栗"的恐惧。作者在写作过程中,对人性的愚昧有了更为深刻的认识。而这种认识经由创造性的想象、联想之后,已经完全超脱了原始素材,成为作者独有的小说故事。

二、讲好故事,情节突出

故事对于小说来说,是天然存在的元素。无故事,不成小说。在后现代主义小说作品中,有些作者往往偏重于意识流写作,对于故事进行了弱化与轻视,但这并不代表着小说不要故事。就故事在小说中的地位而言,它的优点是显而易见的,就是使读者想要知道下一步将要发生什么。英国作家爱德华·摩根·福斯特说过:"故事虽是最低下和最简陋的文学肌体,却是小说这种非常复杂肌体中的最高因素。"

那么,小说要如何讲好一个故事?

(一)要明确何为"故事"

举个例子,"国王娶了王后"这句话阐述的是一个事实,是一个结果,但并不是一个故事。如果这句话变成"国王杀死了他的哥哥,哥哥的老婆改嫁给了国王,并成为王后",那么这就形成了一个小说中的故事。在这个故事里,有人物、有矛盾,更重要的是有情节,因此组合起来就能够成为一篇小说的故事蓝本。而小说写作的目的就是要丰富这样的故事,让故事鲜活起来。

(二) 要对故事进行升级

小说不是单纯地在讲一个故事,而是对一个原型故事的递进。诺贝尔文学奖得主、中国作家莫言创作的中篇小说《红高粱》,始发于 1986 年 3 月号的《人民文学》杂志上,后被改编成同名电影,1988 年获第 38 届西柏林国际电影节最佳影片金熊奖,这是改革开放后中国电影第一次在国际上获得世界级大奖。对于创作《红高粱》,莫言在《我为什么要写〈红高粱家族〉》中说道:这篇小说最开始是源自一个真实的故事,"发生在我所住的村庄的邻村。先是游击队在胶莱河桥头上打了一场伏击战,消灭了日本鬼子一个小队,烧毁了一辆军车,这在当时可是了不起的胜利。过了几天,日本鬼子大队人马回来报复,游击队早就逃得没有踪影,鬼子就把那个村庄的老百姓杀了一百多口,村子里的房屋全部烧毁"。

莫言从老一辈乡亲那里听来的这个真实故事引发了他的创作冲动。在此故事蓝本的基础上,莫言后来写就的小说《红高粱》已经完全高于原故事,递进成为一个全新的小说故事。小说的开篇是这样写的:

> 一九三九年古历八月初九,我父亲这个土匪种十四岁多一点。他跟着后来名满天下的传奇英雄余占鳌司令的队伍去胶平公路伏击日本人的汽车队。奶奶披着夹袄,送他们到村头。余司令说:"立住吧。"奶奶就立住了。奶奶对我父亲说:"豆官,听你干爹的话。"父亲没吱声,他看着奶奶高大的身躯,嗅着奶奶的夹袄里散出的热烘烘的香味,突然感到凉气逼人,他打了一个寒战,肚子咕噜噜响一阵。余司令拍了一下父亲的头,说:"走,干儿。"天地混沌,景物影影绰绰,队伍的杂沓脚步声已响出很远。父亲眼前挂着蓝白色的雾幔,挡住他的视线,只闻队伍脚步声,不见队伍形和影。父亲紧紧扯住余司令的衣角,双腿快速挪动。奶奶像岸愈离愈远,雾像海水愈近愈汹涌,父亲抓住余司令,就像抓住一条船舷。

小说一开篇就点出了典型人物和典型事件,与原本的民间口口相传的抗日故事形成了截然不同的风貌。小说自始至终是沿着"抗日"这一线索展开的,它的叙事主干可以说是"一九三九年古历八月初九"这一天打日本鬼子的全过程。但是其间又穿插介绍了"我爷爷"和"我奶奶"传奇的爱情故事,使得小说更加生动耐看,这就完全是莫言作为小说家在原型故事基础上自己加工创造出来的①。

(三)故事要引人入胜,有悬念、有想象

古代说书人在市肆、茶馆这么嘈杂的环境中讲故事,如果这个故事不吸引人,听众扭头就走。高明的说书人在讲故事的时候,不单是故事有趣,而且常常吊人胃口,让人欲罢不能。往往在一个篇章讲完之后,说上一句"欲知后事如何,请听下回分解",制造了悬念。高明的小说家也同样如此,对待读者时都采用这样的手法:制造故事悬念,以勾起听众或读者的好奇心。

奥地利作家弗兰兹·卡夫卡在代表作《变形记》中,开篇就制造了一个悬念:一个人变成了甲壳虫:

> 一天早晨,格里高尔·萨姆沙从不安的睡梦中醒来,发现自己躺在床上变成了一只巨大的甲虫。他仰卧着,那坚硬得像铁甲一般的背贴着床,他稍稍一抬头,便看见自己那穹顶似的棕色肚子分成了好多块弧形的硬片,被子在肚子尖上几乎待不住了,眼看就要完全滑落下来。比起偌大的身躯来,他那许多只腿真是细得可怜,都在他眼前无可奈何地舞动着。

开创一代武侠小说风潮的小说家金庸也是这方面的"高手"。在他创作的十四部长篇小说里,每部小说作品都带有强烈的悬念性,令人阅读后遐想连连。在其中,《侠客行》是较为特殊的一部长篇小说。这部小说篇幅不如《射雕英雄传》《神雕侠侣》《天龙八部》等是鸿篇巨制,但是胜在贯穿全篇都带着一个未解的谜题:小说主角"石破天"究竟是从何而来?往往故事讲到将要揭开主角的真实身份,但笔锋一转,又将前述假设否定,使得主角的真实身份又变得扑朔迷离,无从得知。而"石破天"也带着这样的疑惑到了全书终了,他还在疑问自己究竟是谁?自己的亲生父母究竟在何方?在全书结尾,金庸制造了一个大悬念:

---

① 施晓宇. 大学文学写作 [M]. 福州:福建教育出版社,2012:98.

石破天自是更加一片迷茫:"我爹爹是谁?我妈妈是谁?我自己又是谁?"

梅芳姑既然自尽,这许许多多疑问,那就谁也无法回答了。

制造悬念,就需要通过设置问题的方式来实现。问题的种类无外乎两种:一类是涉及因果关系(如:谁干的?),一类涉及时间顺序(如:后来会怎样?)。卡夫卡的《变形记》开篇设置的悬念就是属于设置"因果关系":为什么一个人醒来后会变成"虫"?究竟是什么原因呢?而金庸创作的《侠客行》则明显是属于后一者,是不断地通过时间推进,不断地设置出新的悬念,让读者随着小说的叙事不断追问:后来故事怎样了?是否对悬念有了解答?

(四)故事情节要生动突出

情节是小说故事叙述的整个过程,包括了故事的发生、变化、结局等内容。文武之道,一张一弛。故事情节也是如此,讲究松紧张弛。情节松缓,这个比较容易,写作中也比较能做到;难的是要做到情节紧张,而这就需要在写作时尽量让情节生动突出。小说《红楼梦》里刘姥姥进大观园这一段故事,之所以能让人印象深刻,甚至一提起这句话,就能立马想象到刘姥姥的窘迫、可笑乃至可怜,只都是仰仗于作者曹雪芹对进大观园情节的细致传神描述,让整个情节生动起来,人物也活灵活现:

贾母这边说声"请",刘姥姥便站起身来,高声说道:"老刘,老刘,食量大如牛。吃个老母猪,不抬头!"说完,却鼓着腮帮子,两眼直视,一声不语。众人先还发怔,后来一想,上上下下都一齐哈哈大笑起来。湘云撑不住,一口茶都喷出来。黛玉笑岔了气,伏着桌子叫"嗳哟"!宝玉滚到贾母怀里,贾母笑得搂着叫"心肝",王夫人笑的用手指着凤姐儿,却说不出话来,薛姨妈也撑不住,口里的茶喷了探春一裙子。探春的茶碗都合在迎春身上,惜春离了座位,拉着她奶母,叫"揉揉肠子"。地下无一个不弯腰屈背,也有躲出去蹲着笑去的,也有忍着笑上来替她姐妹换衣裳的。独有凤姐鸳鸯二人撑着,还只管让刘姥姥。

英国作家哈代的小说名著《德伯家的苔丝》里,当写到苔丝和克莱新婚之夜这段情节时,生动地体现了两个人不同的心理,以及其所反映的人物性格。苔丝和克莱在新婚夜彼此坦白自己的过去,克莱讲述自己曾跟别的女人鬼混过,苔丝原谅了他;而当苔丝鼓起勇气说起自己痛苦的过去(她曾经被诱骗并私生过一个孩子)时,克莱却完全变了一种感觉:他天生的自私个性开始作祟,过去一直认为苔丝这样的女孩是美丽、纯洁的,现在却觉得"受骗",无法相信也无法接受。他痛苦复杂的精神状态就通过生动的情节描写展现了出来[①]:

> 克莱做了一种不合时宜的举动:他拨弄起炉子里面的火来。他对于这段新闻,还没完全领会到它的意义呢。他拨完了火,站了起来,那时候,她这一番话的力量才完全发作:他脸上憔悴苍老了。他努力要把心思集中起来,就在地上一阵一阵乱踩。他用尽了办法,都不能把杂念驱逐,所以才做出这种漫无目的的举动。

三、塑造人物,言行深刻

小说写故事,但最终落脚点是要成功塑造人物,反映人物性格,揭示纷繁复杂的人性世界。人物是小说故事中的因子,不同的因子之间相互作用,造成了小说的故事性;小说的故事同时又树立了人物的形象,通过故事中的一言一行,反映出不同人物之间的矛盾关系,同时也揭示了人物的个性特征。人物能不能立得起来,是评判一部(篇)小说作品是否成功的重要标准。

如何塑造人物,许多著名的作家都曾有过精彩的意见。鲁迅说过,杂取种种人,合成一个人。俄罗斯作家列夫·托尔斯泰说过,艺术作品要写得完美,它就要明确地把人的多样的变化写出来,同一个人,有时是恶棍,有时是天使,有时聪明,有时愚蠢,有时坚强有力,有时十分脆弱。苏联作家高尔基说,把同志描写得非常光辉夺目,以致你已经完全认不出他的面貌;但对于敌人却总是用一种黑的颜色来描写,而且差不多总是把它描写成一个傻瓜,我不认为这是正当的。这些言论揭示了人物塑造的一个普遍规律性,那就是人物必须"多样化",或者说是"多面性"。小说塑造人物,就是要刻画出人物的多样

[①] 琚静斋. 文学写作教程[M]. 北京:北京大学出版社,2013:101.

化、多面性。

(一) 要让性格决定人物

不同的人物有不同的性格特质，而这些性格特质又反过来塑造了人物。举个形象又简单的例子，《水浒传》里黑旋风李逵的性格决定了他的暴力倾向，以及动武时抡起的两柄斧头；倘若将这种性格套在及时雨宋江的人物身上，那显然是不合适的。宋江的个性决定了他曾对"落草为寇"的推辞和犹豫，也最终决定了他将带头归顺朝廷的结局。每个人物有每个人物不同的性格；而不同的性格又决定了人物的言行举止，以及其命运的走向。

在美国作家菲兹杰拉德创作的小说《了不起的盖茨比》中，"性格决定人物命运"这一点体现得淋漓极致。小说中的主人公"盖茨比"，年少时期原本是个失去爱情、无人问津的穷小子。但在 20 世纪 20 年代初，他通过奋斗努力跻身于上流社会，买下别墅、大办宴席，旨在吸引一直苦苦追求的、出身高贵的黛熙注意，为了找回因贫穷而失去的爱情。他这样做，一方面是内心极度孱弱无力，甚至是自卑的体现；另一方面又成了他的悲剧下场的根源——黛熙早与一个出身于富豪家庭的纨绔子弟汤姆结了婚。黛熙婚后的生活并不幸福，因为汤姆另有情妇。盖茨比后来成为富豪，想要挽回黛熙的心，但他不知道她早已不是旧日的那个"黛熙"。对于黛熙，不过是将与盖茨比的暧昧关系当作一种刺激。黛熙在心绪烦乱的状态下开车，偏偏轧死了丈夫的情妇。盖茨比为保护黛熙，承担了开车责任，但黛熙已打定主意抛弃盖茨比。在汤姆的挑拨下，致使其情妇的丈夫开枪打死了盖茨比。盖茨比最终彻底成为牺牲品。盖茨比至死都没有发现黛熙脸上嘲弄的微笑。盖茨比的悲剧在于他把一切都献给了自己编织的美丽梦想，而黛熙作为他理想的化身，却只徒有美丽的躯壳。

(二) 塑造人物还要注意人物的转变

正如罗马不是一日建成的，人物的成功树立也不是一次可以完成的。雷锋形象的树立是在一次次无私奉献、助人为乐的故事中累加，最后才形成的质变。反面人物更是如此。没有天生的坏人，坏人的转变也有一个过程。金庸在《倚天屠龙记》里成功塑造了反面人物宋青山。宋青山是武当派第三代弟子，其人本性并不坏，在第十八回里他的表现还使得峨眉派人人称赞。峨眉派弟子静玄就公开赞扬："近年来颇闻玉面孟尝的侠名，江湖上都说少侠慷慨狭义，济人解困。"他原本注定了就是武当派的第三代掌门人。但因嫉妒曾是武当五侠独子的张无忌，不仅武功盖世，而且是自己心仪对象的心上人，由此性情大变，完全向魔鬼出卖了心灵。他后来对张无忌下杀招，还弑杀师叔，参与毒害他太师父及父亲等武当诸侠的阴谋，可以说通过一系列的转变，彻底刻画出了宋青山这个人物阴险卑鄙的一面。

（三）要通过言行举行来塑造人物

不同的人物，说话、行为、举止、表情等等都是各不相同的。而正是这些言行，反映了人物的性格，塑造了人物的形象。金庸在小说中塑造人物，从不自己说出人物的个性，而是通过人物的言行等自我表现来实现。在小说《天龙八部》中，丐帮帮主乔峰一出场，与后来的结义兄弟段誉喝酒，两人虽是初相识，但乔峰豪迈爽朗的英雄气概就从他的言行中得以尽情体现：

> 那大汉（乔峰）微笑道："兄台倒也爽气，只不过你的酒杯太小。"叫道："酒保，取两只大碗来，打十斤高粱。"那酒保和段誉听到"十斤高粱"四字，都吓了一跳。酒保陪笑道："爷台，十斤高粱喝得完吗？"那大汉指着段誉道："这位公子爷请客，你何必给他省钱？十斤不够，打二十斤。"酒保笑道："是！是！"过不多时，取过两只大碗，一大坛酒，放在桌上。那大汉道："满满地斟上两碗。"酒保依言斟了。这满满的两大碗酒一斟，段誉登感酒气刺鼻，有些不大好受。他在大理之时，只不过偶尔喝上几杯，哪里见过这般大碗地饮酒，不由得皱起眉头。那大汉笑道："咱两个先来对饮十碗，如何？"

不同的人物，注定会有不同的言行，有些言行又注定了只能由某些人表现出来。在金庸的小说《神雕侠侣》中，大侠郭靖与结拜兄弟的儿子杨过，在襄阳城被蒙古军包围的时刻，有过一段对话。这段对话，将郭靖为国为民、侠义盖世的个性刻画得淋漓尽致；同时，又让读者信服，这样的话，也唯有郭靖这样的大侠才能说得出口：

> 郭靖一面解衣就寝，一面说道："过儿，眼前强虏压境，大宋天下当真是危如累卵。襄阳是大宋半壁江山的屏障，此城若失，只怕我大宋千万百姓便尽为蒙古人的奴隶了。我亲眼见过蒙古人残杀异族的惨状，真是令人血为之沸。"杨过听到这，想起途中蒙古兵将施虐行暴诸般可怖可恨的

情景，也不禁咬得牙关格格作声，满腔愤怒。

　　郭靖又道："我辈练功学武，所为何事？行侠仗义、济人困厄固然乃是本份，但这只是侠之小者。江湖上所以尊称我一声'郭大侠'，实因敬我为国为民、奋不顾身地助守襄阳。然我才力有限，不能为民解困，实在愧当'大侠'两字。你聪明智慧过我十倍，将来成就定然远胜于我，这是不消说的。只盼你心头牢牢记着'为国为民，侠之大者'这八个字，日后名扬天下，成为受万民敬仰的真正大侠。"

四、营造氛围，意境感人

　　小说氛围，通俗来理解，就像是看电影的感觉。有的电影是喜剧电影，因此电影整体看起来轻松愉悦；又有的电影是侦探片，因此电影的整体感觉是紧促激烈；还有的电影是惊悚片，这样的电影感觉是紧张恐惧。凡此种种，不一而足。小说氛围也是类似于电影，它是作者通过故事、人物、语言等方面的描写，渲染了一部（篇）小说的整体感觉，营造了一种独有的气息和氛围。小说的氛围和写作者的文笔有关，因此，每部（篇）小说的氛围也是各不相同的。

　　许多著名的小说家都是营造氛围的高手。在他们的笔下，营造的情境氛围都带上了深刻的自身印记，独一无二，独具魅力。例如，日本小说家村上春树在小说中营造的氛围，具有极高的想象能力，充满了诗情画意和象征性。其中的情绪十分古典和浪漫，而童话色彩和调侃意味的加盟，更使情调保持在一个妙不可言的和音上，给人以极大的阅读愉悦和深层启示（《挪威的森林》翻译者林少华语）。像是村上春树的这些作品片段，可以深刻感受到他所营造的独特氛围：

　　　　春天的原野里，你一个人正走着，对面来了一只小熊，浑身的毛活像天鹅绒，眼睛圆鼓鼓的。它说："你好，小姐，和我一块儿打滚玩儿好吗？"接着，你就和小熊抱在一起，顺着长满三叶草的山坡咕噜咕噜滚下去，整整玩了一大天。——《挪威的森林》

　　　　她的笑容稍微有点儿紊乱。如同啤酒瓶盖落入一泓幽雅而澄寂的清泉时激起的静静波纹在她脸上荡漾开来，稍纵即逝。消逝时，表情比刚才略有逊色。我饶有兴味地观察这细微而复杂的变化，不由觉得很可能有清泉

精灵在眼前闪出，问我刚才投入的是金瓶盖还是银瓶盖。——《舞！舞！舞》

所谓特殊饥饿是怎么回事呢？我可以将其作为一幅画面提示出来：①乘一叶小艇漂浮在静静的海面上。②朝下一看，可以窥见水中海底火山的顶。③海面与那山顶之间似乎没隔很远距离，但准确距离无由得知。④这是因为海水过于透明，感觉上无法把握远近。——《再袭面包店》

村上春树这种用以营造情境烘托氛围的工笔写意式笔墨并非偶一为之的点缀，而是几乎相随作品始终。也唯有如此，读者能够在阅读他的作品时，一下子就融入小说的情境之中，体会作者在小说中所表达的所思所感。在小说中营造氛围，最终目的是要感动读者，让读者有身临其境的感觉。

（一）通过渲染氛围，增加小说韵味

鲁迅唯一的爱情小说《伤逝》写的是男主人公涓生和女主人公子君的爱情故事，这对青年男女为追求恋爱自由和个性解放，相知、相爱，最后又不得不面临分离（子君甚至走向死亡）的结局。小说通篇都透露着感伤的气氛。小说中的环境描写就是积极营造了这样的氛围，渲染某种凝重沉滞、哀伤绝望的意境，让人读之不免黯然：

会馆里的被遗忘在偏僻里的破屋是这样地寂静和空虚。时光过得真快，我爱子君，仗着她逃出这寂静和空虚，已经满一年了。事情又这么不凑巧，我重来时，偏偏空着的又只有这一间屋。依然是这样的破窗，这样的窗外的半枯的槐树和老紫藤，这样的窗前的方桌，这样的败壁，这样的靠壁的板床。

（二）营造氛围要和推动情节发展紧密结合

《水浒传》第九回《林教头风雪山神庙》里，营造了一种紧迫逼仄的氛围，透露出了林冲一步步地被逼走向了梁山。小说中对风雪的描写，是这样写的：

正是严冬天气，彤云密布，朔风渐起，却早纷纷扬扬卷下一天大雪来……只说林冲就床上放了包裹被卧，就坐下生些焰火起来。屋后有一堆柴炭，拿几块来，生在地炉里。仰面看那草屋时，四下里崩坏了，又被朔风吹撼，摇振得动。

通过风雪营造的肃杀氛围中，对林冲后续的一系列行动起到了推动作用：正因为风大雪紧，天气寒冷，林冲才要出去买酒；如果他不出去买酒，就不会看到山神庙，在草屋倒塌后也不会想到去山神庙过夜。正是因为风大雪紧，草屋才被压塌，林冲只好到山神庙过夜；如果他不到山神庙就不会听到陆谦等的谈话，也就不会杀敌报仇，最终投奔梁山。

《水浒传》第十五回《智取生辰纲》中也有类似作用的氛围营造：

众军人看那天时，四下里无半点云彩，其时那热不可当。但见：热气蒸人，嚣尘扑面。万里乾坤如甑，一轮火伞当天。四野无云，风寂寂树焚溪坼；千山灼焰，剥剥石裂灰飞。空中鸟雀命将休，倒入树林深处；水底鱼龙鳞角脱，直钻入泥土窖中。直教石虎喘无休，便是铁人须汗落。

小说特意为故事发展营造了一种典型环境、典型氛围：高温酷热天气，杨志手下的军士们口渴难受，才会不顾杨志阻拦，见酒迫不及待要买来解渴，最终落进了吴用设下的圈套，失掉了生辰纲。氛围铺垫营造和小说情节紧密结合，一气呵成，有效推动了故事的发展。

（三）营造氛围要落实到对人物的塑造上

小说的主体是人物，读者看的也是小说人物在表演，在体会人物的悲欢离合。因此，营造氛围就要落实到对人物的塑造上，要让氛围营造为人物服务，要让读者通过体会小说的氛围，深入了解人物的性格特质，甚至是内心世界。尤其是有些偏重于主观抒情的小说，多借重小说氛围来表现人物，并让这种意境感染人，使得读者能够对人物的命运走向或悲或喜。作家郁达夫的小说《沉沦》就是这样的典型代表作品。小说以抒情的笔调营造了惆怅的氛围意境，刻画出了中国的留日学生"他"的复杂情绪和内心世界：

他近来觉得孤冷得可怜。

……

晴天一碧，万里无云，终古常新的皎日，依旧在她的轨道上，一程一程的在那里行走。从南方吹来的微风,同醒酒的琼浆一般,带着一种香气,一阵阵的拂上面来。在黄苍未熟的稻田中间,在弯曲同白线似的乡间的官道上面,他一个人手里捧了一本六寸长的 Wordsworth 的诗集,尽在那里缓缓的独步。在这大平原内,四面并无人影;不知从何处飞来的一声两声的远吠声。悠悠扬扬的传到他耳膜上来。他眼睛离开了书,同做梦似的向有犬吠声的地方看去,但看见了一丛杂树,几处人家,同鱼鳞似的屋瓦上,有一层薄薄的蜃气楼,同轻纱似的,在那里飘荡。"Oh, you serene gossamer! You beautiful gossamer!"

小说借氛围的营造,恰当地表现了"他"作为一个生性多愁的弱国子民,在异国他乡的孤独感伤情绪,成功刻画出了人物内心柔弱的一面。同时,这样的氛围让读者体会深刻,久久不能忘怀。

五、注重修改,力求佳作

小说创作完成后,我们通常称之为"初稿"。对于初稿,往往还要进行"深加工",注重对作品的修改。特别是因为小说篇幅较长,写作周期较长,常常会出现有些故事情节拖泥带水,与主题无关;有些是人物不够形象立体,细节刻画不生动;有些是内容前后逻辑不一致,或者有些地方前面进行了交代,但写到后面却没有了,等等。所有这些毛病都需要作者在完成初稿后注重修改,力求创作出好的小说佳作。下面将通过具体的案例,就小说修改中普遍会遇到的问题,以及应该如何修改进行阐述。

(一)对于无关主题的冗余内容要进行删减修改

每部小说都有一个主题,所有小说故事的发生,情节内容的展开,都要围绕这个主题进行。但有些作者在写小说时往往信马由缰,对无关主题的小说情节大肆展开,使得整个故事显得分外的冗余。以短篇小说《彩蝶》(原文发表于 1984 年第一期《故事会》)为例,该小说主要讲述了父亲华铁成为讨好新欢,追求个人幸福,不择手段谋害亲生女儿的丑恶行径,文章赞颂了九岁女孩彩蝶的美好心灵,对彩蝶的父亲进行了无情的鞭挞。《彩蝶》原稿写华铁成和新欢赵爱娜的相识和鬼混的情景有一段较详细的描写:

华铁成要给小彩蝶找的那个妈，就是印染厂有名的老姑娘赵爱娜。这个人，中等个儿，苗条身材，卷头发，喇叭汀，身穿大花蝴蝶衣，脚蹬高跟红皮鞋。平日走路，两只手老是放在胸前，两个膀子抬得高高的，远远望去，真象一只欲待飞翔的蝴蝶。好事的青年人，送给她一个美绰号，当面喊她"蝴蝶女士"。"蝴蝶女士"今年三十一岁了，朋友交了四五十，没一个敢和她结婚。九月的一天，闻名厂内外的"蝴蝶女士"身穿大花蝴蝶抽带上衣，头戴乳白色的女士帽，手提一网兜金黄鲜亮的密橘，站在十字路口等班车，要去秦岭山下看望她那退休回家的老外婆。等呀、等呀，上车的人太多，没挤上，急得她直跺脚。碰巧，华铁成拉货的车赶到了，"蝴蝶女士"立即张起笑脸，扬起右手。车停了，她扭动着身子，扒上驾驶室的窗口，娇声娇气地说："师傅，带我一程好不好？""去哪？""秦岭山下。""上车。"

"蝴蝶女士"钻进了驾驶室，一股香气，直冲华铁成的鼻子，他斜着眼一看，顿时被那奇异的装扮吸住了。扭过头仔细一瞧，女士帽下一双水灵灵的大眼，真像两池碧绿的潭水，不由他暗暗地赞许：好一个时髦的姑娘！"蝴蝶女士"呢？为了感谢这位慷慨助人的师傅，不时地用眼睛瞟着华铁成，而且还大大方方地从网兜里抓出一把橘子，对着华铁成说："师傅，尝尝新上市的橘子！"华铁成不要，"蝴蝶女士"硬塞，推来让去，弄得华铁成怪不好意思。车开了，两人先通了姓名和单位，随后便开始了交谈。由于"蝴蝶女士"那种无拘无束的亲昵神态，华铁成的话匣子也打开了，两人越谈越热火。谈话间，两人的目光不时相遇，笑逐颜开，真是一见如故。突然，路面上一个塄坎把车子弹了起来，吓得"蝴蝶女士"哎哟一声，一头倒向华铁成的怀里。这一倒，华铁成慌了神，急忙刹了车，双手抱起"蝴蝶女士"，两眼痴呆呆地望着那张受惊的小白脸，关切地问："碰着了吗？"定了神的"蝴蝶女士"娇柔地摇摇头："没有。"随即便靠在华铁成的肩上向华铁成投去妩媚一笑。这一笑，华铁成的心顿时就火辣辣的了。

俗话说：干柴见火——岂有不燃之理。面对着"蝴蝶女士"这种风流女性，失去了妻子的华铁成，怎能不动心？打这以后，两人便交上了朋友。每逢工厂假日，"蝴蝶女士"便打扮得漂漂亮亮，站在十字路口等坐华铁成的车。坐在驾驶室里，背着人，两人不是动手动脚，便是接吻拥抱。后来，公然去外地非法同居。

国庆节过后，华铁成兴冲冲地去找"蝴蝶女士"商量，要求元旦结婚，没想到"蝴蝶女士"直截了当地回答："我爱的只是你这两个孩子的爸爸，但我并不需要你那两个孩子。"

但实际上，上述原稿这一段，铺设过长，描述过细，而且与主题的紧扣程度较低。对紧扣中心事件的情节应尽可能细写，反之只需概括交代，一笔带过。发表时这一段改为：

华铁成要给彩蝶和蜓蜓找的那个妈妈，就是印染厂的赵爱娜。有一次，她在郊外没赶上班车，就搭乘了华铁成的拉货车，两人居然一见钟情，打得火热，并且在炽热的眷恋气氛中，准备操办婚事了。

小说主题主要是对小女孩彩蝶的赞颂，因此整个文章对原稿冗余的内容进行了大幅度的修改删减，使得故事内容紧凑，并且一下子就将主题往前推，加快了小说叙事进度，能够更接近小说主题。

（二）对于枯燥无味的叙述要通过修改体现生动性

有些小说，虽然拥有细节描述，叙述也很详尽，但是读者看过之后总觉得有些无趣，味如嚼蜡，不生动，无法给人深刻的印象。特别是在对于小说人物的描写刻画中，虽然有人物的动作描述，但无法使得人物"立起来"。这是因为，在一些小说里，叙述变得枯燥无味，没有画面感，无法通过人物的动作体现人物心理、情绪甚至性格。比如，在一篇描写美国警局警官的小说里，有这么一个片段，中士霍金斯和中尉卡拉瑟斯是两名警察局的探员，他们正在中士的办公室讨论一桩谋杀案。原文是这样写的：

霍金斯看着卡拉瑟斯，"有几件事还没有查明，中尉。这只蓝色的鞋是谁的？还有这把钥匙，它是一把劣质的钥匙，究竟是门上的、挂锁上的，还是旅行箱子上的呢？"

卡拉瑟斯耸了耸肩，霍金斯把这两样物品放到他的抽屉里。卡拉瑟斯站起来，"也许我们可以从验尸官那儿得到更多的线索。"他向门口走去。"他的验尸报告现在应该在我的桌子上了。不要担心，霍金斯，我们很快就能查明事实真相的。"他离开了办公室。

在这个小说片段里，缺乏戏剧效果，人物的动词，如"看、耸肩、放、站、走和离开"，枯燥而不带感情，没有一个描写到人物的意图、态度、姿势或表情的。它们都没有表达出两个人物的情感。后来，经过修改，当这些客观叙述的动作被替换成生动的活动描述时，整个小说片段就变得有了活力：

  霍金斯把身子往前倾了倾。他的手指着桌子上的物品："有几件事实还没有查明，中尉。这只蓝色的鞋子是谁的？还有这把劣质的钥匙，它究竟是门上的、挂锁上的、还是旅行箱上的呢？"他把它们塞到抽屉里，"砰"地一声关上了抽屉。
  卡拉瑟斯微笑地站起来，拍了拍霍金斯的肩膀。"也许我们可以从验尸官那儿得到更多的线索。他的验尸报告现在应该在我的桌子上了。不要担心，霍金斯，我肯定我们很快就能查明事实真相。"他信步走出办公室。

上面这个片段的修改，放大了局部动作，刻画到了人物的具体姿势、态度、表情，体现出了人物应有的心理活动，读起来就活灵活现多了。

  （三）对于小说叙述要通过修改增强"节奏感"

小说叙述和音乐作品一样，也有它自己的"节奏"。一曲优美的音乐作品，听众听着会觉得曲调和美，节奏到位，不会出现"卡顿"的现象。而小说也是如此，在叙述过程中，要让读者觉得较为流畅，不会产生"卡顿"、不连贯、生硬的感觉。以中篇小说《孤城万里》为例（原文发表在2016年第6期的《福建文学》），原稿的开头部分是这样的：

  温度是断崖似下降。不知道温度从高处往下跳，落到地上疼不疼。我想象一下，郭艳从山顶上往下跳，落地的那一瞬间，0.1秒的时间，也许是真的很疼。我下意识摸了摸自己的身体，头皮发麻。毛伦从我的中南海烟里抽出一根，说郭艳只是暂时不见了，山顶上落下的包，也许是粗心忘了拿，还有遗落的一双鞋，也许是忘了穿。你知道的，她常常不在状态。毛伦说着还指了指脑袋。不论怎么说，山脚下没有发现她的……身体，对吧？难道你还信不过公安？

后来，经过作者的修改，在叙述节奏上进行了改进，去除了会造成读者阅读不顺畅的部分，精简了故事进程。发表后的开头部分变为：

  这一天，断崖似的降温。
  我闭上双眼，假设郭艳真的从山顶往下跳，落地，"砰"。我下意识摸了摸自己的身体，头皮发麻。毛伦从我的中南海烟里抽出一根，说郭艳只是暂时不见了，山顶上落下的包，也许是粗心忘了拿，还有那双高跟鞋，也许是忘了穿。你知道的，她有时不在状态。毛伦说着还指了指脑袋。不论怎么说，山脚下没有发现她的……身体，对吧？难道你还信不过公安？

修改后的小说片段，整体叙述节奏得到了改进，作者对小说内容的控制得到了加强。对于这样一篇带有悬疑性质的小说而言，悬念、内涵都得到了提升，小说作者的主观感受也得到了比较明显的增强。

参考文献

[1] 毕飞宇. 小说课 [M]. 北京：人民文学出版社，2016.
[2] 琚静斋. 文学写作教程 [M]. 北京：北京大学出版社，2013.
[3] 刘岸. 小说家的技巧 [M]. 阿图什：克孜勒苏柯尔克孜文出版社，2008.
[4] 聂庆璞. 网络写手名家100 [M]. 北京：中央编译出版社，2014.
[5] 施晓宇. 大学文学写作 [M]. 福州：福建教育出版社，2012.

思考与练习

1. 在阅读过的小说中，哪部作品给你留下了深刻的印象？请分别从故事、人物、氛围等方面指出该小说的特点。
2. 下面这段文字描写的是"四娘"与"陈志刚"之间的争吵。请从突出人物形象、描写生动的角度，对它进行修改。

  盆子里的排骨汤快见底了，四娘让陈志刚再去厨房里舀点汤。陈志刚说："我差不多了，不喝汤了。"四娘："那我喝什么？"陈志刚只好端起盆子要进厨房。四娘又叫："端盆子干什么？你把高压锅整个端出来，剩下的汤都倒在盆子里。"陈志刚不干了。四娘阴着脸,起身进了厨房。

顾小白觉得不妙。四娘端着高压锅出来摔在陈志刚的脚下。陈志刚:"你这个疯婆子,吃多了屎糊了眼,是不是?"四娘不甘示弱:"你要是嫌我,你当初怎么还跟狗一样粘着我?"陈志刚红了脸:"当初我是瞎了眼,竟然就和你好上了。你看看你,又穷又老,你干吗不去死啊?"四娘扑向陈志刚,但被他一个转身压倒在地上,四娘的脸被挤得变形,但还是不甘心:"你这个死小白脸,当初还不是贪我的钱,如果不是因为你,许老头也不会被气死,我也不会落到今天这个地步……"

3. 请以下面这段文字为开头,续写成一篇完整的短篇小说。要求字数在1 000字以上,3 000字以内。

"古轩古玩店的刘老板夫妇年过花甲,每天朝九晚五地守着古玩店做生意。这天,他们收到了一个神秘的信封,上面没有寄信人地址。刘老板打开信封,愣住了——里面是两张本城最高档的大戏院的门票,演出时间正是老太婆生日那天。"

4. 请构思一篇反映校园生活题材的短篇小说,要求立意新颖、故事情节曲折、人物生动,字数不限。

第六章　剧本写作

亚里士多德在《诗学》里指出，"悲剧是对一个严肃、完整、有一定长度的行动的模仿，它的媒介是经过'装饰'的语言"。[①] 余上沅说："戏剧就是在观览场所中演给人看的行动。"[②] 换言之，所谓戏剧，就是在一个特定的空间里，演员通过扮演，将一个具有一定长度的、完整的故事展示给观众看。在这里，剧本、演员、观众和剧场是构成戏剧的四个基本要素。而剧本，常常被称为"一剧之本"，意谓剧本在戏剧中的基础地位，也强调了一部优秀的戏剧作品首先必须是一部意蕴丰厚的文学作品。在中、外戏剧史上，许多脍炙人口的戏剧作品都同时是文学史上的经典著作。比如，汤显祖的"临川四梦"，莎士比亚的四大悲剧，还有莫里哀、易卜生、契诃夫、曹禺等戏剧名家的作品等，都是可以作为独立的文学作品来进行阅读的。在这个意义上，剧作家与剧本在一部戏剧作品中的核心地位是不可忽视的。

当然，剧本创作的最终目的是为了舞台演出。因此，优秀的剧作者往往具备较强的舞台意识，能在具体的创作中综合考虑舞台表演、剧场效果等多方面因素，为后期的舞台艺术呈现奠定良好的基础。此外，广义上的剧本，包括戏曲剧本、话剧剧本、影视剧本等。在本章，我们除了概述戏剧类别外，主要围绕话剧剧本来讨论剧本的特征，并侧重于对话剧剧本创作要领进行介绍。

第一节　戏剧的类别

关于戏剧的分类，历来是个难题。不同的分类标准可以得到不同的类别。在《戏剧艺术十五讲》一书中，作者以中国名剧《牡丹亭》为例，列出了九种分类标准，得出了九种分类结果，还不包括其他细分法。[③] 不过，目前比较通行的分类有：一是按照剧情结构和剧情繁简分为独幕剧和多幕剧；二是按照舞台表现形式分为话剧、歌剧、舞剧、戏曲等；三是按照题材可以分为历史剧、

---

① 亚里士多德. 诗学 [M]. 陈中梅, 译注. 北京: 商务印书馆, 2005: 63.
② 熊佛西, 余上沅, 田汉, 等. 编剧原理 [M]. 上海: 上海人民出版社, 2016: 121.
③ 董健, 马俊山. 戏剧艺术十五讲 [M]. 北京: 北京大学出版社, 2004: 37-38.

神话剧、家庭剧、科幻剧、社会剧等;四是按照戏剧冲突的性质和剧情结局可以分为悲剧、喜剧和正剧。这种分类方式,与人类喜、怒、哀、乐的基本情感以及与此相关的审美范畴密切相关。看悲剧的时候,我们会"泪流满面,感到庄重、严肃、崇高";看喜剧的时候,我们会"笑声不断,感到幽默、滑稽、诙谐";看正剧的时候,我们会夹杂着喜、怒、哀、乐之感。① 下面,我们主要讨论这类基于人类情感反应的戏剧分类方式——即将戏剧分为悲剧、喜剧和正剧三个类别。

一、悲剧

亚里士多德在《诗学》里说,悲剧表现的是"比今天的人好的人",是比今天的人更为高贵、显赫和更具英雄气概的人,再现的是能引起恐惧和怜悯的事件。悲剧就是"通过引发怜悯和恐惧使这些情感得到疏泄",怜悯是因为悲剧英雄遭受了不该遭受的不幸,恐惧是因为遭受不幸的英雄是和我们一样的人。② 所以,悲剧是净化灵魂的艺术。沉重而严肃的悲剧强烈地荡涤着我们的灵魂,指引我们朝向更为崇高的、慈悲的情怀。

《戏剧艺术十五讲》一书中,作者从"严肃的情调""崇高的境界""英雄的气概"三个方面来论述悲剧的精神。③ 严肃的人生态度,意味着勇于担当沉重的责任,敢于面对深沉的苦难,并愿意为此承受巨大的痛苦和悲惨的遭遇,乃至为此付出生命的代价。比如,中国古典戏曲《赵氏孤儿》(元代纪君祥著),公孙杵臼、韩厥、程婴等英雄,为了维护正义、保护忠良之后而不惜做出个人牺牲的英雄行为,首先就体现为一种严肃的人生态度。而悲剧英雄们面对毁灭而不畏惧,自愿为了更高的价值而承受不幸的遭遇,这种崇高的境界震撼了观众的情感,与此同时,也净化了观众的心灵。比如,古希腊悲剧《俄狄浦斯王》,在得知自己无论如何也逃脱不了弑父娶母的命运时,他刺瞎自己的双眼,将自己放逐出去,以更残酷的自我毁灭的形式来承担责任,并以此对不公且残酷的命运做出抗争。至于悲剧英雄的气概,常常表现为抗争精神和牺牲精神。悲剧英雄在身陷困境,在面对比自己更为强大的势力时,是决不退缩

---

① 董健,马俊山. 戏剧艺术十五讲 [M]. 北京:北京大学出版社,2004:90-91.
② 亚里士多德. 诗学 [M]. 陈中梅,译注. 北京:商务印书馆,2005:第2章,第6章,第13章.
③ 董健,马俊山. 戏剧艺术十五讲 [M]. 北京:北京大学出版社,2004:98-100.

的。为了捍卫正义,为了崇高的目的,他们不惜赴汤蹈火、慷慨赴义,在痛苦与死亡中体现了英雄的崇高与伟大。

二、喜剧

喜剧表现的是"比今天的人差的人",模仿"低劣的人"。这些人不是"无恶不作的歹徒",他们丑陋、滑稽,"不会让人看了感到痛苦"[1]。所以,按照亚里士多德的看法,滑稽是喜剧的主要特征。换言之,喜剧美感最突出的特点就是引人发笑。当然,喜剧所引发的笑是"体现着人性之善的健康、美好、引人向上的笑,它体现着人的一种寓褒贬于其中的社会姿态,也是人之为人的一种智慧的表现"[2]。总的来说,喜剧的目的在于引发观众的笑声,其人物一般来自社会普通阶层,故事也往往以大团圆作为结局。但优秀的喜剧作品不是简单的滑稽逗乐,常常是对某些社会问题的严肃思考。

优秀的喜剧作品往往能寓教于乐,引导人们在开怀大笑中发现人性的缺陷与不足。不管是自以为是的愚蠢,或道貌岸然的虚伪,还是视钱如命的贪婪与吝啬等,喜剧以欢乐的形式培养观众的情趣,启发观众的智慧。美国戏剧家布罗凯特在《世界戏剧艺术欣赏——世界戏剧史》一书中,将喜剧分为情境的喜剧、人物的喜剧和思想的喜剧三大基本类型。[3] 在情境喜剧中,人物被置于特殊的情境之中,并由此产生可笑的结果。这类喜剧,其目的在于表现错综复杂的情节,而不是深刻的人物性格,出乎意料、张冠李戴、突转是其常用的表现手段。比如,莎士比亚的《错误的喜剧》,表现了一对长相、形体十分相像的双胞胎兄弟,分别拥有长相、形体十分相像的双胞胎仆人,后来在海上遇难失散后又一同出现在某个城市,因而引发了一系列误会和其他可笑情境。人物喜剧也可称为性格喜剧,这类作品的主角往往都有某种鲜明的性格特征,剧作能较为细腻地表现人物的心理和道德特征。比如,莫里哀笔下的守财奴、吝啬鬼形象等。思想喜剧则表现为一种概念或思想方式引起的冲突,作品以幽默或严肃的方式讨论思想体系和生活哲理。比如,萧伯纳、王尔德的喜剧作品。

---

[1] 亚里士多德. 诗学[M]. 陈中梅,译注. 北京:商务印书馆,2005:第2章,第5章.
[2] 董健,马俊山. 戏剧艺术十五讲[M]. 北京:北京大学出版社,2004:104.
[3] 布罗凯特. 世界戏剧艺术欣赏——世界戏剧史[M]. 胡耀恒,译. 北京:中国戏剧出版社,1987:50.

三、正剧

正剧是 18 世纪法国启蒙主义戏剧家狄德罗倡导的一种介于喜剧和悲剧之间的严肃戏剧。其目的在于扩大戏剧视野，丰富戏剧内容，以适应新兴的市民阶层的审美需求。狄德罗认为，"一切精神事物都有中间和两极之分。一切戏剧活动都是精神事物，因此似乎也应该有个中间类型和两个极端类型。两个极我们有了，就是喜剧和悲剧。但是人不至于永远不是痛苦便是快乐的。因此喜剧和悲剧之间一定有个中心地带"。这个中心地带就是严肃剧，即正剧。这类戏剧中，虽然"没有使人发噱的笑料和令人战栗的危险"，但一定有引起兴趣的题材和主题，这类戏剧形式所表现的是生活中最普通的行动。因而，这一戏剧形式也应该是"最有益、最具普遍性的"戏剧类别。[1]

的确，相对于悲剧或喜剧，正剧拥有着更为广阔的题材。它可以在悲剧与喜剧之间左右逢源，可以选择悲剧或喜剧的不同色彩为己所用。这样也使得正剧可以拥有更自由的创作状态，作家可以更自由地选择自己想要刻画的人物和要表现的主题，可以在普通阶层中选择，也可以在上层社会里选择，就像画家一样可以随心所欲地描绘人像的衣服，但必须使人感到人像的衣褶下有个真实的人。[2] 这样的创作理念使作家更加关注具体的人，具有丰富人性的人，因而也使得作品更可能具有个性化的特点。此外，正剧可以取材于日常生活，也因此可以更接近真实的生活，或者说"更接近客观事物的原生态"[3]。正如《戏剧艺术十五讲》一书所指出的那样，"真正的生活的镜子是正剧，而喜剧则不过是一面哈哈镜而已。悲剧和喜剧讲究的是对现实生活的'神似'；正剧则必须在讲究'形似'的前提之下追求'神似'"。[4]

正剧的提出在客观上推动了欧洲现实主义戏剧和自然主义戏剧的蓬勃发展，激发了左拉、易卜生、契诃夫、高尔基等人的戏剧创作，为世界戏剧贡献了许多经典之作。当然，中国的元杂剧《单刀会》（关汉卿著）、《灰阑记》（李潜夫著），明传奇《浣纱记》（梁辰鱼著）以及汤显祖的"临川四梦"等都可以

---

[1] 狄德罗. 狄德罗美学论文选 [M]. 北京：人民文学出版社，1984：90.
[2] 狄德罗. 狄德罗美学论文选 [M]. 北京：人民文学出版社，1984：92.
[3] 董健，马俊山. 戏剧艺术十五讲 [M]. 北京：北京大学出版社，2004：113.
[4] 董健，马俊山. 戏剧艺术十五讲 [M]. 北京：北京大学出版社，2004：114.

归入正剧一类。

第二节 剧本的特征

作为戏剧文学,剧本是一种主要以代言体形式展现故事情节的文学样式。剧本通常包含情节、人物、主题、言语、动作和场景等六个成分。从剧本的具体文本形式上来看,剧本则由舞台提示和台词构成;从叙事的本质特征来看,剧本可以归入叙事文学;而从其文本特殊性来看,又可独立于叙事文学和抒情文学,成为第三种文学体裁。通常情况下,剧本具有展示性、剧场性和场面性等基本特征。

一、展示性

戏剧在舞台上模仿生活,是通过演员的动作和台词来再现事件的,而不是通过剧作者的叙述。因而"展示性"(非叙述性),是戏剧文学不同于小说等叙事文学的最根本特征。以读者比较熟悉的曹禺戏剧作品为例。曹禺的话剧《家》改编自巴金的同名小说,在写觉新和瑞珏结婚的这个情节上,巴金只用一百多字来叙述:

> 不到半年,新的配偶果然来了。祖父和父亲为了他的婚礼特别在家里搭了戏台演戏庆祝。结婚仪式并不如他想像的那样简单。他自己也在演戏,他一连演了三天的戏,才得到了他的配偶。这几天他又被人玩弄着像一个傀儡;被人珍爱着像一个宝贝。他没有快乐,也没有悲哀。他只有疲倦,但多少还有些兴奋。可是这一次把戏做完贺客散去以后,他却不能够忘掉一切地熟睡了,因为在他的旁边还睡着一个不相识的姑娘。在这个时候他还要做戏[①]。

---

① 巴金. 家[M]. 北京:人民文学出版社,1962:40.

通过这些描述性文字，作者告诉我们婚礼中的觉新没有快乐也没有悲哀，只是像傀儡一般，任由父权摆弄自己的人生，跟着父权的指挥棒，做一个不入戏的"演员"。而在曹禺的话剧中，作者将其发展为一幕戏，通过舞台说明和人物台词，在观众面前展示了一场传统父权下的旧式婚礼和新婚之夜那对彼此陌生的新婚夫妇的复杂心理，让人身临其境地看一场正在进行中的事件。为了节约篇幅，我们选择其中的一小部分来看剧本文学的这种展示性：

瑞珏　（缓缓地抬起头，漆黑的眸子怯怯地向四面觑视，闪露出期待抚慰的神色。一种孤单单的感觉袭进她的心里，使这离开了家的少女，初次感觉复杂到不可言状的情怀。她低声叹了一口气，一时眼前的恐惧，希望，悲哀，喜悦，慌乱，都纷杂地汇涌在心底，终于变成了语言，低低地诉说出来）
　　　　[她的声音亲切温婉，十分动听，如湖边一只小鸟突在夜半醒来，先还凄迷地缓缓低啭，逐渐畅快而悲痛地哀歌起来。]
　　　　好静哪！哭了多少天，可怜的妈，把你的孩子送到这么一个陌生的地方，说这就是女儿的家。这些人，女儿都不认识啊。一脸的酒肉，尽说些难入耳的话。妈说那一个人好。他就在眼前了，妈！妈要女儿爱，顺从，吃苦，受难，永远为着他。我知道，我也肯，可我也要看，值得不值得？女儿不是妈辛辛苦苦养到大？妈说过，做女人惨，要生儿育女，受尽千辛万苦，多少磨难才到了老。是啊，女儿懂，女儿能甘心，只要他真，真是好！女儿会交给他整个的人，一点也不留下。哦，这真象押着宝啊，不知他是美，是丑，是浅薄，是温厚；也不管日后是苦，是甜，是快乐，是辛酸，就再也不许悔改，就从今天，这一晚！

觉新　（缓缓摇首）唉！——梅呀，为甚么这个人不是你？

瑞珏　（翘盼）他——他想些甚么？这样一声长叹！天多冷，靠着窗，还望些甚么啊？夜已过了大半！

觉新　（同情地）这个人也，也可怜，刚进了门，就尝着了冷淡！就是对一个路人，都不该这样，我该回头看看她，哪怕是敷衍。可就在这间屋，这间屋，我哪忍？我不愿回头，为着你，梅，我情愿一生蒙上我的眼！

……

觉新　（犹豫）可我还是该回过头去吧？

瑞珏　（纳闷）他在念着谁？不说一句话。

觉新　（又转过去）不，我情愿再望望月色，这湖面上的雾，雾里的花。

瑞珏　（猜测着）他象要来怎么又不来？别，别他也象我一样地怕吧？

　　　［夜风吹动窗帷。］

觉新　（抖颤）啊，好冷！这一阵风！

　　　［转身拉掩窗帷。］

瑞珏　（脸上不觉显出欣喜的希望）啊他——

觉新　（又回头靠着窗槛）

瑞珏　（失望）他又转过头去啦！

觉新　唉！

瑞珏　（无望）又一声长叹！他象忘记了背后还有个人。

　　　［忽然惊恐地。］

啊，难道他——他已经厌恶了我？天，（急促）这屋里好冷，我要喊哪！妈，我说过，我不愿意嫁，

　　　［哀痛地。］

接我回去，女儿想回家！①

　　戏剧文学一般由舞台说明和人物台词组成。台词是剧中人物的话语，在上述引文中，作者通过人物独白，展示人物的内心世界，将一个恐惧新婚生活却又善良温和的少女形象呈现在舞台上，也将男主角心中的痛苦和矛盾展现在观众眼前。"舞台说明"虽然主要使用叙述性语言，但其主要目的是为了服务于舞台上的表、导演的，从根本上说，是为了故事的展示。与小说读者面对叙述性文字进行想象不同，戏剧观众可以通过演员的台词和身体动作，更直观地感受正在发生的事件。

---

① 曹禺. 家 [M]. 上海：上海文艺出版社，1979：62-67.

二、剧场性

戏剧是一门舞台艺术，戏剧要展示的情节是由演员搬演在舞台上的。熊佛西说："当你写戏的时候，你必须在脑海中建筑一个舞台，因为戏是为演而写的。在你未下笔前，最好让剧中人在脑海的舞台先演给你看，看他们的动作是否生动，看他们的言词是否得力，看他们彼此的关系是否清晰，看他们从何处来，看他们往哪儿去。"[①] 可见，剧作者必须有基本的舞台意识，要考虑舞台展示剧情的情况，要考虑到舞台对演员表演的条件限制，同时还要考虑到剧场中的观众。

与阅读小说文本的读者不同，戏剧的观众是要直接置身于戏剧现场之中的。所以，剧作者"必须先假定面前有一群处于某种状态和具有某种特征的观众，然后才能合理地谈到用什么最好的方法去感动他们的理智和同情心"。[②] 实际上，我们首先要考虑的就是一个戏的演出时间限制问题。阿契尔指出，戏剧作品的这种时间限制，完全是由聚集在剧场里的观众的体力和连续紧张的注意力限度所硬性规定的。[③] 在我们国家，通常情况下，一个戏的演出时长一般是 2 个小时左右，最多一般不超过 3 个小时。在进行剧本创作的时候，我们最好要考虑到观众的体能和注意力所能坚持的限度。

其次，是观众的审美接受问题。为了吸引观众的注意力，剧作者常常会通过设置一些悬念或惊奇来引发观众对剧情的期待，对戏剧表演的持续兴趣。但戏剧艺术的现场性与逼真性要求剧作者要注意这些直观表演对观众的影响，避免在剧本中安排过于惊悚、血腥以及其他不合适在观众面前表演的场景，而取而代之以叙述的表现形式。正是在这个意义上，贺拉斯尽管也肯定"通过听觉来打动人的心灵比较缓慢，不如呈现在观众的眼前，比较可靠，让观众自己亲眼看看"，但他依然坚持"不该在舞台上演出的，就不要在舞台上演出，有许多情节不必呈现在观众眼前，只消让流利的演员在观众面前叙述一遍就够了，例如，不必让美狄亚当着观众屠杀自己的孩子，不必让罪恶的阿特鲁斯公开煮人肉吃，不必把普洛克涅当众变成一只鸟，也不必把卡得木斯当众变成一条

---

① 熊佛西，余上沅，田汉，等. 编剧原理 [M]. 上海：上海人民出版社，2016：253.
② 威廉·阿契尔. 剧作法 [M]. 吴钧燮，聂文杞，译. 北京：中国戏剧出版社，2004：10.
③ 威廉·阿契尔. 剧作法 [M]. 吴钧燮，聂文杞，译. 北京：中国戏剧出版社，2004：13.

蛇。你若把这些都表演给我看，我也不会相信，反而使我厌恶"。① 当然，我们不一定要严守贺拉斯的古典主义文艺创作观，但是，不要为了吸引观众注意力而单纯地从感官上刺激观众的做法，则是非常有借鉴意义的。

除了观众，舞台表演的时空局限性也是剧作者应该要考虑的重要问题。与中国传统戏曲在时空处理上的相对自由不同，话剧舞台尽管也是虚拟的、假定的，但在时空的逼真性上，要求尽可能地符合现实生活的实际情况。同样的，人物在具体时空中的行动，也要尽量地接近于真实生活的情景。这就要求剧作者在时空建构、情节设计、人物安排等方面都要注意其高度集中的特性。在西方戏剧传统里，曾有著名的"三一律"规则，要求"三个整一"，即时间整一、地点整一和情节整一。具体地说，就是要求剧中故事的时间不能超过一个昼夜（一天），剧情发生在同一个地方，情节围绕着同一个行动，服务于一个主题。当然，在具体的戏剧作品中，这个规则并不具备其普遍适用性。相反，很多优秀作品超越了这种限制，比如，莎士比亚的《威尼斯商人》，曹禺的《日出》等。但是，直观展示剧情的戏剧，要求剧情时空、人物性格必须更集中的事实，却是不容忽视的，而"三一律"的要求也具有其一定的合理性。

所以，作为初学者，在剧本创作时首先要在场面设置上有所克制，不能经常性地更换场景，而要精心挑选更有利于呈现人物性格的一些场景。其次，要集中力量描写剧中的主要人物，一般建议剧中的主要人物不超过三五人，并且往往只集中于一二人。② 同时，在人物性格上也要注意其集中性和典型性，使其性格更为鲜明。在具体的文本中，当同一个故事从小说转移到戏剧里的时候，时空限制发生了变化，我们不可能把小说里所有的人物、情节和场景都照搬过来，因此，场景与情节结构是需要重新调整的，人物数量也需要减少，与此同时，人物的性格特征也要更加突兀和鲜明。因为，在一个具体的受时空限制的舞台上，更为集中的人物性格显然更有利于剧情的展开，也有利于主题的呈现。

---

① 伍蠡甫，蒋孔阳编．西方文论选：上册[C]．上海：上海译文出版社，1979：106．
② 熊佛西，余上沅，田汉，等．编剧原理[M]．上海：上海人民出版社，2016：133．

三、场面性

戏剧场面是戏剧结构的基本组成单位,一般由环境、人物和人物行动构成,并以人物的上下场作为标志。谭霈生认为,"戏剧场面,就是他(她)或他(她)们在一定时间、一定环境内进行活动构成的特定的生活画面(流动的画面)",并指出,戏剧场面设计是观众常常忽视,而对作家却十分重要的一个创作过程。[①] 一个好的剧本往往就是由一个个具有内在联系的、自然流动的场面构成,并在场面的流转中呈现出一幅幅生动的生活画面,构成一个持续发展的行动,完成对故事的展示。在主要的场面里,剧作者要创造具体的情境,并让人物在这一具体的情境中做出行动,从而揭示人物性格,推动情节发展,引发观众对剧作主题的思考。同时,要写好过渡性场面,处理好明、暗场,在充分吸引观众注意力的基础上,有节奏地推进剧情变化。所以,剧作者是通过场面来建构剧情的,而观众则是在场面之中理解故事的。场面性以及场面的流动性,也是戏剧文学区别于小说的重要特征之一。

场面的核心是人物。场面的环境不是单纯的环境,而是能激发出人物特定行动的情境。比如,曹禺在话剧《家》的第一幕中,多次用到梅的意象,不管是三少爷觉慧让鸣凤插在新房里的梅花,还是新房窗外正在夜空里绽放的梅花,或是瑞珏带来的床上用品上绣着的梅花,处处提醒着觉新与梅小姐的关系,也揭示着觉新的爱与痛苦以及瑞珏的温顺与善良。而台词和动作,则是在具体情境中展示人物性格的更为直接的方式。即便是外部动作,也是为了彰显人物,而不是单纯的动作表演。谭霈生说:"可以设想,观众在剧场观看哈姆莱特和雷欧提斯当众比剑的场面时,如果不能通过猛烈的外部动作洞察人物内心的隐秘活动,那同在体育场观看一场击剑比赛又有什么区别呢?要知道,我们最有才能的演员,在击剑技术方面大概也不如专业运动员来得娴熟!"[②] 所以,舞台上,人物的外部动作得有具体情境作为依据,得有人物的性格与人物的心理活动作为依据。

---

① 谭霈生. 论戏剧性 [M]. 北京:北京大学出版社,1981:168.
② 谭霈生. 论戏剧性 [M]. 北京:北京大学出版社,1981:17.

第三节　剧本的写作要领

虽说"文无定法",但对于初学者来说,了解剧本写作的基本方法还是很有必要的。一方面,我们可以通过多读剧本、多看剧来获得直观的经验,另一方面,可以从小戏写作开始进行基本功的训练。先写好一件事,写好一两个人物,再慢慢进行拓展。下面,我们从故事来源与故事梗概、剧本提纲与分幕提纲,以及具体的舞台提示和台词写作等三个方面逐步展开,介绍话剧剧本等写作要领。

一、故事来源与故事梗概

剧本写作从根本上说是在写故事。所以,构思小说的许多方法也同样适用于剧本写作。一个故事的开始可能会是某一个具体的主题,但更多的时候,故事灵感往往来自于一件小事、一个人物、一个场景,甚至一个细小的动作。阿契尔说,剧本故事的启示,"也许来自报上一条新闻,也许来自街上看到的一桩偶然事件,来自一次动人的奇遇或者一件可笑的倒霉事,来自熟人口中一句随意的闲谈,或者来自从远古历史中遗留下来的一鳞半爪的古话和传说"。[①] 不管是什么触动了你,先把最有感觉的部分写下来,然后就此丰富故事,安排人物及人物之间的关系。

曹禺在《〈雷雨〉序》里就说,"累次有人问我《雷雨》是怎样写的,或者《雷雨》是为什么写的这一类的问题。老实说,关于第一个,连我自己也莫名其妙;……我初次有了《雷雨》一个模糊的影象的时候,逗起我的兴趣的,只是一两段情节,几个人物,一种复杂而又原始的情绪"。[②] 所以,故事的来源可以是多种多样的。当然,对于初学者而言,写自己熟悉的人和事,从个人生活经历中或者自己熟悉的人的生活经历中寻找灵感,是一个比较稳妥的途径。在中外文学史上,许多优秀作品,都产生于个人生活经历,或源于对现实

[①] 威廉·阿契尔. 剧作法 [M]. 吴均燮,聂文杞,译. 北京:中国戏剧出版社,2004:19.
[②] 曹禺. 雷雨 [M]. 北京:人民文学出版社,1994:179-180. 本章有关话剧《雷雨》的引文,均出于此,不另注。

生活细致的观察。这些作品，因为与个人的生命体悟密切相关，因此也能更深沉地触动受众的心。老舍的《茶馆》是中国话剧史上的经典之作，老舍在谈起他的创作经历时就说："茶馆是三教九流会面之处，可以多容纳各色人物。一个大茶馆就是一个小社会。这出戏虽只有三幕，可是写了五十来年的变迁。在这些变迁里，没法子躲开政治问题。可是，我不熟悉政治舞台上的高官大人，没法子正面描写他们的促进与促退。我也不十分懂政治。我只认识一些小人物，这些人物是经常下茶馆的。那么，我要是把他们集合到一个茶馆里，用他们生活上的变迁反映社会的变迁，不就侧面地透露出一些政治消息吗？这样，我就决定了去写《茶馆》。"①

除了写自己熟悉的故事，改编其他文学样式的作品也是剧作故事的重要来源。戏剧史上，有很多重要作品改编自小说。比如，前文提到的曹禺的话剧《家》，是对巴金同名小说的改编；元杂剧《西厢记》的故事源头是唐代小说《莺莺传》；明传奇《牡丹亭》故事题材的主要来源则是话本小说《杜丽娘慕色还魂》，等等。当然，也可以有自己的原创故事。

有了故事灵感之后，就可以开始一点点地增设人物与情节，提炼或发掘故事的主题，并写出故事梗概，为下一步具体的剧本写作做好准备。在这个步骤中，故事的主题显得尤为重要。主题是故事的灵魂，是剧本获得意义的重要基础。清代戏曲家李渔认为，"古人作文一篇，定有一篇之主脑。主脑非他，即作者立言之本意也。传奇亦然"。②余上沅则将"主题"当作剧本写作的出发点，认为明确了主题，就可以确定剧作的主要事件或主要线索，进而可以设计剧作的结构。③

二、剧本提纲与分幕提纲

有了故事梗概之后，就要按照剧本的特征来构想剧作的结构，并在剧作结构的基础上写出剧本提纲，然后根据剧情节奏进行分幕提纲的撰写。很多人嫌麻烦，常常不愿意在正式开始创作之前先写一个剧本提纲。但是，正如阿契尔所说的那样，"一个剧本提纲对于剧作者来说，几乎跟一套设计图对于建筑师

---

① 老舍. 答复有关《茶馆》的几个问题[M]//老舍剧作选. 北京：人民文学出版社，1978：366.
② 李渔. 闲情偶寄[M]. 江巨荣，卢寿荣，校注. 上海：上海古籍出版社，2000：23-24.
③ 熊佛西，余上沅，田汉，等. 编剧原理[M]. 上海：上海人民出版社，2016：143.

那样必不可少"。① 实际上，历史上的意大利职业喜剧演出，剧作者就曾只提供剧情提纲，剩下的则由演员自己去发挥。在中国民间戏曲表演中，也有幕表戏的形式，也就是只有故事大纲，然后由演员在现场即兴表演。所以，提纲在一场戏中的基础性地位是不可小觑的。而对于初学者来说，有了提纲之后还可以拿着提纲去请教他人，去与其他人进行讨论，这也是写好剧本的重要方法之一。

不过，有别于上面的故事梗概，这里的剧本提纲和分幕提纲要开始考虑舞台与观众，考虑具体场景与人物行动之间的关系，要在剧场性的要求下设计剧作结构，安排人物关系与人物行动。

（一）剧本提纲

亚里士多德在《诗学》里强调大纲的重要性："至于故事，无论是利用现成的，还是自己编制，诗人都应先立下一个一般性大纲，然后再加入穿插，以扩充篇幅。"② 比如，《伊菲革涅娅》的大纲就是大概叙述一个完整故事的梗概，突出发现与突转部分，然后给人物取名，并加入穿插部分来丰富作品内容，增加作品的长度。当然，剧本创作过程是流动的，需要不断地修改。因而，提纲如果一开始就过于具体，也可能会给后期的创作带来某种束缚。阿契尔就曾警告我们，"如果一个剧本在很早的阶段，就以一种固定的、不可改变的轮廓而出现，恐怕这并不是一种好征象。结果可能出现一个有力的、逻辑分明而结构紧凑的作品，但却很少有生命的气息"。③ 所以，我们在写作提纲时，既要有较为清晰的创作思路，又要留有空间，以备后期的调整与修改。具体地说，剧本提纲主要包括人物介绍和情节结构两个部分。

1. 人物介绍

正常情况下，剧本提纲从"人物表"开始写。在这一部分，剧作者需要大致考虑剧本的人物设置，包括预估人数、人物性别、年龄、社会身份、性格预设、人物关系等，但由于在具体的写作过程中会出现许多无法预知的变化，因而不需要在提纲里将人物设置交代得过于细致，只需大致介绍人物的姓名、身份、性别，以及人物之间的关系，便于人们读懂剧情提纲就好。当然，后期可

---

① 威廉·阿契尔. 剧作法 [M]. 吴钧燮, 聂文杞, 译. 北京: 中国戏剧出版社, 2004: 49.
② 亚里士多德. 诗学 [M]. 陈中梅, 译注. 北京: 商务印书馆, 2005: 125.
③ 威廉·阿契尔. 剧作法 [M]. 吴钧燮, 聂文杞, 译. 北京: 中国戏剧出版社, 2004: 51.

以根据需要对剧中人的名字等信息进行调整。下面我们以易卜生在创作《玩偶之家》时设定的人物表为例，看看人物表的最初安排及后来的修订情况。

《玩偶之家》人物表

斯登堡——政府书记官（在定稿中为托伐·海尔茂）

娜拉——他的妻子

林德小姐（太太）——（孀妇）（在定稿中为林丹太太）

阿托奈·柯洛克斯泰律师（在定稿中为尼尔斯·柯洛克斯泰）

卡伦——斯登堡家的保姆（在定稿中为安娜）

斯登堡家的一个女仆（在定稿中为艾伦）

一个脚夫

汉克医生（在定稿中为阮克医生）

斯登堡家的三个孩子①

至于剧中人物的姓名问题，阿契尔建议根据剧作的风格（"调子"）来命名。比如，闹剧式人名可以用在闹剧里，荒诞不经的人名可以用在荒诞不经的喜剧里，而在严肃的剧本中，就最好用严肃确切的人名。当然，这要根据具体情况而灵活处理。给剧中人选择名字的总体原则是，人名尽可能符合人物身份和人物性格特征。与此同时，也可以根据人物在剧情中的角色功能进行调节。比如，曹禺的《雷雨》中，周朴园、繁漪的名字，就与鲁大海、四凤的名字风格差异很大，而这些名字又与他们的身份有着密切的关系。

2. 情节结构

亚里士多德在《诗学》中指出，情节是成分中最重要的，因为悲剧模仿的是行动和生活，没有行动就没有悲剧，但没有性格依然可以有悲剧。② 作者将情节布局分为起始、中段和结尾。所谓起始，就是指"不必承继它者，但要接受其他存在或后来者的出于自然之承继的部分"，结尾就是指"本身自然地承继它者，但不再接受承继的部分，它的承继或是因为出于必须，或是因为符合

---

① 综合了余上沅和汪余礼等人的翻译。详见：乔治·贝克. 戏剧技巧 [M]. 余上沅，译. 北京：中国戏剧出版社，2004：440. 亨利克·易卜生. 易卜生的工作坊 [M]. 汪余礼等，译. 武汉：武汉大学出版社，2016：51.

② 亚里士多德. 诗学 [M]. 陈中梅，译注. 北京：商务印书馆，2005：64.

多数的情况",而中段就是指承上启下的部分。① 此外,亚里士多德还强调了"发现"与"突转"在情节中的重要性。所谓"突转",就是指行动的发展在符合可然或必然原则的情景下从一个方向转至相反的方向;而"发现"是指"从不知到知的转变,即使置身于顺达之境或败逆之境中的人物认识到对方原来是自己的亲人或仇敌",并指出,最佳的"发现"和"突转"是同时发生的。② 比如,大家熟悉的古希腊戏剧《俄狄浦斯王》中的发现与突转。曹禺的《雷雨》中,悲剧的展开也运用了"发现"与"突转"的情节安排。

余上沅强调,"如何安排情节,使其成为一个具有整一性的结构,是剧作者的首要任务"。这里有情节的逻辑关系,"使次要部分不遮掉主要部分,使各个事件合乎规律地逐次产生,使戏剧运动一步紧似一步、一层深似一层,使矛盾的解决完全合乎生活内在逻辑和性格内在逻辑而令人信服"。③ 在逻辑性上,还要注意情感逻辑性比事实逻辑性更重要。亚里士多德就曾指出,"不可能发生但却可信的事,比可能发生但却不可信的事更为可取",④ 所以,安排情节时要特别注意情理上的合理性、逻辑性。此外,安排情节还要注意剧场节奏,使跌宕起伏的故事情节能尽可能长时间地吸引观众的注意力,引发他们对剧情进展以及人物命运变化的兴趣。所以,"一个好的戏剧结构让我们处于不停的期待之中,直到帷幕落下的时刻,我们还在期待。到最后,作品给我们留下这样的感觉:它只能这么结尾,舞台上发生的一切只能这么发生"。⑤

按照亚里士多德的说法,可以将情节分为结和解。结,在故事最初的部分,止于"人物即将转入顺境或逆境的前一刻",类似于中国叙事文学强调的"起承转合"中的"起"和"承"部分;解,则从剧情的变化开始,止于剧终,类似于中国文学中的"转"和"合"。⑥ 在写作剧本提纲时,最好写明这些关键的情节点,这样也便于后面的分幕提纲写作。下面,我们以《苏珊娜钓鱼》的剧本提纲作为例子。

幕启时老夫人坐在右后椅子上织毛线,海伦娜坐在靠窗凳子上绣花,

---

① 亚里士多德. 诗学 [M]. 陈中梅,译注. 北京:商务印书馆,2005:74.
② 亚里士多德. 诗学 [M]. 陈中梅,译注. 北京:商务印书馆,2005:89.
③ 熊佛西,余上沅,田汉,等. 编剧原理 [M]. 上海:上海人民出版社,2016:157,158.
④ 亚里士多德. 诗学 [M]. 陈中梅,译注. 北京:商务印书馆,2005:170.
⑤ 罗伯特·科恩. 戏剧 [M]. 费春放,主译. 上海:上海书店出版社,2006:103.
⑥ 亚里士多德. 诗学 [M]. 陈中梅,译注. 北京:商务印书馆,2005:131.

苏珊娜坐在沙发上正要做缝纫活。苏珊娜遇到困难,海伦娜去帮助她。然后祖母提出要讲个故事。苏珊娜说她的故事叫人伤心,总是讲她去世的父母。海伦娜阻止她。祖父(上校)从后面上。苏珊娜走过去把活计拿给他看,遭到拒绝。上校痛斥德赖弗斯的处境,当他开始讲到美国的态度的时候,夫人试图加以干涉,最后她叫海伦娜和苏珊娜离开房里。然后上校获悉,一个名叫乔治·威廉斯的美国人爱上了海伦娜。他激动起来。乔治从后面上。僵局;最后乔治打起勇气,请求和海伦娜结婚,遭到拒绝。但他退出去时,仍然毫无畏惧。海伦娜从侧面上。上校说:"我不能让叛逆者的朋友踏进我的家门。"他大发脾气。海伦娜气愤地抽噎着下。上校感到不安,但是当他的妻子要跟出去的时候,他又不让她走。上校下。老夫人又向门外走过去。苏珊娜和①玛丽上。老夫人叫苏珊娜玩玩钓鱼竿;又叫玛丽从房里出去。苏珊娜听见了海伦娜的哭声。问她是不是病了,说要安慰她。夫人从房里走出去。苏珊娜劝说海伦娜出去看她钓鱼。假装钓到了几条鱼。发现了乔治。他把一张字条当鱼送上去。不久,海伦娜装上鱼饵。于是她把他钓上来。苏珊娜得到糖果,被哄出去了。劝海伦娜同他私奔。苏珊娜进来,说马车就在外面。忽听有脚步声。乔治拉着绳子爬下去了。玛丽说马车到。海伦娜赶紧收拾行装。她留下字条给母亲,请苏珊娜转交;苏珊娜得到她尽速回来的诺言。海伦娜从后面下。玛丽和苏珊娜在窗口向她挥手。谈论着。然后上校和夫人上。发现室内很凌乱。苏珊娜把字条交给他们。夫人看字条,把消息告诉了她丈夫。她护着海伦娜;又使上校想起两家父母政治上的分歧。苏珊娜告诉他们,海伦娜是怎样以为他们在她感到忧伤时毫不关怀她。两人哭了。上校不顾一切,忙叫玛丽去把他们②叫回来。乔治和海伦娜上;海伦娜不能不见他们一面就离开。上校说他也许过于性急了。然后苏珊娜发现了乔治的荣誉勋章。他同上校为美、法两个共和国的旧日友谊互相握手。③

在上述剧本提纲中,我们可以看到比较清晰的人物关系和情节结构。整个事件的发生、发展、转折和结局也都比较明确,包括引发情节突转的细节也有

---

① 原文为"阿",疑有误,故改为"和"。
② 原文为"她们",疑有误,故改为"他们"。
③ 乔治·贝克. 戏剧技巧 [M]. 余上沅, 译. 北京: 中国戏剧出版社, 2004: 425-426.

所交代。这样的剧本提纲就为后面的分幕提纲的写作奠定了良好的基础。

（二）分幕提纲

通常情况下，在对一个有一定长度的完整的故事进行分幕是很有必要的。阿契尔说，分幕是"能形成故事的节奏的有价值的手段"，并指出，"认为剧中的幕只是为了实际方便起见而作的划分，是由于人类头脑的注意力有限度，或由于人类身躯需要不时恢复一下疲劳而不得不如此，这都是大错特错的。一个具有清晰而平衡的分幕结构的剧本，比起没有分幕结构的剧本来，要算是一个更高级的艺术有机体，正像脊椎动物比起软体动物来是一种更高级的动物一样。任何实际生活中的激变（除非它短促得只成为一个偶然事件），都有发生、进展、顶点和解决这样一种节奏"。[①] 实际上，也正是出于这方面的考虑，元代杂剧作家在创作杂剧的时候，多采用跟故事情节"起承转合"有关的节奏进行安排戏剧结构，"四折一楔子"的结构模式就成了杂剧通行的编剧方法。当然，在具体的分幕过程中，我们需要考虑的因素很多，其中，至少应该考虑到叙事的节奏、场面的冷热、观众的兴趣以及演员的安排。具体地说，分幕提纲需要纳入情节、场面和人物三方面内容。

1. 情节及其注意事项

乔治·贝克认为，"在分幕问题上，第一个要求是，它的演出总时间，包括必需的幕间歇，不可超过观众能集中注意看戏的时间范围"。[②] 但是，这并不是说每一幕应该按照均分的时间进行安排。因为，在一般情况下，观众在观剧过程中不会主动去计算每一幕所需的时间，而是随着剧情发展感受节奏以及相应的主观时间感。一段无聊的对话会让观众觉得时间非常漫长，而一个让观众紧张的场面会让人忽略了时间的流逝。[③] 至于一场戏到底分多少幕比较合适，当然是没有统一答案的。但根据亚里士多德将行动分为开端、中段与结尾的三段式结构，阿契尔推荐人们采用"三幕制"，认为这是剧本最理想的设计，也是世界各国许多优秀剧本通常采用的分幕方式。[④] 但不管是多少幕，阿契尔建议初学者不妨学习维多利亚时代通俗剧的做法，就是给每一幕加一个说明性的标题，比如，分别给莎士比亚《麦克白》中的各幕加上"诱惑""弑王和僭

[①] 威廉·阿契尔. 剧作法 [M]. 吴均燮，聂文杞，译. 北京：中国戏剧出版社，2004：116-117.
[②] 乔治·贝克. 戏剧技巧 [M]. 余上沅，译. 北京：中国戏剧出版社，2004：137.
[③] 狄德罗. 狄德罗美学论文选 [M]. 北京：人民文学出版社，1984：188.
[④] 威廉·阿契尔. 剧作法 [M]. 吴均燮，聂文杞，译. 北京：中国戏剧出版社，2004：118.

位""罪孽重重和悔恨缠身""报应将至""报应临头"等小标题,这可以帮助我们更好地厘清思路,把握剧情节奏。① 总的来说,分幕要在考虑总体时间的情况下,根据剧情的节奏来划分,努力在第一幕处理好悬念的设置,在中部处理好剧情的发展与紧张感,并在最后设计好剧情的结尾。

(1)悬念。剧作者总是要设法引起观众的兴趣。狄德罗说,就引起兴趣而言,剧情简单的剧本需要在台词上下功夫,但在剧情复杂的剧本里,好的布局就显得非常重要。② 而悬念可以很好地吸引观众的好奇心与注意力,并将观众引入展开的剧情。所以,谭霈生认为,"一部剧作的戏剧性,往往是在造成悬念的时候开始的","好的剧本,开场之后总要尽快明确戏剧冲突的具体内容,形成全剧的悬念,把观众的期待引入明确的方向"。③ 给观众某种明确的预示与序引,培养观众的期待情绪,这是开场戏在全剧中非常重要的一个作用。阿契尔忠告我们,"好的第一幕决不能以一堵不通风的死墙壁作为结尾。这堵墙上永远必须有一扇窗户,至少能使人窥见外面有着某种吸引人的东西"。④ 当然,我们也要注意悬念不要设置得过早。阿契尔甚至强调,在开幕后的前10分钟,最好不要出现对了解剧情有着十分重要作用的台词和行动。换言之,要设法"使你剧中的开头十分钟明快、吸引人、激动人,但不要让它们表现任何绝对重要的东西"。⑤

(2)发展。在剧情展开之后,可以用一些波澜推动情节发展,并在这个过程中不断丰富人物性格,从而也慢慢地深化、突显剧作的主题。有时,我们还会用到机缘与巧合,并以此制造剧情的紧张感,甚至直接与剧情的"发现"与"突转"相联系。设计巧妙的巧合能取得非常好的戏剧效果,但巧合也不可以滥用。在这一方面,余上沅总结了三个注意事项。第一,偶然性不能成为情节的基本内容,只能作为情节发展或冲突开始的一个成分;第二,偶然事件可以成为冲突的发生和发展的典型戏剧环境,但不是冲突的起因和解决手段;第三,偶然性也不能用作刻画人物性格的基本手段,它只可以在某种程度上影响性格的发展和变化,或影响人物的行动。⑥ 有些人还建议,一个剧本中只能有

---

① 威廉·阿契尔. 剧作法 [M]. 吴均燮,聂文杞,译. 北京:中国戏剧出版社,2004:122.
② 狄德罗. 狄德罗美学论文选 [M]. 北京:人民文学出版社,1984:170-171.
③ 谭霈生. 论戏剧性 [M]. 北京:北京大学出版社,1981:146.
④ 威廉·阿契尔. 剧作法 [M]. 吴均燮,聂文杞,译. 北京:中国戏剧出版社,2004:158.
⑤ 威廉·阿契尔. 剧作法 [M]. 吴均燮,聂文杞,译. 北京:中国戏剧出版社,2004:111.
⑥ 熊佛西,余上沅,田汉,等. 编剧原理 [M]. 上海:上海人民出版社,2016:172.

一个巧合。许多作者会将巧合放在故事的开始,比如,爱情剧中的偶遇。也有些人将巧合放在剧情的后半部,甚至是用来解决问题的手段,那就要格外小心了。比如,许多故事就会用车祸、重病等突发意外来制造巧合,用以解决不知如何收束的故事,这样一不小心就流于俗套而缺乏可信力和感染力。

(3) 结尾。阿契尔说,"无论从理想或者实际的观点来看,一个敷衍收场的结尾永远是不合要求的。有许多极好的剧本都毁在这块暗礁上。尽管常听到的抱怨——'最后一幕太弱',未必永远都是公正的指责,但当作者显然不知怎样结尾才好,只得用一种陈腐而潦草的办法来草草写完他的剧本时,这种抱怨就是公正的了"。比如,死亡带给人的震撼是很大的,但阿契尔希望我们不要仅仅用杀死剧中主角的方法来使剧作主题变得深刻。据说,剧作家也会悲叹,他们其实不忍残害那些生存在他们幻想里的孩子们。① 然而,结尾常常是非常困难的。我们都很熟悉"凤头、猪肚、豹尾"的作文规则,结尾要有力、要意味深长,几乎就是所有文体的要求。

2. 场面与人物

通常情况下,一个剧本可以分为几幕,而每一幕又可以分为几场。所以,在整个戏的情节发展中,我们需要考虑幕与幕之间的流动,而在每一幕里,我们就要注意场与场之间的流转。在分幕提纲里,我们自然不需要过多关注场面中的细节,但对重点场面的选择以及人物上下场的安排就要在这个时候做出一些安排。

对于重点场面,一般要选择能更鲜明、更集中地促进情节发展,帮助塑造人物性格,表现人物思想情感的场面。余上沅强调,"编剧有一条头等重要的原理:不是追求场次的数量,而是提高必要场面的质量……正是由于戏剧必须高度集中的特点,而仅仅选取几个绝不可少的情节或场面,从而朝深处挖掘,大写特写"。② 所以,重点场面也常常是剧情流动中的若干个高峰,也是体现剧作戏剧性的集中点。在如何选择重点场面上,谭霈生建议剧作者将选择的基点放在"人"身上,选择能充分展示人物性格,吸引观众深入人物内心世界的场面,因为,"真正感人肺腑的戏剧性,常常来自那些展示独特的人物关系和深入人物内心世界的场面"。③

---

① 威廉·阿契尔. 剧作法 [M]. 吴均燮,聂文杞,译. 北京:中国戏剧出版社,2004:56, 295.
② 熊佛西,余上沅,田汉,等. 编剧原理 [M]. 上海:上海人民出版社,2016:148.
③ 谭霈生. 论戏剧性 [M]. 北京:北京大学出版社,1981:176, 175.

在一个具体的情境中，不同成长背景、不同性格特征的人物会做出的不同反应。为了更好地展示人物的内在世界，就需要好好挖掘这一情境的功能，设计合适的人物关系，然后让人物在这样的特定情境里做出具有个性色彩的行动，从而展示其独特的性格及其内心世界。比如，一对情侣一起到一家餐馆里吃面，女朋友发现了漂在面汤上的一只苍蝇，她会怎么做，她的男朋友会怎么做，店家如何反应，等等。通过细挖这样的一个场面，人物性格的展示以及人物关系的发展都可能有了更合情理的依据。

在话剧《雷雨》中，"蘩漪喝药"这一场面就设计得非常好。周朴园认定蘩漪有病，先让四凤倒药，蘩漪表示自己不愿意喝这样的苦药，周朴园让四凤端过去给蘩漪，蘩漪说先放着，周朴园让她马上喝了药，蘩漪拒绝，周朴园令小儿子周冲端药给母亲喝，周冲抗拒，周朴园怒，周萍劝弟弟顺从，蘩漪恳求晚点再喝，周朴园逼她必须马上喝，蘩漪端上又放下，说她实在喝不下，于是周朴园让周萍跪着劝蘩漪喝，周萍走到蘩漪面前，蘩漪泪流满面，不等周萍下跪，愤恨地一气喝下药，然后跑下。在这个场面里，我们可以看到周朴园所谓的家长威严，看到被绑架的亲情，看到难堪关系中的尊严与耻辱、权力与服从，这样的场面就非常有戏了。

当然，在分幕提纲中，除了选择好重点场面，也要想到开端场面、过渡场面、承前启后的场面。剧本展示的是一个统一的行动，剧作者在选择场面时，要考虑到各个场面之间的衔接与过渡，不能为了深挖某个重点场面，而忽略这个场面与上下场面之间的联系。所以，谭霈生说，"场面，作为情节的基本组成单位，它只是情节发展链条上的一环。在剧本中，一个场面是由前面很多场面发展而来，又将引出一系列新的场面，每一个场面都是在全剧中起着承前启后的作用。假如剧作者把剧本中间的某一场面看成是孤立的、无因无果的东西，那将无法处理"。[①]

下面，我们以易卜生的《玩偶之家》的分幕提纲作为范例，供大家参考。

《玩偶之家》分幕提纲

第一幕

一间陈设舒适但并不华丽的房间。台右靠后有门，通门厅；台左有门

---

① 谭霈生. 论戏剧性[M]. 北京：北京大学出版社，1981：190-191.

通主人的书房或办公室，这房门一开可以望见房里。炉里生着火。正是冬天。

她①从靠后的门走进来，兴高采烈地哼着曲调；她穿着上街的衣服，手里提着几包东西。她开门时，可以望见门厅里有个脚夫，捧着一棵圣诞树。她说，先把它放在那边吧。（取出钱袋）多少钱？脚夫说，五十个渥儿。②她说，这是一个克罗纳，不用找了。脚夫向她道谢后就走了。她继续微笑着哼着歌，解开纸包时暗自高兴。喊道：他在家吧？在家！起先是隔着房门谈话，然后斯登堡就把门打开和她说话，不过更多时间是站在书桌边继续工作。门厅铃响，他不愿别人打扰，就一个人关在房间里。女仆为女主人的朋友打开门，这客人是到城里来的。惊喜交集。彼此介绍近况。娜拉告诉朋友，斯登堡新任为一个刚成立的股份银行的经理，新年就要就职，一切经济上的苦恼都结束了。这位朋友进城来是为了在机关里找个职业什么的。娜拉给了她一些好的希望，相信一切都会圆满。女仆开门迎进一个收账的人。娜拉惊惶不安。她和债主说了几句话，他被送进书房。娜拉和她的朋友继续谈话，也谈了那个债主的近况。斯登堡穿着大衣上场，已经把债主从书房另一个门送出去了。谈她的朋友的事情，他表示踌躇。他同那个朋友出去，娜拉跟着走到门厅。保姆领着孩子们上场，母亲和孩子们玩。债主上。斯登堡太太把孩子们从左门打发出去。她和他的大场面。他走了。斯登堡上，在楼梯上碰到那个人，不高兴，想知道那个人回来干什么，是请她支持？不能有阴谋。娜拉不断地探他的口气。严格的法律性质的回答。他回到书房去了。她（重说债主出门时说过的话）：这是不可能的。暧，我是为了爱情才这样做的呀！

第二幕

除夕。中午。娜拉和老保姆。娜拉心神不安，穿衣出门。各种难题暗示出她怀有死的念头。想排除这种念头，希望能有点什么事情来排除这个念头。什么事情呢？保姆从左门下。——斯登堡从书房出来，同娜拉谈了几句。——保姆重上，寻找娜拉，因为最小的孩子哭了。斯登堡很不安，询问。保姆下。斯登堡正要上那房里看孩子们。——汉克医生上。斯登堡

---

① 指斯登堡太太娜拉。
② 挪威币，一百个渥儿等于一个克罗纳。

与汉克的一场。——娜拉旋即上场，她又回来了：她心里不安，所以又回家。她和医生及斯登堡的一场。斯登堡退入书房。——娜拉和医生的一场。医生下。——娜拉独自一人。林德太太上。她和娜拉的匆匆的一场。——柯洛克斯泰上。他和娜拉及林德太太的一短场。林德太太进去看看孩子们。——柯洛克斯泰和娜拉的一场。——她求他，看在孩子们份上，但无效。柯洛克斯泰走了。看见那封信从外面投入信箱。——稍停，林德太太重上。她和娜拉的一场。供认出一半。林德太太下。——娜拉独自一个人。——斯登堡上。他和娜拉的一场。他打算开信箱。请求，说俏皮话，半开玩笑地劝说。他答应过新年后再办公事：不过只以半夜十二点为限。下。娜拉独自一人。娜拉（望着钟）：现在是五点钟。五点，离半夜还有七小时。到明天半夜又还有二十四小时，二十四加七——三十一，还能活三十一小时。

第三幕

楼上传来隐隐约约的跳舞乐声。桌上一盏燃着的灯。林德太太坐在扶手椅上，心不在焉地翻阅一本书，想看下去，但注意力不能集中，看了一两次表。娜拉从舞会上回来，为心神不安所驱使，看见林德太太大吃一惊，林德太太假称是来看穿着舞服的娜拉。海尔茂（即斯登堡），因她离开舞会而不高兴，回来拉她上楼去。医生也来了，但为的是告别。这时林德太太退入右侧房间。医生，海尔茂和娜拉的一场。医生说他要睡觉去，将一睡不起，叫他俩不要去探望他，死在床上难看得很。下。海尔茂又和娜拉一起上楼，过一会儿娜拉和林德太太互相道别。林德太太独自一人。柯洛克斯泰上。两人之间的场面和解释。两人下。娜拉和孩子们。然后娜拉独自一人。海尔茂上。他从信箱里取出信件。一个短场，道晚安，他回到书房。娜拉在失望之下准备好最后的步骤；已经走到门口，刚好海尔茂拿着拆开了的信上。大场面。铃响。柯洛克斯泰给娜拉的信。最后场面。离婚。娜拉离家出走①。

如果将这个分幕提纲跟他最初的创作札记和后来的初稿比较，就会发现作

---

① 乔治·贝克. 戏剧技巧 [M]. 余上沅，译. 北京：中国戏剧出版社，2004：440-442. 同时参考了汪余礼等人的部分译文，并稍作修改. 详见：亨利克·易卜生. 易卜生的工作坊 [M]. 汪余礼等，译. 武汉：武汉大学出版社，2016：51-52.

家其实做了许多改动。而在后来的定稿中，人物性格表现得更为充分，也更具个性色彩。许多表现人物性格的细节也在后面的修改稿中得以添加。但是，在这个分幕提纲中，我们依然可以看出剧情的节奏和重点场面的安排，包括具体场景的设置，也在分幕提纲里有所说明。

三、具体写作

一个具体的剧本文本，一般由舞台提示和台词构成。舞台提示即舞台说明，是剧本里的一些说明性文字，通常包含人物表，剧情发生的时间、地点，具体布景的描述，出场人物的服装、道具、动作、情绪等说明，还标识出幕的序号以及有时候出现的幕或场的题目。台词，就是剧中人物的话语，有对话、独白、旁白等三种形式。

（一）舞台提示

舞台提示中的介绍和描述，可以帮助读者在阅读文本时更好地理解剧情，同时帮助导演和演员更好地搬演剧本故事。当然，导演、演员以及参与舞台演出的舞美设计、音乐设计等工作人员不一定完全遵循剧本中的舞台说明。好的舞台提示，语言一般十分简洁明了，而且，虽然属于描述性文字，但剧作者依然要牢记戏剧展示性的特征，不要给读者一种"作者也在场"的印象。阿契尔说，"写舞台指示的一条常识性的规则是非常简单的：不管写得长也好，短也好，它们必须永远是无人称的（即不能以作者本人的口吻来写）[①]。剧作家如果在他的舞台指示里开玩笑，或者舞文弄墨，他就等于硬让自己插身在观众和艺术作品之间，这就必然破坏了幻觉。在剧本准备发表时，作者应该把他的舞台指示尽量弄得既简洁而同时又明白。很少有几个读者肯费脑筋去记那些冗长而详尽的描写。当一位重要的人物出现时，一段对他或她的外形和衣著的短短的描写是会对读者有帮助的；但即使这样的描写也应当保持无人称语气"。[②]

在功能区分上，舞台提示中的人物表、故事发生的时间和地点以及幕场序次等，主要传达剧情外围的信息；而有些舞台场景的描述和出场人物情况的介绍等，则直接参与剧情的展开。其中的舞台场景，不单是人物活动的背景，更

[①] 原书译者注，此处稍作修改。
[②] 威廉·阿契尔. 剧作法 [M]. 吴均燮，聂文杞，译. 北京：中国戏剧出版社，2004：64.

是激发人物行动的戏剧情境的重要组成部分,而人物的表情、动作等提示,不仅可以帮助演员进行舞台演出,也是剧中人物在戏剧文本中展现性格的重要媒介。下面,我们主要介绍舞台说明中场景介绍和人物介绍这两部分内容的写作技巧。

1. 场景写作

场景说明主要是交代人物活动的环境,其作用与小说中的环境描写基本相同,也有渲染气氛、烘托人物性格、暗示或象征某种命运,等等。只是剧本文学的特殊性决定了这一方面的写作主要运用简约的说明性文字,不需要太多过于详细的描述,更不需要作者借此发表个人的感受。比如,莎士比亚在《哈姆雷特》的第一幕第一场里,就非常简单地交代剧情发生的地方——"厄耳锡诺。城堡前的露台"。[①] 当然可以更具体一些,比如,曹禺的《雷雨》。为了暗示一场可怕命运的即将揭示,也为了表现人物的内心,曹禺在交代剧情发生的场景时就非常用心。首先,在第一幕的舞台提示中,交代了故事发生在一个夏天的上午,然后是对天气的描述:

屋中很气闷,郁热逼人,空气低压着。外面没有阳光,天空灰暗,是将要落暴雨的神气。

此外,又在第二幕继续强调天气的郁闷,一场暴风雨的即将来临:

午饭后,天气很阴沉,更郁热,湿潮的空气,低压着在屋内的人,使人成为烦躁的了。

作者高明的地方在于,他不单单只是交代外在的环境,而是将其与人物的活动紧密地结合起来,变成人物行动的戏剧情境中的一部分。比如,第一幕中,四凤一边抱怨真热,一边挥着扇子,又有"天气这样闷热,回头多半下雨"这样的台词。蘩漪的反应更是强烈:

周蘩漪 (不经意地)哦,哦——怎么,楼下也这么闷热。

---

① 莎士比亚. 莎士比亚悲剧集 [M]. 朱生豪, 译. 北京: 中央编译出版社, 2010: 85.

鲁四凤　对了，闷得很。一早晨黑云就遮满了天，也许今儿个会下一场大雨。
周蘩漪　你换一把大点的团扇，我简直有点喘不过气来。

在环境布置上，作者也巧妙地运用家具的选择与摆放来表现人物性格与人物关系。在第一幕中，作者在描述剧情发生的地点——周家客厅时，就用了这些文字："右边的衣服柜，铺上一张黄桌布，上面放着许多小巧的摆饰，最显明的是一张旧相片，很不调和地和这些精致东西放在一起。"但这里有太多细节了，未经提醒，剧场里的观众一般不会刻意观察这些摆设。于是，作者通过台词和人物动作来强化，这样，场景和人物就成了一个有机的整体。如：

周蘩漪　（又停了一下，看看四面）两礼拜没下来，这屋子改了样子了。
鲁四凤　是的，老爷说原来的样子不好看，又把您添的新家具搬了几件走。这是老爷自己摆的。
周蘩漪　（看看右面的衣柜）这是他顶喜欢的衣柜，又拿来了。（叹气）什么事自然要依着他，他是什么都不肯将就的。

又用开窗这样的细节，将天气的闷与周朴园刻意保留的习惯连在一起。所以，蘩漪要开窗，四凤的解释和蘩漪的回应都非常耐人寻味：

鲁四凤　老爷说过不叫开，说外面比屋里热。
周蘩漪　不，四凤，开开它。他在外头一去就是两年不回家，这屋子里的死气他是不知道的。

再对比周朴园在周萍和侍萍面前的解释，人物的形象就非常丰富了。请看周朴园与周萍之间的对话：

周朴园　怎么这窗户谁开开了？
周　萍　弟弟跟我开的。
周朴园　关上，（擦眼镜）这屋子不要底下人随便进来，回头我预备一个人在这里休息的。

周　萍　是。

周朴园　（擦着眼镜，看周围的家具）这间屋子的家具多半是你生母顶喜欢的东西。我从南边移到北边，搬了多少次家，总是不肯丢下的。（戴上眼镜，咳嗽一声）这屋子摆的样子，我愿意总是三十年前的老样子，这叫我的眼看着舒服一点。（踱到桌前，看桌上的相片）你的生母永远喜欢夏天把窗户关上的。

再看周朴园与侍萍的：

周朴园　你静一静。把脑子放清醒点。你不要以为我的心是死了，你以为一个人做了一件于心不忍的事就会忘了么？你看这些家具都是你从前顶喜欢的东西，多少年我总是留着，为着纪念你。

鲁侍萍　（低头）哦。

周朴园　你的生日——四月十八——每年我总记得。一切都照着你是正式嫁过周家的人看，甚至于你因为生萍儿，受了病，总要关窗户，这些习惯我都保留着，为的是不忘你，弥补我的罪过。

我们在写作场景时，什么时候都不要忘记场景是表现剧情的一部分，是与人物行动紧密相连的。为了这统一性和合情理性，亚里士多德在《诗学》里强调，"在组织情节并将它付诸言词时，诗人应尽可能地把要描写的情景想像成就在眼前，犹如身临其境，极其清晰地'看到'要描绘的形象，从而知道如何恰当地表现情景，并把出现矛盾的可能性压缩到最低的限度"。[①] 将这些当作有机的整体进行考虑，才能让剧情更好地展示在观众眼前。

2. 人物说明

在人物刚出场的时候，剧作有时会对人物的服装、道具、神态、动作等进

---

① 亚里士多德. 诗学 [M]. 陈中梅, 译注. 北京：商务印书馆, 2005：125.

行一些交代。内容根据需要可简可繁，但一定要以表现人物形象为目的。比如，《雷雨》中对鲁妈（侍萍）出场时的介绍：

  鲁妈的年纪约有四十七岁的光景，鬓发已经有点斑白，面貌白净，看上去也只有三十八九岁的样子。她的眼有些呆滞，时而呆呆地望着前面，但是在那秀长的睫毛，和她圆大的眸子间，还寻得出她少年时静慧的神韵。她的衣服朴素而有身份，旧蓝布裤褂，很洁净地穿在身上。远远地看着，依然像大家户里落魄的妇人。她的高贵的气质和她的丈夫的鄙俗，奸小，恰成一个强烈的对比。

还有这样的细节交代：

  她的头还包着一条白布手巾，怕是坐火车围着避土的，她说话总爱微微地笑，尤其因为刚见着两年未见的亲女儿，神色还是快慰地闪着快乐的光彩。

  这是非常性格化的描述。读者在阅读这段文章时会很清晰地想象出侍萍的气质与性格，演员在扮演这一角色时也获得了非常明确的指示。在对人物进行舞台说明时，在交代人物的服装、神情和动作时，要尽量地将其与人物的身份、处境、性格密切相关，既交代了人物的历史，展示着人物的当下，也预示着人物即将采取的行动。

  当然，这类舞台提示中，也有对人物外部动作的提示，对人物心理情绪的提示等。在《雷雨》中，有这么一段舞台说明：

  雷声轰轰，大雨下，舞台渐暗。一阵风吹开窗户，外面黑黝黝的。忽然一片蓝森森的闪电，照见了蘩漪的惨白发死青的脸露在窗台上面。她像个死尸，任着一条一条的雨水向散乱的头发上淋她。痉挛地不出声地苦笑，泪水流到眼角下，望着里面只顾拥抱的人们。闪电止了，窗外又是黑漆漆的。再闪时，见她伸进手，拉着窗扇，慢慢地由外面关上。雷更隆隆地响着，屋子整个黑下来。黑暗里，只听见四凤低声说话。

这里，有外在环境的说明，有人物的表情、动作说明。其中，她的行动"伸进手，拉着窗扇，慢慢地由外面关上"，又直接影响着剧情的发展：在屋内偷会四凤的周萍，后来准备从窗口这边逃出的时候，就发现窗户被关上，开不动了，这才有了后面鲁大海发现周萍的情境。

需要注意的是，在写作舞台提示时，不要刻意使用戏剧舞台术语，比如，"右上""左上""左后上"等人物上下场的标识，类似于许多初学写作影视剧本的人，喜欢在文本中写各类镜头术语。阿契尔就曾批评初学者的这类写作倾向。他说："有些初学者还以为大量应用这类简易符号会被看作是一项证据，证明他们很熟悉舞台；但实际上，却只是表明了他们不熟悉剧场的历史。"而在实际情境下，戏剧专业人员并不会注意这些戏剧术语，而"当剧本要发表的时候，一般读者又只会被那些专门术语弄得莫名其妙而感到很不高兴，而且不止如此，它还容易破坏他们的幻觉"。① 总之，不要滥用舞台说明文字，要从剧作需要出发，谨慎地进行舞台说明的写作。

（二）台词

作为剧中人物的话语，台词有对话、独白、旁白等三种形式。对话，是发生在剧中角色之间的；独白，是自己内心的声音，是内心活动的外在显示；旁白，是说话者假装其他角色不在场而对观众说的。台词可以是幽默的、暗含机锋的，也可以是抒情的、富有诗意的，还可以是质朴的、意味深长的，等等，各种语言风格都可以出现在台词里。比如，《罗密欧与朱丽叶》中：

> 恋爱的人去赴他情人的约会，像一个放学归来的儿童；可是当他和情人分别的时候，却像上学去一般满脸懊丧②。

又如《空爱一场》：

> 公　　　主　……我的朋友森林管理员，我们该躲进去等着射杀猎物的那个小丛林是在哪里呢？
>
> 森林管理员　就在附近，那边那个树林的边沿上；那是你可以射击得

---

① 威廉·阿契尔. 剧作法 [M]. 吴均燮，聂文杞，译. 北京：中国戏剧出版社，2004：61，62.
② 莎士比亚. 莎士比亚悲剧集 [M]. 朱生豪，译. 北京：中央编译出版社，2010：27.

最为漂亮的地方。

公　　主　我要多谢我的美貌,我射击起来都会漂亮,所以你说起最漂亮的射击。

森林管理员　请原谅,公主,我的意思不是这样。

公　　主　怎么,怎么?先赞美我,又说不漂亮?短暂的高兴!不美?使我好心伤!

森林管理员　公主,您美。

公　　主　不,不必再把我来形容:既然不美,你称赞也是没有用。给你,我的镜子(给钱。)——因为你不说谎:说了坏话还要拿钱,这是分外的犒赏。

森林管理员　凡是您所有的没有一件是不好。

公　　主　看,看!行了善事就可保全我的美貌。诽谤美貌的邪说,这时代正该有!肯花钱就会受赞美,纵然生得丑。拿弓来:现在慈悲心肠前去打猎,射得好便要算是射得恶劣。这样我可保全名誉,无论怎样射:没有杀伤,是怜悯心不准我那样做;有所杀伤,那只是表现我的本领,为要争取采声,不是有意屠害生灵。毫无疑义,这样的情形是时常有的,光荣染上了丑陋的罪恶的气息,为了名声,为了赞美,表面的虚荣,我们不惜违反良心向它屈膝折躬;我现在要把那可怜的小鹿来射,也只是为了美名,不是有心作恶。[①]

但我们一定要记住,台词是为特定的剧中人设计的,是由特定的剧中人说出的。所以,台词不能随心所欲地写,而是要符合人物的身份、性格、处境等,是具体情境中人物的话语,承担着推动情节、塑造人物形象等功能。下面,我们分别从台词中的情节与人物、台词中的细节两个方面进行介绍。

1. 台词中的情节与人物

台词中也有不少描述性的句子,用来交代情节的发展。但更多的时候,剧

---

① 莎士比亚. 莎士比亚全集:第2集 [M]. 梁实秋,译. 海拉尔:内蒙古文化出版社,1996:244-245.

作者通过对话来展开情节。下面这段对话，发生在周朴园与鲁侍萍之间，一个已经认出对方，一个尚未认出对方：

周朴园　三十年前，在无锡有一件很出名的事情——
鲁侍萍　哦。
周朴园　你知道么？
鲁侍萍　也许记得，不知道老爷说的是哪一件？
周朴园　哦，很远的，提起来大家都忘了。
鲁侍萍　说不定，也许记得的。
周朴园　我问过许多那个时候到过无锡的人，我想打听打听。可是那个时候在无锡的人，到现在不是老了就是死了，活着的多半是不知道的，或者忘了。
鲁侍萍　如若老爷想打听的话，无论什么事，无锡那边我还有认识的人，虽然许久不通音信，托他们打听点事情总还可以的。
周朴园　我派人到无锡打听过。——不过也许凑巧你会知道。三十年前在无锡有一家姓梅的。
鲁侍萍　姓梅的？
周朴园　梅家的一个年轻小姐，很贤慧，也很规矩，有一天夜里，忽然地投水死了，后来，后来，——你知道么？
鲁侍萍　不敢说。
周朴园　哦。
鲁侍萍　我倒认识一个年轻的姑娘姓梅的。
周朴园　哦？你说说看。
鲁侍萍　可是她不是小姐，她也不贤慧，并且听说是不大规矩的。
周朴园　也许，也许你弄错了，不过你不妨说说看。
鲁侍萍　这个梅姑娘倒是有一天晚上跳的河，可是不是一个，她手里抱着一个刚生下三天的男孩。听人说她生前是不规矩的。
周朴园　（苦痛）哦！
鲁侍萍　她是个下等人，不很守本分。听说她跟那时周公馆的少爷有点不清白，生了两个儿子。生了第二个，才过三天，忽然周少爷不要了她，大孩子就放在周公馆，刚生的孩子抱在怀

> 　　里，在年三十夜里投河死的。
> 周朴园　（汗涔涔地）哦。
> 鲁侍萍　她不是小姐，她是无锡周公馆梅妈的女儿，她叫侍萍。
> 周朴园　（抬起头来）你姓什么？
> 鲁侍萍　我姓鲁，老爷。
> 周朴园　（喘出一口气，沉思地）侍萍，侍萍，对了。这个女孩子的尸首，说是有一个穷人见着埋了。你可以打听得她的坟在哪儿么？
> 鲁侍萍　老爷问这些闲事干什么？
> 周朴园　这个人跟我们有点亲戚。
> 鲁侍萍　亲戚？
> 周朴园　嗯，——我们想把她的坟墓修一修。
> 鲁侍萍　哦——那用不着了。
> 周朴园　怎么？
> 鲁侍萍　这个人现在还活着。
> 周朴园　（惊愕）什么？

在上述台词中，剧作者让二人在对话中展开对往事的回溯，但在回溯的过程中，生活的不同处境让两个人对同一件事的态度截然不同。于是，这些台词既承担了交代情节的功能，又进一步推动了情节发展，展示人物的复杂人性。特别是，对话在观众知情，而剧中人分别只知道部分真相的情况下展开，是戏剧性很强的一个片段。

在台词承担推动情节发展的功能上，也意味着台词的动作性特征。剧情的进展常常跟外部的动作有关，但内部动作（即人物的心理展现）也是非常重要的戏。比如，《哈姆雷特》中，哈姆雷特在犹豫要不要杀叔父的那场内心独白戏：

> 　　他现在正在祈祷，我正好动手；我决定现在就干，让他上天堂去，我也算报了仇了。不，那还要考虑一下；一个恶人杀死我的父亲；我，他的独生子，却把这个恶人送上天堂。啊，这简直是以恩报怨了。他用卑鄙的手段，在我父亲满心俗念、罪孽正重的时候乘其不备把他杀死；虽然谁也

不知道在上帝面前，他的生前的善恶如何相抵，可是照我们一般的推想，他的孽债多半是很重的。现在他正在洗涤他的灵魂，要是我在这时候结果了他的性命，那么天国的路是为他开放着，这样还算是复仇吗？不！收起来，我的剑，等候一个更残酷的机会吧；当他在酒醉以后，在愤怒之中，或是在荒淫纵欲的时候，有赌博、咒骂或是其他邪恶的行为的中间，我就要叫他颠踬在我的脚下，让他幽深黑暗不见天日的灵魂永堕地狱。我的母亲在等我。这一服续命的药剂不过延长了你临死的痛苦①。

在这段台词里，有潜在的令人惊心动魄的杀与不杀的外部动作，也有令人深深为之叹息的内部动作，在展示情节的过程中，也非常好地表现了人物的性格。

2. 台词中的细节

细节从来都是关键的。但是，与影视剧本可以通过镜头来展示细节不同，戏剧的舞台展示性决定了戏剧最好通过台词来使用细节。下面我们来看曹禺在戏剧中如何运用细节。

第二幕，先用台词交代：

> 周蘩漪　（忽然想起来）有，你跟老爷回完话之后，你出去叫一个电灯匠来，刚才我听说花园藤萝架上的旧电线落下来了，走电，叫他赶快收拾一下，不要电了人。

第四幕，用舞台提示进行暗示：

> ［外面还隐隐滚着雷声，雨声淅沥可闻，窗前帷幕垂下来了，中间的门紧紧地掩了，由门上玻璃望出去，花园的景物都掩埋在黑暗里，除了偶尔天空闪过一片耀目的电光，蓝森森的看见树同电线杆，一瞬又是黑漆漆的。］

接着用人物动作、台词进行强调：

---

① 莎士比亚. 莎士比亚悲剧集［M］. 朱生豪，译. 北京：中央编译出版社，2010：144.

[外面闪电，朴园回头望花园。]
　　周朴园　藤萝架那边的电线，太太叫人来修理了么？
　　仆　　人　叫了，电灯匠说下着大雨不好修理，明天再来。
　　周朴园　那不危险么？
　　仆　　人　可不是么？刚才大少爷的狗走过那儿，碰着那根电线，就给电死了。现在那儿已经用绳子圈起来，没有人走那儿。

有了这些伏笔，然后才是后来的四凤、周冲先后触电。整个剧情的张力非常足。所以，设计好细节，用好细节，可以取得非常好的戏剧效果。

最后，在语词的选择上，我们不妨牢记亚里士多德的劝告。他在《诗学》里强调，"言语的美在于明晰而不至流于平庸。用普通词组成的言语最明晰，但却显得平淡无奇。……使用奇异词可使言语显得华丽并摆脱生活用语的一般化。……但是，假如有人完全用这些词汇写作，他写出的不是谜语，便是粗劣难懂的歪诗"，又说，"露骨地使用延伸词是荒唐的。使用所有类型的奇异词都要注意分寸，因为若是为了逗人发笑而不恰当地使用隐喻词、外来词和其他类型的奇异词，其结果也同样会让人觉得荒唐"。所以，在语言的运用上，我们要学会兼用这两类词汇，在确保清晰的同时，又有独特的言语色彩。亚里士多德还建议我们，"在作品中平缓松弛、不表现性格和思想的部分，诗人应在言语上多下功夫，因为在相反的情况下，太华丽的言语会模糊对性格和思想的表达"[①]。这都是非常经典而实用的忠告，在我们练习台词写作时应时时回顾。

参考文献

[1] 巴金. 家 [M]. 北京：人民文学出版社，1962.

[2] 布罗凯特. 世界戏剧艺术欣赏——世界戏剧史 [M]. 胡耀恒，译. 北京：中国戏剧出版社，1987.

[3] 狄德罗. 狄德罗美学论文选 [M]. 北京：人民文学出版社，1984.

[4] 董健，马俊山. 戏剧艺术十五讲 [M]. 北京：北京大学出版社，2004.

[5] 谭霈生. 论戏剧性 [M]. 北京：北京大学出版社，1981.

[6] 老舍. 老舍剧作选 [M]. 北京：人民文学出版社，1978.

---

① 亚里士多德. 诗学 [M]. 陈中梅，译注. 北京：商务印书馆，2005：156，157，170.

[7] 李渔. 闲情偶寄 [M]. 江巨荣, 卢寿荣, 校注. 上海: 上海古籍出版社, 2000.

[8] 罗伯特·科恩. 戏剧 [M]. 费春放, 主译. 上海: 上海书店出版社, 2006.

[9] 亨利克·易卜生. 易卜生的工作坊 [M]. 汪余礼等, 译. 武汉: 武汉大学出版社, 2016.

[10] 乔治·贝克. 戏剧技巧 [M]. 余上沅, 译. 北京: 中国戏剧出版社, 2004.

[11] 熊佛西, 余上沅, 田汉, 等. 编剧原理 [M]. 上海: 上海人民出版社, 2016.

[12] 莎士比亚. 莎士比亚全集 [M]. 梁实秋, 译. 海拉尔: 内蒙古文化出版社, 1996.

[13] 莎士比亚. 莎士比亚悲剧集 [M]. 朱生豪, 译. 北京: 中央编译出版社, 2010.

[14] 曹禺. 家 [M]. 上海: 上海文艺出版社, 1979.

[15] 曹禺. 雷雨 [M]. 北京: 人民文学出版社, 1994.

[16] 亚里士多德. 诗学 [M]. 陈中梅, 译注. 北京: 商务印书馆, 2005.

[17] 威廉·阿契尔. 剧作法 [M]. 吴均燮, 聂文杞, 译. 北京: 中国戏剧出版社, 2004.

[18] 伍蠡甫, 蒋孔阳编. 西方文论选 [C]. 上海: 上海译文出版社, 1979.

思考与练习

1. 请找一个剧本, 边阅读边感受剧本的基本特征。
2. 设计一个三幕剧的剧本提纲, 主题自选。
3. 从个人经历或新闻报道中选择故事素材, 据此创作一部独幕剧。

第七章 新闻写作

新闻写作是指在采访的基础上，及时、全面、真实地用一种文本形式向大众传播新近发生的具有一定新闻价值事件的写作过程。它不同于以形象思维为主的文学创作，也有别于以逻辑思维为主的学术论文写作，它是一种介于两者之间的写作，常常用到文学写作的叙述方法和学术写作的逻辑结构，是用多种写作方法讲述新闻故事的过程。

随着社会的发展，特别是网络的普及和自媒体的快速发展，新闻写作已不再是专业新闻工作者的职责，每一名大学毕业生都应该掌握一定的新闻写作技能，以适应未来工作需要。新闻写作是新闻传播学科的一门专业课程，体裁涉及消息、通讯、新闻特写、现场短新闻、新闻评论等。本章主要介绍日常工作中最常用的消息、通讯、新闻特写的写作方法。

第一节　新闻写作概述

一、新闻的定义

关于新闻的定义，古今中外众多专家学者的见解各不相同，不过，国内大多数学者还是认同陆定一①的说法：新闻是新近发生的事实的报道。

新闻有广义和狭义之分。广义的新闻指各种报道的文章，是消息、通讯、特写、评论等各种体裁的统称；狭义的新闻专指消息，如我国《著作权法》第四条规定："本法不适用于……（二）时事新闻。"这里的"新闻"就是狭义的。

---

① 陆定一（1906—1996），男，江苏无锡人，伟大的共产主义战士，杰出的无产阶级革命家，中国共产党宣传思想战线的卓越领导人。他在《我们对于新闻学的基本观点》一文中指出："新闻的本源乃是物质的东西，乃是事实。就是人类在与自然斗争中所发生的事实。因此，新闻的定义，就是新近发生的事实的报道。"

二、新闻的特点

(1) 真实性。新闻的真实性表现为两个层面：一是指新闻报道的主体事实必须是客观存在的事实；二是新闻报道中的每一个"新闻粒子"也是客观真实的，即报道中的时间、地点、人物、事件、原因及结果都要与事实相符。

(2) 时效性。时效就是速度要快，内容要新。对新人、新事、新情况、新问题，要敏锐地发现，尽快地了解，迅速及时地报道。

(3) 显著性。新闻报道的必须是事实，但并非所有的事实都会成为新闻，因为只有那些在某些方面与众不同的事实才有可能被记者和媒体选中，因而新闻有显著性。

(4) 公开性。新闻一般是通过大众媒介（如报刊、广播电视、网络等）传播的，它的传播对象是不特定的受众。从这个意义上来看，新闻具有完全的公开性，获取新闻不是某些人的特权，是人们应该拥有的基本权利。

三、新闻的种类

(1) 按体裁分。新闻可分为消息、通讯、特写、现场短新闻、评论、报告文学等。

(2) 按内容分。新闻可分为时政新闻、法制新闻、体育新闻、娱乐新闻、经济新闻、社会新闻、文教新闻等。

(3) 按新闻发生地分。新闻可分为国际新闻、全国新闻和地方新闻。

(4) 按新闻事实发生时间分。新闻可分为突发新闻、常规新闻和预告性新闻。突发新闻指出乎人们的意料而突然发生的新闻，如突然发生的灾难、战争或疾病等；常规新闻则是日常性的报道；预告性新闻则是对尚未发生的事实的报道。与前两种新闻相比，预告性新闻把报道的时间点再次前推，事实虽然没有发生，但已经出现了一些征兆，提前报道是为了更好地满足人们对信息的需求。此类新闻在当下媒体报道中占有很高的比重。

(5) 按新闻内容的性质分。新闻可分为"硬新闻"和"软新闻"。"硬新闻"一般指那些关系到国计民生及切身利益的新闻，它们往往带有政策性、全局性，话题严肃、措辞严谨，读者看起来比较"硬"。而"软新闻"则是指那些富有人情味、纯知识、纯趣味性的新闻。一般来说,严肃的高级媒体以刊登"硬新闻"为主,大众化通俗媒体则喜欢"软新闻",而新媒体更偏好"软新闻"。

四、新闻语言

所谓新闻语言,就是报道新闻事实所使用的语言。与文学语言、科技语言和数学语言相比,新闻语言具有客观、确切、朴实、简洁、生动等特点。

(1) 客观。新闻语言的客观性要求语言描述尽量与事实保持一致,多用陈述语气,回避主观判断和感怀强烈的表露。

(2) 确切。确切就是准确、贴切,一是一,二是二,把握事物的本来面貌。

(3) 朴实。新闻是写给普通读者看的,因此新闻语言应尽量朴实、通俗,避免华丽、晦涩的词藻和复杂的句式,要让读者一眼就能看懂。

(4) 简洁。新闻报道要让读者花最少的精力了解更多的信息,因此新闻语言要尽量简洁,说短话,写短句,惜墨如金,减少读者的阅读负担。

(5) 生动。新闻要吸引读者阅读,除了事实本身有价值外,语言还要生动、活泼,使读者有画面感、现场感、带入感,虽不在现场却如身临其境。

要做到语言生动,就要抓住事物的特征,多用动词,合理使用修辞手法,以形象化的语言刻画事物细节。

五、新闻写作的基本方法

(一) 用事实讲故事

新闻报道本身就是讲故事,只是这个故事不是虚构的,而是由一个个事实粒子构成的,用客观、生动的语言讲清楚什么时间、在什么地方、哪些人、发生了怎样的事情,事情的原因及结局如何。故事讲完了,新闻也就写好了。

(二) 善用背景材料

记者到达现场,一般看到的只是正在发生或是刚刚发生的事实,但对于复杂一些的事实来说,要想把它说清楚往往需要翻翻"历史",从与之相关的旧事中寻找材料,以使新闻脉络更清晰、故事更完整、主题更深刻。运用背景材料往往还可以巧妙地表达作者的倾向性。

（三）描述现场情景

新闻事实的发生是有现场的，用生动的语言把现场描述出来，如人物的外貌行为特征、现场的环境状况，使新闻有形有神，读起来才会有现场感和带入感，也增加了新闻的可信度和说服力。

（四）借用直接引语

直接引语就是直接引用新闻当事人的原话。直接引语可以增强新闻的真实性和现场感，使新闻故事更有人情味，引用重要人物的原话还有助于提高新闻的权威性，当记者不便表达观点时，还可借引用人物原话体现自己的倾向。

第二节 消　　息

一、消息的定义

消息是以简要的文字迅速及时地报道新闻事实、传播新闻信息的一种新闻文体，是应用最广泛、传播最快捷的新闻体裁。

消息的主要特点表现为新、快、实、短，即事实新、报道快、新闻实、篇幅短。

消息一般分为动态消息、综合消息和经验消息。大学生写作接触最多的是动态消息。

二、消息的结构和写作方法

消息一般包括标题、消息头（电头）、导语、主体（文字、图片或视频）、结尾。

（一）标题

标题就是写在文章的最前面，高度精练的、用来揭示消息内容和主题的文字。标题根据排版的行数多少可分为单行题、双行题和多行题。一般来说，广播电视和网络新闻的标题多用单行题,报刊的新闻标题多种多样,既有单行,也有双行或多行。标题根据表达的内容又可分为实题和虚题。实题是指标题里直接叙述新闻事件;而虚题则是运用比喻、象征、拟人等修辞手法间接说明新闻事件或揭示主题。一般来说,当消息的主标题是虚题时,往往需要加一个副标题,以补充说明新闻事件。

例一:

    发展智慧农业 培育乡村发展新动能①

      （单行题）

例二:

    一带一路助推产业和服务双升级（引题）

    海南"国际范儿"更浓了（主标题）②

      （双行题）

例三:

    5年脱贫6853万人,减贫幅度达70%（引题）

    决胜全面小康的"脱贫答卷"（主标题）

    ——写在第五个国家扶贫日到来之际（副标题）③

      （多行题）

例四:

    英国大学,有了首位华裔校长④

      （实题）

---

① 韩冰,李小丰,等. 发展智慧农业 培育乡村发展新动能 [N/OL]. 中央电视台新闻联播,2018-10-28. http://tv.cctv.com/2018/10/28/VIDEyRxCEJEe4eP34oajUXEt181028.shtml? spm=C31267.PFsK-SaKh6QQC.S71105.21.

② 闫旭. 海南"国际范儿"更浓了 [N/OL]. 人民日报,2018-10-29 (1). http://paper.people.com.cn/rmrb/html/2018-10/29/nw.D110000renmrb_20181029_3-01.htm.

③ 赵永平,常钦. 决胜全面小康的"脱贫答卷"——写在第五个国家扶贫日到来之际 [N/OL]. 人民日报,2018-10-17 (10). http://paper.people.com.cn/rmrb/html/2018-10/17/nw.D110000renmrb_20181017_1-10.htm.

④ 张代蕾,顾震球. 英国大学,有了首位华裔校长 [N/OL]. 新华每日电讯,2018-10-29 (5). http://mrdx.cn/content/20181029/Articel05003BB.htm.

例五：

奋楫扬帆 阔步前行
——思明区全面深化改革开放奋进新时代纪实①
（主标题为虚题，副标题为实题）

拟制消息标题的方法很多，如叙述法、对比法、修辞法、引用法等。

例一：（叙述法）　地铁2号线最长区间隧道双向贯通②

例二：（对比法）　从"深圳速度"到"中国高度"
　　　　　　　　——深圳经济特区创新发展纪实③

例三：（对比法）　"煤老板"变身"科技人"④

例四：（修辞法）　凝心聚力促发展 担当在肩展作为
　　　　　　　　——海沧区召开区委四届六次全会，努力谱写坚持高质量发展落实赶超新篇章⑤

例五：（修辞法）　开启10＋1＞11的新篇章
　　　　　　　　——写在第十五届中国—东盟博览会开幕之际⑥

例六：（引用法）　"我们对中国经济的前景是乐观的"⑦

（这个标题就直接引用了习近平总书记在出席博鳌亚洲论坛2018年年会时的发言。）

例七：（引用法）　江苏给力文化强省⑧

（这里的"给力"用的是网络流行语）

---

① 吴晓菁，吴燕如，夏思萱．奋楫扬帆 阔步前行——思明区全面深化改革开放奋进新时代纪实［N/OL］．厦门日报，2018-10-29（A01）．http：//epaper.xmnn.cn/xmrb/20181029/01.pdf．

② 殷磊，李琳，许惠蓉．地铁2号线最长区间隧道双向贯通［N/OL］．厦门日报，2018-10-11（A02）．http：//epaper.xmnn.cn/xmrb/20181011/02.pdf．

③ 孙飞．从"深圳速度"到"中国高度"——深圳经济特区创新发展纪实［N/OL］．新华每日电讯，2018-10-08（1）．http：//mrdx.cn/content/20181008/Articel01003BB.htm．

④ 周亮，王长山，白靖利．"煤老板"变身"科技人"［N/OL］．新华网．http：//www.xinhuanet.com/fortune/2018-09/11/c_129951381.htm．

⑤ 林岑，熊东帆．凝心聚力促发展 担当在肩展作为——海沧区召开区委四届六次全会，努力谱写坚持高质量发展落实赶超新篇章［N/OL］．厦门日报，2018-10-11（A02）．http：//epaper.xmnn.cn/xmrb/20181011/02.pdf．

⑥ 王念，潘强．开启10+1＞11的新篇章——写在第十五届中国—东盟博览会开幕之际［N/OL］．新华每日电讯，2018-10-11（3）．http：//mrdx.cn/content/20180912/Articel03002BB.htm．

⑦ 张旭东，韩洁，王希．"我们对中国经济的前景是乐观的"——当前中国改革发展述评之一［N/OL］．新华每日电讯，2018-10-9（1）．http：//mrdx.cn/content/20181009/Articel01003BB.htm．

⑧ 赵京安．江苏给力文化强省［N/OL］．人民日报，2010-11-10（1）．

（二）消息头

消息头也称电头，是指正文前用来交代新闻来源、发稿单位和时间、地点、类别的文字。如"新华社北京5月1日电"。本报记者、通讯员采写的稿件，一般使用"本报讯"。如果对通讯社稿件做了某些删节，应用"据××社×地×月×日电"。消息头一般放在正文之前，但有时也可放在稿件的末尾。例如：

我市管道天然气价格后天起上调[①]

本报讯（记者 王颖达）记者从市发改委获悉，根据福建省物价局通知要求，从2018年11月1日起，我市管道天然气居民用气第一档价格将从3.29元/立方米上调至3.61元/立方米。

（三）导语

导语是消息的开头用简短的文字概括最主要、最核心、最新鲜、最有吸引力的新闻事实的部分。它是消息的精华所在，主要作用就是用最少的语言传播最重要的信息。

下面消息的第一段就是导语，简要概括了这篇消息的主要内容，读者可通过导语的阅读了解核心事实，对于时间紧张的读者来说，导语也许就是他这篇稿件的阅读终点。例如：

习近平同法国总统马克龙互致贺电 庆祝中法海洋卫星发射成功[②]

新华社北京10月29日电 国家主席习近平10月29日同法国总统马克龙互致贺电，祝贺中法海洋卫星发射成功。

习近平在贺电中指出，航天合作是中法全面战略伙伴关系的重要内容。中法海洋卫星成功发射是两国航天合作最新成果，将在全球海

---

① 王颖达. 我市管道天然气价格后天起上调［N/OL］. 厦门晚报，2018-10-30（A3）. http：//epaper. xmnn. cn/xmwb/20181030/03. pdf.
② 新华社. 习近平同法国总统马克龙互致贺电 庆祝中法海洋卫星发射成功［N/OL］. 人民日报，2018-10-30（1）. http：//paper. people. com. cn/rmrb/html/2018-10/30/nw. D110000renmrb_20181030_1-01. htm.

洋环境监测、防灾减灾、应对气候变化等领域发挥重要作用。中方高度重视中法关系，愿同法方一道努力，推动深化两国各领域交流合作，推动紧密持久的中法全面战略伙伴关系不断迈向更高水平，更好造福两国和两国人民。

马克龙在贺电中表示，法中海洋卫星成功发射标志着两国航天合作迈出重要一步。该项目凝聚着两国航天机构和科研人员的辛勤努力，再次体现了法中两国推动国际社会共同应对气候变化挑战的积极意愿。航天合作是法中战略合作的重要组成部分，法方愿同中方一道，继续深化两国在航天和应对气候变化领域的交流合作。

导语的写法多种多样，常用的方法有叙述法、描写法、评论法、设问法、对比法等。

（1）叙述法。开门见山，以精练语句概括事实，突出最主要、最新鲜、最有吸引力的内容。如上面《习近平同法国总统马克龙互致贺电 庆祝中法海洋卫星发射成功》这篇稿件的导语就采用叙述法，直击事件的核心。

（2）描写法。用简洁而形象的语言对新闻现场或新闻人物进行描写，给读者以现场感和生动感。下面稿件的导语先用一段话描写新闻事件发生的环境，起着交代环境、铺垫气氛的作用，增强现场感。例如：

帕米尔高原上，姑丽扎尔县长的心事[①]

清如碧玉的塔什库尔干河一头扎进混浊的叶尔羌河，往东边的塔里木盆地奔腾而去。

站在桥上，姑丽扎尔·阿布热合曼对我们说："还剩最后一段路了。"

沿着塔什库尔干河岸边的峭壁，我们的车队已经颠簸了3个小时。目的地大同乡是"新时代国门行"新疆小分队在塔什库尔干县调研的最后一站。那里是姑丽扎尔的家乡，也是塔什库尔干塔吉克族自治县最贫困的地方。

姑丽扎尔现任塔什库尔干县长，工作忙碌的她回大同乡的机会不多。

[①] 李坤晟，王其冰. 帕米尔高原上，姑丽扎尔县长的心事 [N/OL]. 新华每日电讯，2018-10-29（5版）. http://mrdx.cn/content/20181029/Articel05002BB.htm.

这次因为保障小分队采访回大同,姑丽扎尔早早买好给乡亲们的冰糖和奶茶。

……

(3) 评论法。在陈述事实的基础上进行评议,以突出新闻事实的内涵和意义,升华新闻主题。下面新闻稿件的导语里通过概括主要事实得出结论:"天体大十字"的预言是假的。例如:

"天体大十字"预言宣告破产[①]

新华社北京1999年8月18日电 (记者 姜岩 南振中) 世界各地的天文学家证实,8月18日没有发生特殊的天文现象,更没有发生地球毁灭这样的大劫难。世界各地的人们像往常那样度过了平静的一天,"天体大十字"这一"末世论"预言宣告破产。

400多年前,法国的诺查丹玛斯写了一本名叫《大预言》的书,其中提到1999年地球将出现大劫难。到了本世纪70年代,日本人五岛勉对这本书进行了解释,说在1999年8月18日太阳、月亮和九大行星将组成一个十字架的形状,并称这种"恐怖大十字"将给地球带来毁灭性灾难。

……

(4) 设问法。消息的开头先提出一个或几个能引起读者兴趣的问题,然后给出答案,这就是设问式导语。下面的稿件在引出话题时一连发出两个问题,不仅可以引起读者思考,也可以吸引读者进一步阅读。例如:

厦门高分学生依旧青睐"清北"

晨报讯 (记者 许蔚菡) 高考成绩公布了,28日志愿填报开始。清华、北大、香港高校……高分考生最青睐哪一所呢?昨日,根据记者随机询问及从厦门各学校老师处了解到:清华大学和北京大学依旧是高分学生的首选。不过,是清华还是北大?"这几天正在博弈中,学生们希望能从这两所学校争取到尽可能多的'好处'。"厦门一中郭老师说。

(稿件来源:《海西晨报》,2019年6月26日第A05版)

[①] 刘宝全. 精心雕琢出精品——评《"天体大十字"预言宣告破产》[J]. 新闻知识,2010 (2).

（5）对比法。把新闻事件中涉及的人物、地点或事物与其他的人物、地点或事物作对比，使之产生强烈的反差或相映成趣，以强调新闻要素的价值所在。下面的新闻里，一个面积只有 3.68 平方公里的小镇，却要去倾听庞大的地球的脉搏，这一大一小的对比一下子就吸引住了读者的眼光。例如：

这个中国小镇，胸怀"大地球"[①]

在浙江省德清县著名风景区莫干山脚下，一座 3.68 平方公里的小镇正试图倾听地球的脉搏。

位于莫干山国家高新区的德清地理信息小镇，自 2011 年开始酝酿建设，力图打造国际地理信息产业集聚区。目前，小镇已引进各类地理信息企业 200 余家，并集纳了中科院微波特性测量实验室、武汉大学技术转移中心、浙江大学遥感与 GIS 创新中心、中欧感知城市创新实验室等科技创新载体，一条涵盖数据获取、处理、应用、服务的产业链已现雏形。

……

（四）主体

主体是消息的躯干，是具体描述新闻事件的部分，它紧接导语之后，是为读者提供新闻信息的核心部分。

主体的写作要点有以下几个。

第一，围绕主题选择材料和事实；

第二，叙述事实清晰、完整、有条理；

第三，突出重点要素，善用背景资料。

（五）结尾

结尾就是消息的结束语，可以单独成段，也可以是一句话。结尾用于交代事情的结局、回顾与反思、总结经验或者提出发人深省的问题，是对主题的深化与提升，可使消息稿件在逻辑结构上更加完整，增强读者的阅读体验。

根据不同的新闻事件，结尾可采用总结式、议论式、号召式、追问式、抒情式、描写式、引语式、回应式等。下面的例文《共享汽车随意停放 私家车

[①] 翁忻旸. 这个中国小镇，胸怀"大地球"［N/OL］. 新华每日电讯，2018-10-15 (8). http：//mrdx. cn/content/20181015/Articel08002BB. htm.

主被堵 1 小时》使用了回应式结尾,而例文《驴友坠落九峰山 20 米悬崖 8 小时紧急救援》则采用了总结式和号召式结尾。

三、消息的结构方法

消息的写作结构一般有两种方法,即倒金字塔法和逻辑顺序法。

(一)倒金字塔法

倒金字塔是消息写作最常用的方法,它按照事实的重要程度或受关注程度的大小依次安排事实的要素,就像倒立的金字塔。一般用于事件性消息。例如:

共享汽车随意停放 私家车主被堵 1 小时[①]

运营公司表示对此行为也很苦恼 后期将考虑出台奖惩措施

楚天都市报讯(记者 刘闪 刘中灿)昨日早上,武昌火车站东广场停车场内,一辆共享汽车随意停放,挡住了停在车位内的私家车 1 个多小时。车主叶先生气愤不已,呼吁用户要文明用车,共享汽车公司更应加强管理。

昨日早上 7 时 30 分许,叶先生驾车去武昌火车站接客人,把车停在东广场的地面停车场。20 分钟后,他接到客人回来发现,自己的车前方横着停了一辆首汽 Go Fun 共享汽车,正好挡住了他的车和旁边另一辆车的外出路线。

接客人回去等着有急事,车子却被困在停车场,叶先生十分着急。他打了 Go Fun 车身的客服电话,客服人员说联系运维人员处理,可迟迟不见人来,自己也没收到客服反馈消息。叶先生又向停车场工作人员反映,工作人员打了几个电话,也没联系上共享汽车的工作人员。叶先生等人试图将车推开却推不动,就这样等了 1 个小时,能想的办法都想了,还是束手无策。"共享汽车本是为了方便市民出行,结果挡住了别人的出行,就连找人挪车也找不到!当时我气得连砸车的心都有了。"叶先生告诉楚天

[①] 刘闪, 刘中灿. 共享汽车随意停放 私家车主被堵 1 小时 [N/OL]. 楚天都市报, 2018-10-28 (1). http://ctdsb.cnhubei.com/html/ctdsb/20181028/ctdsb3290791.html.

都市报记者。

叶先生车的后方停了一辆神州租车的汽车,所幸附近有一家该公司的门店。停车场工作人员找到门店,麻烦神州租车的店员把车挪走。直到9时许,叶先生才得以倒车离开停车场。此时,Go Fun 共享汽车工作人员依然没有到场,也没有联系叶先生。

昨日上午9时30分,记者赶到事发停车场时,那辆随意停放的共享汽车已经被人开走,停车场内还有几辆 Go Fun 共享汽车。停车场工作人员介绍,早上叶先生的车被挡住了1个多小时,后来,那辆乱停的共享汽车是被别的用户租走了。

停车场工作人员也很苦恼,说部分用户为了赶火车,把共享汽车开到停车场见一时没有车位,就直接走人,完全不考虑是否挡了其他人的道。后期他们将与共享汽车运营方联系沟通,希望他们重视用户停车行为,防止再次出现类似问题。

记者随后向 Go Fun 共享汽车所属的北京首汽智行科技有限公司反映此事。工作人员称,在用户手册里已告知停车要求,出现乱停现象主要是用户自身行为,公司确实无法约束。对于部分用户的不文明使用行为,公司也很苦恼,下一步将考虑出台奖惩机制,加强管理。

这则消息讲述了共享汽车乱停放的问题,记者按照事实重要性的大小,先写最核心的部分,即导语里所述的被共享汽车堵1个多小时的事,然后依次讲述共享汽车客服不到位、租车公司配合才开出停车场等事实,最后还记叙了记者反馈问题的信息。

(二)逻辑顺序法

这种结构就是按照事情发生发展的逻辑顺序(如时间、主次、因果、位置等)来写。例如:

驴友坠落九峰山 20 米悬崖 8 小时紧急救援[①]

早报讯(记者 冯泾)国庆黄金周期间,两名大学生刚刚"领教"了

---

① 冯泾. 驴友坠落九峰山 20 米悬崖 8 小时紧急救援 [N/OL]. 天府早报,2018-10-30(5). https://e.thecover.cn/shtml/tfzb/20181030/91673.shtml.

彭州九峰山的凶险，10月28日，一名女士又通过"驴友群"加入了一场登山活动，活动中不慎失足掉下了近20米的悬崖，好在多方力量及时营救，最终化险为夷。10月29日，天府早报记者从彭州警方获悉，这已是本月第二次九峰山救援。

10月27日，张女士与女儿等一行14人相约从成都来到彭州攀登九峰山，并于当日登顶。28日11时8分，张女士在下山途中因负重且体力不支不慎从海拔约3000米的观音崖处坠崖，坠崖高度约20米。张女士女儿拨打电话报警后，白水河派出所民警会同消防大队、医护人员及九峰村救援人员立即上山救援。

在救援途中，救援人员相继从几名驴友口中得知坠崖女子的大概位置以及同行人员，并加速前行。14时20分许，救援人员到达现场，发现坠崖女子已被同行的几名驴友抬到平坦的地方等候救援人员。同行医护人员立即对受伤女子进行检查，同时向其他驴友了解女子受伤时的情况。

经过初步检查，张女士右大腿内侧有约15公分长的开放性撕裂伤，深可见骨，头部左侧两处伤口，全身多处擦伤，身体无法动弹，经医护人员现场包扎，救援人员使用担架将张女士抬下山。

上山容易，下山难，这次救援行动就是如此。本来就狭窄的山路还要抬着担架下山，再加上有些地方根本没有路，简直是难上加难，原本一个小时的山路，却整整花了三个小时才走完。经过近8小时的紧急救援，救援人员于19时10分将伤者张女士送上120救护车，在其女儿的陪同下前往医院救治，伤者暂无生命危险。

彭州警方特别提示说，九峰山山高坡陡，在汶川大地震中受损严重，山体不稳，并且山中气候多变，请大家珍爱生命，勿贸然进山。

这篇稿件的主体是按照时间先后和救援进度来写的，读者仿佛跟随救援队一步一步展开救援，现场也跟着转换，逻辑顺序非常清晰。

四、消息的写作技巧

写作消息时如果能注意下面几个技巧，可以大大提高写作效率和质量。

（1）讲好故事。这里有两层意思，一是选择那些有意义、有价值、对读者有吸引力的新闻事实进行报道；二是用多种手法把事实的前因后果、来龙去脉客观完整地写下来，把故事讲好。

（2）精写导语。导语是消息的开始，是读者在标题之后准备深度阅读的起点，简明扼要地交代事实的核心部分，既让读者以最少的精力获得最多的信息，又能吸引读者继续阅读。

（3）争分夺秒。记者倚马可待，消息迅速成文，在第一时间抢发争取更多的读者，这是消息的内在要求，新媒体时代尤其如此。实践表明，首发稿件的点击量和阅读率远远超过次发稿件，步人后尘的报道味同嚼蜡，往往少人问津。

（4）多媒互动。互联网时代的新闻传播只靠文字单打独斗不行，往往需要多种媒介形式配合使用，文字稿件完成后再配若干张照片，或者链接一段短视频（音频），既能丰富消息信息，还可以缓解读者的阅读疲劳，增加点击量。

第三节 通 讯

一、通讯写作概述

（一）通讯的定义

通讯是综合运用叙述、描写、抒情、议论等多种表达手法，对新闻事件的发生、发展和结果或者人物事迹进行比较详尽、生动报道的新闻体裁。

（二）通讯的特点

虽然通讯与消息一样都属于新闻报道，都具有真实、客观、及时等特点，但通讯对新闻事实进行比较详细、深入的报道，更有感染力。

（1）叙述的生动性。通讯综合采用叙述、描写、柔情、议论等多种表达手法。为了突出人、事的特征，有时还使用一些文学手法，在报道新闻事实的过程中，用形象的语言再现新闻现场，突出人物个性，表达思想情感。

（2）报道的完整性。与消息相比，通讯对事件的叙述更详细、更完整，记者采访更深入，体现更多的细节，在时间、地点、环境、人物、事件、原因、结果和意义等方面均有较完整的描述。

（3）篇幅较长。因为通讯包含了更多、更详细的内容，所以一般篇幅都比较长，少则千把字，多则数千字甚至上万字。如新华社长篇通讯《把百姓的事放在心里——习近平总书记在河北正定工作的难忘岁月（一）》，洋洋洒洒1万字，整个系列报道共有5篇，长达近5万字。不过一般来说，大学生写作通讯篇幅控制在1500字左右为宜。

（4）通过对事实的报道和评论揭示主题。与消息的客观报道不同，通讯可以夹叙夹议，通过对新闻事件的评述阐发思想和道理，从而揭示新闻主题。不过，通讯的评论并不是纯粹的议论，而是通过描写、叙述、抒情等表现手法实现的，是结合新闻事件进行的，重在以理服人、以情感人。

（5）时效性稍弱。由于通讯报道的事件一般主题重大，情节复杂，采写需要较长时间，因此通讯报道的时效性也不及消息那么强。20世纪60年代的新闻名篇《县委书记的榜样焦裕禄》，从采访到文章发表共花了10个月的时间，而记者采访时，主体新闻事件也已经是两年前的事了。当然，现代传播手段高度发达，媒体竞争日益激烈，读者对通讯时效性的要求也越来越高了，时效性也越来越强了。

（三）通讯的种类

根据报道的对象和方法，通讯可分为三类，即人物通讯、事件通讯和工作通讯。

（1）人物通讯以典型人物为报道对象，通过报道先进事迹，反映人物成长经历，展现其精神风貌和人格魅力，在平凡中见伟大，以反映时代主题，感染并教育读者。如《县委书记的榜样焦裕禄》《"樵夫"的魔力——追记全国优秀县委书记廖俊波》《人民的好医生李月华》等都是优秀的人物通讯名篇。

（2）事件通讯是指较详尽地报道典型新闻事件的新闻体裁。事件通讯重在选择典型事件，全面、深入地报道事件的来龙去脉，挖掘事物之间的内在联系，寻求事件的起因与产生的影响，揭示其社会意义。

（3）工作通讯以报道实际工作为主，通过报道经验、探讨问题、总结教训来指导工作和思想。工作通讯通常用于介绍某单位、某部门的工作经验和做法，批评或揭露工作中存在的问题，或对当下出现的新情况、新问题进行分析与探索，以发挥典型的示范效应，提请有关部门警醒，应对新时局的变化。

二、通讯写作的基本要求

（一）认真提炼主题

通讯的主题就是稿件的灵魂，也是体现新闻报道的价值所在。一篇好的通讯，主题应该正确、深刻、鲜明、集中、新颖，具有很强的现实意义和浓郁的时代特色。

（二）精心安排结构

通讯报道内容多，时间跨度大，需要的材料也比较多，精心组织这些材料直接关系到写作的成败。合理选择线索，注重逻辑关系，适度的特写和细节，生动曲折的情节，丰满立体的人物形象，起承转合的前后顺序，这些都是在组织材料、安排结构时应注意的问题。切忌堆砌材料、简单罗列。

一般来说，组织结构的方法有纵式结构、横式结构、纵横结合式结构。纵式就是以时间的变化和事物发展的顺序来写，也可根据记者对人或事的认识进程来组织材料、安排层次；横式结构就是以事物的空间变化顺序来组织材料，或分几个方面展示事物的不同侧面；纵横结合式结构是将前两种方法交错使用，既有时间的维度，也有空间的线索，纵横捭阖，时空交错。

（三）创新表达方式

通讯是表达方式最多样的一种新闻体裁，它既有叙述、描写、抒情、广义表现手法，也可适当借鉴文学、政论、影视、美术等艺术手法，语言生动灵活，感情色彩较浓，表达方式多种多样。

作为新闻体裁，表达方式的使用最终要为报道新闻事件服务，满足新闻传播的基本要求。因而叙述要具体清晰，描写要细腻生动（如语言、运作、肖像、细节等），议论要简要中肯、抒情要真诚适度，切忌情感宣泄、无病呻吟。例如：

抢 财 神[①]

——河南农村见闻

穆青 周原

我们听说,扶沟县曾发生抢"财神"的事,情节非常生动。这次我们到了扶沟,就专门去访问了这个"财神"。

豫东地区像扶沟这样的地方,过去种棉花只有亩产几十斤,种植技术一直过不了关,棉花不是落铃,就是虫害,结桃结得也不好。实行责任制以后,大家都要求技术员去指导。所以技术员身价百倍。

扶沟县有这么一个技术员,他名叫刘凤理,是正规农业大学毕业的,过去很长时间说他走白专道路,批得够呛。实行责任制以来,他变成最吃得开的人了,到处去抢他。他到哪个队,哪个队的棉花就增产,而且一倍两倍地往上翻,社员很快就富起来了。农民们把他的植棉技术传得很神,干脆不叫他技术员,叫他"活财神"。

有一阵子农民抢得他不敢出门,只好到处躲。农民抢不到人就抢他的被子,说:"我把你的铺的盖的抢走,看你上哪儿去睡觉!"于是在队与队之间又发生了被子的争夺战。从抢被子发展到抢"财神婆"——抢他老婆。农民说,有了"财神婆",就不愁"财神"不回来。结果一两年间"财神婆"就搬了4次家。抢到"财神"的队,为了怕"财神"或"财神婆"跑掉,有的队竟派上民兵站岗放哨。只要"财神爷"一起床,就把他的被子卷起来,放在箱子里锁上,晚上回来,再给开锁、铺好睡觉。

那么多队抢一个"财神",有的抢不到,于是又发展到抢他的徒弟,没有多久,他的一二十个徒弟全部抢光了。最后有一个队实在抢不到了,社员不答应,埋怨队长是窝囊废、没能耐,说别人都抢到了,你为什么抢不到?支部书记、队长被逼得没办法,就去找"活财神"央求:"不管怎样也得给我一个技术员。"让刘凤理想想看,他还有什么同学,还有什么徒弟,哪怕路再远跑上一两天,他们也要把他请来。缠得"活财神"实在没办法了,说:"这样吧,我还有一个徒弟名叫高大套,就看你们要不要。"他们说:"只要有,我们就要!"他说:"这个人瘫痪,在家躺着,不能动,讲本事、讲能力都不差,你把他弄去还是能帮助你增产的。""中,

---

[①] 穆青. 穆青通讯[M]. 北京:新华出版社,2003:223.

瘫子我也要。"于是他们就弄辆架子车硬是把个瘫子从床上拉走了。棉花生长季节,每天用车子推着他到地里来回看,指导社员侍弄棉花,好多人还跟着他学。

一年后,这个队的棉花飞一样地上去了。农民高兴极了,开了一个大会,庆祝棉花丰收,奖励这个瘫痪的"活财神"。那一天,队长奖给他一身"的卡",用红纸包了800块钱,作为他的酬劳,并说了许多感谢的话。

秋收后,快过年了,就用车送他回家过年。刚送走,社员就问支书和队长,跟他说定了没有,明年还得请他到我们这里来,别叫人家给抢走了呀!支部书记和队长说,跟他说定了,他说:"中吧!"农民说,这不行,这话是活的,要定死合同,保证一定要来。结果支部书记和大队长只好又跑回去,跟高大套说:"我们得跟你订合同,不然社员不放心。我们心里也不安。"这样就订了合同。但回去后,有的社员想,这还不行,订了合同,要是别的队不管那些,把他抢走了,合同有什么用?怎么办呢?干脆,再开上拖拉机,把人给接来。结果也没让人家在家好好过个团圆年,又把高大套给接回来了。

刘凤理在大李庄公社培训了20个农民技术员,如今这些技术员都成了农民的宝贝,也是经常被抢来抢去。抢得最紧张的时候,有一名农民技术员竟被锁在生产队的仓库内。

这种抢"财神"的矛盾怎么解决呢?现在有了一个好办法,就是每个农民技术员同一个或几个队订立技术承包合同,保证每亩棉花生产150斤皮棉,超产部分要抽成百分之一二,算做奖励。刘凤理现在到了韭园公社,他正在那里同一个大队订立为期3年的粮棉技术承包合同。他保证3年后,这个大队亩产皮棉150斤,人均生产粮食800斤。

这几年,各生产队跟着刘凤理这位"活财神"在植棉技术上学了几手的约有二三百人,如今这些人都被周围县的农民作为"小财神"请了去。他们的足迹已遍布45个县市。

看样子,农村几千年来保留的传统耕作经验正在被新的科学技术所代替。我国的农村在实行责任制之后,又开始了一个新的技术改革的进程。广大农民在辽阔田野上发动的科学进军,必将对我国四化建设带来强大的推动力。(新华社郑州1982年11月18日电)

《抢财神》这篇通讯写于20世纪80年代初，十一届三中全会启动了农村改革的新进程，中国大地掀起了改革开放的热潮，极大地激发了农民群众劳动致富、科技致富的积极性。作者凭借敏锐的观察和深刻的思考准确地抓取到这一重大主题，通过细腻的描写、流畅的语言生动描绘了河南周口农民争抢"财神"的场景。文章结构精巧，情节跌宕起伏，引人入胜，大量使用叙述、描写等手法，人物形象鲜活，乡土气息浓郁，报道主题突出，读来饶有趣味。这篇通讯在主题提炼、结构安排与写作方法等方面的经验，在今天仍然有很强的示范作用。

三、人物通讯的写作方法

（1）选择典型的物。人物是人物通讯的核心，突出的事迹、鲜明的个性、高尚的情操都可以作为选择报道对象的标准，特别是其言行事迹和思想境界能代表时代特征，对人有启发教育意义。

（2）突出人物个性。通过观察与采访捕捉人物个性特征，说话方式、运作特征、衣着习惯、做事风格、为人处事等都是突显人物个性的窗口。描写人物个性时要实事求是，不能刻意拔高，理想化、艺术化的描写其实是对新闻人物个性的伤害，是新闻失实的表现。

（3）搜集典型事例。人物的事迹与精神风貌是靠具体的事例来表现的，把日常工作生活中最具代表性的事例选择出来加以叙述，可以起到事半功倍的效果，也可以避免大量日常琐事的罗列。在组织这些典型事例时还要按照主题的要求进行分门别类，真正让每一个典型事例都能发挥应有的作用。

（4）呈现矛盾冲突。叙事学研究表明，矛盾冲突既能充分展现人物个性的最好时机，也能抓住读者阅读的兴趣点。因此，通讯写作中也要适当体现人物生活中的矛盾冲突，使人物个性在矛盾中得到充分释放，从而也可以观察他处理矛盾的方法和路径，从中窥见人物品质。

（5）运用侧面描写。描写人物单单依靠从当事人正面获得的信息往往是不够的，为了使人物更真实、更立体，我们还要从侧面补充了解更多的信息，这些侧面包括朋友、同事、家人、师长等，甚至他的"冤家"或"仇人"，正所谓"横看成岭侧成峰"。由四面八方的信息勾勒出来的人物形象才更立体、更真实。例如：

老郭脱贫记①

政府兜了底 致富靠自己

本报记者 马跃峰

贫困户吃低保,别人争得面红耳赤,老郭却总想让出去:"脱贫靠劳动,不能躺在'政策温床'上!"

老郭叫郭祖彬,今年56岁,是河南封丘县王村乡小城村农民。年轻时的老郭并不穷,开四轮,拉红砖,日子过得去。没成想,儿子3岁患病,摘除脾脏,手术费花了1万元。老郭把积蓄拿出来,勉强渡过难关。10年后,儿子再次病发,做心脏搭桥手术花了6万多元。这回,老郭借遍"村里一条街",才凑够医药费。为了还钱,他到天津打工六七年,窟窿没补上,还落下脑梗病。乡邻们忧心地说:"老郭脱贫——猴年马月的事!"

封丘是国家级扶贫开发重点县,建档立卡贫困户1.86万户,5.8万人。该县对因病、因残等7种致贫原因分门别类,采取"1+2+N"帮扶模式,即每户1名帮扶责任人,2项以上扶持政策,家庭成员每人1条帮扶措施。拿老郭来说,安排公益岗位,每月挣400元;孙子享受教育补助,每年1000元;儿媳转移就业卖手机,每月工资1500元。全家享受人身意外险、医疗补充险,阻断"因病致贫"。

政府"兜了底",致富靠自己。封丘县实施产业扶贫项目81个,户均可享产业扶贫资金8000元。村支书郭祖良选定种植中药材,请来中医药大学教授,测土、配方。老郭一听,第一个报名。

4月,是种地黄的最佳季节。可这时麦子已长到腿窝,首批报名的50户农民看不到效益,谁也舍不得铲麦子。

老郭的老伴儿着急了:"万一出不来苗,地黄收不着,麦子也毁了。"

"村支书一心为咱,能把你带到沟里?"老郭坚持己见,并辞去公益岗,专心种药。

第一批10户,种了50亩,老郭种4.5亩。半月后,地黄没出芽。村民议论,老伴数落。老郭一天到地头转几遍,悉心照料。40天,地黄出

---

① 马跃峰. 老郭脱贫记 [N/OL]. 人民日报,2016-12-25(1).

齐，一地绿色。老郭长出一口气："心里石头落了地，我瘦了18斤。"

村支书郭祖良压力更大："万一种不成，咋有脸见乡亲?"他请专家"把脉"指导，成立种植合作社，与安徽企业达成协议，以优惠价回收药材，让农民吃上定心丸。

12月，地黄叶枯，眼看就到收获的季节。为解销路之忧，村党支部组织贫困户到安徽找市场。见中药材需求旺盛，更多贫困户以土地入股，加入合作社。如今，合作社种3种药材，共计400多亩，明年将扩至1000亩。依托中药材产业，村里将建中药材展馆，开设中医疗养一条街，发展"养生小城"特色游。

挖出一根弯弯的地黄，老郭算了笔账：4.5亩药材，纯收入1.8万元。自己在合作社干工，月工资1500元；老伴在合作社除草、浇地，可挣500元；儿子开车耕地，也能收入3600元。加上养猪，全家年收入5.6万多元，家里6口人年人均纯收入9300多元。

这篇通讯写了一位贫困户不甘吃低保、带头种草药致富的故事，是当下精准扶贫政策下一个非常特别的案例，是党的扶贫政策教育、支持、引导的结果，具有很高的新闻价值。作者通过典型事件的选取刻画老郭的人物形象，语言真实，情节曲折，调用背景资料，多侧面反映人物事迹，写出了老郭踏实肯干、自强不息的精气神。该作品荣获第二十七届中国新闻奖一等奖。

四、事件通讯的写作方法

（1）叙事完整，突出重点。事件通讯所记之事一般比较复杂，涉及很多环节，我们可以先对事件进行梳理，厘出轻重缓急、先后次序，简单的环节可以少费笔墨，复杂的环节则需用足版面，在保证事件的完整性的前提下，抓住重点，突出主题。

（2）写人记事，人事结合。事件通讯重在写事，但也离不开人，因为"事在人为"，事情需要人去做，在叙事过程中抓住几个主要人物进行描写，有助于展现事件的来龙去脉，也容易抓住重点，使事件更清晰，更有可读性。不过写人主要是为了记事，不能为了写人而写人。

（3）寓情于事，情景交融。通讯需要一定的情感投入，这既是记者叙事的需要，也是读者阅读的需要。因此，事件通讯应该调动多种表现手法，把复杂的事件与丰富的情感交融在一起，让读者带着情感了解事件，从中体会深刻的道理。

（4）批评问题，讲究分寸。我国的宣传方针是"以正面宣传为主"，但也不回避反映问题和舆论监督。舆论监督应把握分寸，指出问题，分析原因，重在建设，不能唯恐天下不乱，更不能借媒体的公共权力泄私愤、谋私利。涉及公共安全和社会稳定的问题，还要做更周全的考虑。例如：

共享单车停放难倒 13 条热线[①]

刘 冕

"共享单车停到哪儿才合适？"市民张先生算是共享单车的忠实用户，手机里下载了 4 款共享单车软件，他说，"最近半年，我几乎每周骑车六七次，都是用手机扫码，骑上就走，图的就是随时租还的便捷。可除了收费的停车场，自行车停哪儿才算合法，谁能说清楚？在哪儿能查到？"

昨日，记者带着他的疑问先后拨打了 13 个不同部门的热线电话咨询，回复五花八门，但"不知道"和"没有相关信息"成了出现频率最高的两句话。到底正规的自行车公共停车场都施划在哪儿，谁也没说清。

乱停可举报 停哪儿不知道

自行车停车场在哪儿？

记者最先拨通了北京交通运输服务监督电话 12328。接线员 805 号听完问题，给出答案："建议您咨询一下 122，我这边没有自行车停车的信息。"

随后，记者拨打了 122。一遍语音提示听完，直到听筒里传来"您未选择，等候超时，请您挂机"的提示，也没有找到符合自行车停车场咨询的选项。第二遍拨打 122 后，记者选择了 3 号菜单，因为这里包括相关政策咨询，其他选项是事故和紧急报警、拥堵报警等。可最终，还是找不到任何关于自行车的信息。

96310"城管热线"的接线员挺痛快，直言："我们这儿只负责接听举报电话，但是没有停车信息。"

[①] 刘冕. 共享单车停放难倒 13 条热线 [N/OL]. 北京日报，2017-03-22（6）.

哪儿禁停公布了 停哪儿说不清

本周一,西城区市政市容委发布"西城10条大街将禁止停放共享单车"的消息。其中涉及灵境胡同和西安门大街沿线、西黄城根南街、南北长街、府右街、大会堂西侧路、长安街沿线、太仆寺街、兵部洼胡同、石碑胡同。

发"禁令"的部门是否知道车应该停在哪儿呢?

记者先拨打了北京市非紧急救助热线12345,12937号接线员查询后表示,"没有登记(自行车)停车信息"。随后记者希望要到西城区热线电话继续咨询。话务员给出了"您是想要联系电话,还是想要我们去继续核实这个问题"的询问。记者表示两者都需要,并挂机等待回复。

其间,记者通过114查询到北京城市管理委员会的电话,接电话的工作人员说:"这是西城的事儿,我们不是一个单位。"根据她提供的西城区市政市容委办公电话,记者联系到一位工作人员,对方很坦诚地说:"除了10条大街,其他地方就能停。具体哪儿有停车位,可以问问所属的街道。但是施划车位也得有一个过程。"

隔了20分钟,12345回复:已经分别咨询了12328、12341和96156三个热线,给出可能了解信息的西城区交通委联系电话。

单车软件只提示"禁停区"

对于共享单车应该停到哪儿,各企业也大多采取了划"禁区"的方式来描述。比如打开摩拜单车的APP,会跳出"文明北京,绿色出行"的对话框,里面提到请勿将车停在长安街及其街道两侧的胡同、景区、公共设施和机关单位等区域。同时,这款软件给出的正确停车方式是:路边白线、停车圈或单车聚集区域。ofo对于停车的描述是:无固定停车点,结束使用后,将车辆停放至道路两旁的安全区域,方便他人取用。

"禁止是一种管理手段,但更多的应该是疏导,并广而告之哪里可以停车。"市民张先生说。

采访手记 规划好的自行车车位应该亮出来 最近一段时间,不仅对共享单车说"禁"的信息多,给共享单车找地儿的信息也不少。比如广内街道的长椿街北口,街道利用治理"开墙打洞"后腾退出的空间,施划了非机动车停车区域;丰台区西罗园街道也在街道重点地区规划出40个共享单车停放点。可是这些停车位置都在哪儿？却没有哪个部门汇总并公开发布。即使是平日里我们用惯的电子地图，也不会推荐附近的自行车停车区。一辆自行车，随便一放。这事儿听上去不大。但北京各类的共享单车数量已经突破了30万辆。如果成百上千辆的自行车都由着性子乱放，这事儿就成了大事儿。俗话说，勿以善小而不为。给自行车立规矩。一方面要施划禁停区，一方面是找合理停车场。同时，到底在哪儿施划了停车位，自行车停车场能否也有诱导标牌，能否也加到电子地图上去？这事儿确实需要有人站出来、管起来。

这是一篇舆论监督类的事件通讯。报道及时捕捉到共享单车无处可停的新问题，并展开深入调查采访，最终督促政府有关部门开始对"共享单车停放混乱"问题进行治理。采访涉及的部门达十余个，里面包括很多热线"踢皮球"的情况，记者对新闻事实反复核实，力求得到最官方、最权威的答复。同时，稿件通过采访手记的方式，为问题给出解决建议，充分发挥了党报舆论监督的积极作用。整个事件叙述完整，移步换景，层层深入，建设性地指出问题，并发出尽快解决问题的呼吁，积极为城市建设献策。该作品获得第二十八届中国新闻奖二等奖。

五、工作通讯的写作方法

（1）摆出事实，总结经验。工作通讯的主要任务就是把好的经验传播出去，发挥示范效应。所以写作时就要在充分扎实的调查访问的基础上，说明具体工作方法，以较高的理论水平和视角，站在全局的高度概括地提炼带有普遍性、创新性、超前性和示范性的经验。

（2）深入剖析，突出主题。工作通讯要把事情讲清楚，把经验说透彻，以便于人们了解和掌握工作经验，需要记者对事实和问题进行深入的分析，厘清前因后果，指出关键所在。

（3）把握导向，提出思考。工作通讯带有明显的说理性，要求"通天入地"。所谓"通天"，就是把握大局，报道主题应顺应时代主题和国家大政方针；所谓"入地"，就是深入工作实际，新闻报道符合实际情况，遵循工作规律，不能"带着观点找例子"，更不能一味拔高，假、大、空。例如：

新房子只见楼梯不见楼[①]

庞峰伟

【望】

"怪"现象：楼房只见楼梯不见楼

从巴中城区出发，一个半小时才能赶到平昌县得胜镇独柏村。1月17日，记者时隔一年多再次见到贫困户吴禹益。与以前相比，他有了新变化：住上了新房子，人也精神了。

独柏村因一棵古柏得名，由于山高坡陡，前些年很多村民分散居住在山上，房屋老旧，部分还处于地质灾害易发区，该村贫困发生率达16%。"能有个遮风挡雨的安全住所就好！"吴禹益告诉记者，靠易地扶贫搬迁政策，他只花不到6000元就住进了砖混平房，上个月搬家那天，他激动得一宿没睡。

不过，吴禹益的新房看上去"尚未完工"。一段悬空的水泥楼梯引起记者注意：楼梯沿着吴禹益新居的外墙向上攀升，没有护栏，沿着梯步走上去就到了房顶。

为何要建悬空楼梯？村支书蒲贵洲释疑：搬迁前，帮扶部门、设计单位挨家挨户了解群众的住房需求。不少贫困户都提出，搬迁房人均住房面积不能超过25平方米。如果按照这个标准建房封顶，以后致富了想扩建新房，岂不是只能推倒重建？"经过多方多次讨论，最终确定：人均25平方米的政策红线必须严守，同时打牢地基，建成一层平房的形式，再架起悬空楼梯，方便未来自行加盖扩建。"蒲贵洲说，如此方式，既避免了"超标"，也满足了贫困户需求，更重要的是悬空楼梯给了贫困户奋斗的目标，增强了他们脱贫的内生动力。

吴禹益领着记者在屋内参观了一圈，刚装修完的新房简单朴素，面积虽小却五脏俱全，客厅、卧室、厨房、厕所，一样不缺。

"我和两个孩子，现在住75平方米足够了，但以后他们结婚生子，这房子就打挤了。"吴禹益盘算，现在可以上楼顶晒五谷杂粮，如果未来发

[①] 庞峰伟. 新房子只见楼梯不见楼 [N/OL]. 四川日报，2017-01-22 (3). http://epaper.scdaily.cn/shtml/scrb/20170122/153538.shtml.

展顺利,自家平房肯定要加盖二层,到时就是真正的"小洋房"。

【闻】

大变化:猪粪臭变腊肉香

两人聊得热络,一股肉香不经意间飘进了客厅。原来厨房砂锅上的腊肉炖出了香味。

新生活,也新在了味道上。一年多前,记者在吴禹益的土坯房里采访,猪圈里的粪臭味飘到客厅,刺鼻难闻。厕所,就是猪圈旁搭两块木板,得捏着鼻子"方便"。现在,新房内的厕所干净卫生,没有异味。

午饭时间,萝卜炖腊肉、青椒炒肉、蒸南瓜三道菜出锅,吴禹益一家三口人围着餐桌吃得津津有味。

【问】

新起点:住上体面房活出体面样

记者:搬进新房,生活有啥变化?

吴禹益:暴雨天能踏实睡觉了,不担心房子垮。乡亲们都住一块,家里有啥事,吼一嗓子,大家就来帮忙了,以前大伙儿几个月打不到照面。

记者:以后有什么打算?

吴禹益:在政府帮助下,我这两年养了100多只土鸡和10几只山羊。脱贫只是第一步,一家人住上了体面房,我还要多挣体面钱,活出个体面样!

【切】

既要严守红线也要谋划长远

巴中市扶贫和移民工作局局长王伟:

为贫困户建新房,必须要严守人均住房建设面积不超25平方米的政策红线。这是考虑到财政和贫困户自身的承受能力,防止因为建房耗费过多资金,导致返贫。但同时也要尊重群众意愿,谋划长远。独柏村建一层平房的做法,就是考虑到群众以后致富了,可以自行扩建。这样,既不用届时再重建新房,避免浪费,也能让群众住得更好。

搬迁只是开始,下一步还要着力发展产业,让贫困群众搬出来后,住得下,能致富,最终过上好日子。

《新房子只见楼梯不见楼》这篇通讯报道了一个贫困户的故事，反映出当地在易地扶贫搬迁工作中贯彻落实习近平总书记的要求，坚持"贫困地区发展要靠内生动力；脱贫致富终究要靠贫困群众用自己的辛勤劳动来实现"理念的创新做法。这种做法既从实际出发，坚持量力而行原则，符合国家政策，又着眼于长远，激发贫困群众内生发展动力，对打好脱贫攻坚战有重要参考价值。报道用"望闻问切"四步诊疗法结构全文，形式新颖、语言朴实、画面感强，老百姓看得懂、愿意看，是一篇以小见大、弘扬主旋律、展现大时代的佳作。

六、新闻配图文字说明的写作方法

新闻报道中常常会用到图片，图片的使用不仅会增加新闻的可读性，也可以对新闻事实起到证实的作用。为了清晰地传播新闻信息，还要对图片进行必要的文字说明。

图片新闻的文字写作要注意如下几点。

（1）太明显的信息不必写出来。

（2）一般不要评论，避免随意判断。

（3）越具体越好，凸显细节。

（4）重要人物要标明（位置或身份），留作以后的资料。

（5）注明作者。

下图是刊登在2019年2月23日《人民日报》第7版的图片新闻报道[①]，文字部分完成了主要信息的说明，但图片里有哪些人？比赛现场情况如何？生动的图片再配上简短的文字就一目了然了。

---

① 岳月伟. 中国杯短道速滑精英联赛总决赛开赛［N/OL］. 人民日报，2019-02-23（7）. http://paper. people. com. cn /rmrb /html /2019-02 /23 /nw. D110000renmrb _ 20190223 _ 2-07. htm.

中国杯短道速滑精英联赛总决赛开赛

2月22日,黑龙江省牡丹江市选手朴智博(前)在甲组男子500米预赛中。当日,2018—2019中国杯短道速滑精英联赛总决赛在天津体育馆开赛。

新华社记者 岳月伟摄

第四节　新　闻　特　写

所谓新闻特写,就是选取新闻事件中最精彩、最有价值的一个或几个片段,通过仔细观察和形象的描写把片段"放大",以颂扬正气、反映问题或揭示道理。

特写分为人物特写、事件特写、场景特写、景物特写等,大学生接触较多的是人物特写和事件特写。

新闻特写的写作方法有以下几种。

① 细致观察,选取典型片段

虽然新闻特写只选取新闻事件的某几个片段,但它同样能反映某个问题,揭示一定道理。这就意味着记者在报道时无法关照事件发生发展的整个过程,需要通过认真仔细的观察,发现那些最典型、最有价值的片段,这既需要记者的高度新闻敏感性,又需要快速的反应能力。

② 描绘细节,突出人事特征

正如摄影特写一样,要想突出人物个性特征,就需要把特写镜头里的主体部分拍得清晰、完整、有质感。新闻特写同样也需要细节描写,人物的表情、衣着、动作、话语,事件的场景、过程、转换、矛盾,这些细节的捕捉会给人留下深刻的印象,对吸引读者阅读和突出主题很有帮助。

③ 精选素材,主题高度集中

特写选取的是几个片段,内容相对集中,因而选材就要紧紧抓住那些最精彩的场面,选取最有说服力和感染力的材料,紧紧围绕主题组织材料。

④ 以小见大,角度出奇制胜

为文贵在奇,新闻特写也是如此。一个新奇的角度,一个出其不意的结尾,一句画龙点睛的话语,往往使读者茅塞顿开,大呼过瘾。例如:

守望玉麦①
卫庶,赵永琦,杨俊峰

喜马拉雅山南麓的日拉神山是什么时候开始下雪的,卓嘎和央宗有些记不清了。两位都是年过半百的人,每年巡山时,留在身后的脚印都会很快消失在雪中。但是,记忆,却像雪峰上的冰川,穿越岁月,依然是原来的样子。

从日拉雪山上往远处望,在雪线之下的牧场和原始森林包围的山谷深处,可以看到一个小小的村落。那就是隶属西藏山南市隆子县的玉麦乡,是卓嘎和央宗的家。

玉麦很大,面积数千平方公里,大到超过一些国家的面积;玉麦也小,小到在过去50多年里有34年的日子里,只生活着一家三口。巍峨的雪山是它的围墙,清澈的小河从它身边走过,河畔的巨石上漆着一面迎风怒展的五星红旗,庄严了背后雪山的神圣。风从原始森林的参天巨木下穿行而过,走过石铺的小路、苍劲的树枝,打响经幡,惊起飞鸟,舞动了不多的房顶上的五星红旗。风声、水声,还有满山遍野的牦牛叫声,汇聚成一首恢弘的交响乐,在安静的山谷里激荡回响。

这里是浩瀚的中国版图上千万坐标中的一枚,是960多万平方公里土地上的西南边陲的一隅,是卓嘎和央宗姐妹一家几代人生活的地方。

"家是玉麦,国是中国,放牧守边是职责,你们这些话说得真好。"中共十九大闭幕不久,中共中央总书记、国家主席、中央军委主席习近平给

---

① 卫庶,赵永琦,杨俊峰. 守望玉麦 [N/OL]. 人民日报海外版,2017-12-13 (1).

卓嘎、央宗姐妹俩回了一封信。总书记的回信给玉麦带来了温暖。

"这是最宝贵的东西，是我们的国旗"

很长一段时间中，玉麦一直被外界称为"三人乡"。

说起这个"三人乡"，最令人感佩的，是桑杰曲巴和五星红旗的故事。

桑杰曲巴，就是卓嘎和央宗的父亲。

上世纪六十年代初，他和妻子背着不到2岁大的卓嘎，回到了荒无人烟的玉麦，开始了自己漫长的守边人生活。

那年一家人回来时，通往小屋的路已开始被小草覆盖。屋子里的东西也被境外的人偷得差不多了。"阿爸说过，只有人在，家才能看得好，这块土地才能守得住。"卓嘎说。

守土，必然要宣示主权。为此，桑杰曲巴想了一个办法——在巡边的路边插上五星红旗。

"有一次，阿爸开会回来，从山外买来了红布和黄布。我们以为阿爸要缝新衣裳了。"央宗说，"阿爸先在两张布上仔细地量来量去，随后用剪刀把红布裁得方方正正，又从黄布上剪出星星。"他让卓嘎帮忙穿好线，习惯地把针在头发里擦了擦，一针一线地缝起来。

央宗记得，那天，平日里慈祥的阿爸一脸严肃，针脚在阿爸的手里一个挨着一个，线头全压在黄布下。"衣服"缝好了，一块火红的布上，四颗小星围着一颗大星，比春天最红的杜鹃花还艳，比秋天最黄的树叶还金黄。

阿爸把孩子们叫到身旁，语重心长地说："孩子，这是中国最宝贵的东西，是我们的国旗！"

那天，五星红旗高高升起在卓嘎和央宗家屋顶。

那天，卓嘎和央宗意识到了国家在自己心中的分量。

那天，卓嘎和央宗记住了，守护好了这片牧场，就是守卫国家。

桑杰曲巴总共缝制过4面国旗。

30多年放牧守边的日子里，无论巡边到哪里，卓嘎、央宗姐妹就把国旗带到哪里。

"祖国的一草一木都要看好守好"

岁月，就像山间白云匆匆而过。

1988年，当了29年乡长的桑杰曲巴老了。卓嘎接了阿爸的班，一干就是 23 年。妹妹央宗是副乡长兼妇女主任，一干也是 17 年。

1996 年 7 月 1 日，在中国共产党生日的那一天，卓嘎和央宗加入了中国共产党，那神圣的一刻，姐妹俩至今难忘。

放牧，就是对国土最好的守护。在冬季，一家人会特意把牲畜赶到玉麦南面的山谷里。冬天的南面山谷，森林遮天蔽日，松涛阵阵，松萝随风飘荡。丛林中的巡山路上，看到自家牛儿的蹄印，踩到自家的牛粪，心里踏实又亲切。

生活艰苦，日子孤寂，但有祖国，家就有希望。

随着国家日渐强大，玉麦的喜事也渐渐多了起来。

1996 年，玉麦乡有了第一位党支部书记，山外迁来两户人家。

玉麦再也不是"三人乡"了。

1997 年，中央媒体首次对中国人口最少的玉麦乡进行报道，一家人放牧守边的事迹传遍了祖国大江南北。来自各地的信件也翻越崇山峻岭，来到卓嘎和央宗面前。尚未婚嫁的卓嘎，竟然收到了 7 麻袋求爱信。不过，央宗直到 27 岁、卓嘎直到 35 岁时，才分别成了家。

玉麦乡第三代人出生了，他是央宗的儿子，名叫索郎顿珠。

2001 年 9 月，桑杰曲巴最大的心愿实现了——通往山外的公路修通了。

卓嘎说，当第一辆车开进来的时候，老阿爸给这个"铁牦牛"献了哈达。

这一年，卓嘎沿着这条公路，去了一趟毛主席的故乡。

这一年，桑杰曲巴沿着这条公路，去了一次拉萨。

也是这一年，77 岁的桑杰曲巴在大雪纷飞的季节里没有遗憾地走了。

临终时，桑杰曲巴把全乡人叫到床前说："我在这里住了一辈子，你们不要因为玉麦苦，更不要因为我走了就离开这里，这是祖辈生活的地方，更是祖国的土地，一草一木都要看好守好。"

"我站立的地方是中国"

2017 年 10 月 29 日，平日里雨雪不停的玉麦，突然放晴。太阳从东方升起，云开雾散，金色的阳光驱走了寒冷，把温暖洒满整个山谷。这一天，玉麦沸腾了！习近平总书记的回信到了！

上午，卓嘎、央宗姐妹和玉麦乡全体干部群众和边防官兵一同聆听总书记的回信。习近平总书记在回信中说：希望你们继续传承爱国守边的精神，带动更多牧民群众像格桑花一样扎根在雪域边陲，做神圣国土的守护者、幸福家园的建设者。

"没想到，十九大闭幕才五天，我们就收到了回信。"姐姐卓嘎泪流满面，"总书记的话都说到我们心里啦！""要是阿爸能看到总书记回信，该有多好啊！"央宗哽咽着说。

30多年来，原来的"三人乡"已发展成9户、32人。边民补贴、生态补偿和草场补助等政策性收入水涨船高，每户一年能拿到4万多元。曾经开不进来的"铁牦牛"，如今全乡9户人家有7辆。4户家庭开起了餐馆和家庭旅馆，村民自制的竹器、藤镯，在市场上成了抢手货。

去年，玉麦家家户户都有了Wi-Fi，白玛商店的老板娘卓玛拉宗还展示了店内的微信支付二维码。她说，现在不论给孩子寄零花钱还是在商店买东西，都流行用微信支付。

明年，玉麦将迁入47户，全乡户数将达到56户。玉麦生态小康示范村建设将全面铺开，群众将住上安全舒适的"农家别墅"。全乡还将并入国家大电网。一个宜居乐业的边境乡镇正从蓝图变为现实。

"党政军警民共建，这是我们从玉麦乡的建设中得到的重要启示。"西藏边防总队的许超对本报记者说，"这里的居民和边防武警亲如一家人。每一位边防官兵，每一位边民群众，都是我们祖国边境线上的活坐标。"

"脚下踩着的是家乡的泥土，我站立的地方就是中国！我要用自己学到的知识，把家乡建得更好。"索朗顿珠一边走在爷爷走过的巡边路上，一边这样对记者说。作为玉麦乡的第一个大学生，索朗顿珠今年刚刚毕业。当他的同学们在大城市里纷纷寻找心仪的工作时，索朗顿珠回到家乡参加了公务员考试。

这篇报道以特写的方式讲述了卓嘎、央宗一家三代人玉麦守边的故事，赞美了他们守土卫国的爱国主义精神。在整个故事的过程中，文章选取了壮美的玉麦边陲、桑杰曲巴缝制国旗、卓嘎和央宗放牧守边、干部群众聆听总书记回信、索朗顿珠回乡报考公务员等几个片段加以细细刻画，这些特写分别代表了三代人不同时期相同的志愿，扎根高原守护国土。从过去、现在、未来三个维度把卓嘎、央宗一家为国守边的故事讲得生动形象，洋溢着饱满的热情，用最朴素的语言和画面,展现了他们心中伟大的爱国主义精神。有了这些细节的刻画,人物形象更加丰满,感情更加真挚,作品的主题也更加突出。

思考与练习

1. 请从参考书中另外找到两种新闻定义,与陆定一的新闻定义做对比,你认同哪种看法?为什么?
2. 阅读下面两篇文章,说明新闻语言与文学语言的区别。

春①

朱自清

盼望着,盼望着,东风来了,春天的脚步近了。

一切都像刚睡醒的样子,欣欣然张开了眼。山朗润起来了,水涨起来了,太阳的脸红起来了。

小草偷偷地从土里钻出来,嫩嫩的,绿绿的。园子里,田野里,瞧去,一大片一大片满是的。坐着,躺着,打两个滚,踢几脚球,赛几趟跑,捉几回迷藏。风轻悄悄的,草软绵绵的。

桃树、杏树、梨树,你不让我,我不让你,都开满了花赶趟儿。红的像火,粉的像霞,白的像雪。花里带着甜味儿;闭了眼,树上仿佛已经满是桃儿、杏儿、梨儿。花下成千成百的蜜蜂嗡嗡地闹着,大小的蝴蝶飞来飞去。野花遍地是:杂样儿,有名字的,没名字的,散在草丛里,像眼睛,像星星,还眨呀眨的。

"吹面不寒杨柳风",不错的,像母亲的手抚摸着你。风里带来些新翻的泥土的气息,混着青草味儿,还有各种花的香,都在微微润湿的空气里酝酿。鸟儿将巢安在繁花嫩叶当中,高兴起来了,呼朋引伴地卖弄清脆的喉咙,唱出宛转的曲子,与轻风流水应和着。牛背上牧童的短笛,这时候也成天嘹亮地响着。

雨是最寻常的,一下就是三两天。可别恼。看,像牛毛,像花针,像细丝,密密地斜织着,人家屋顶上全笼着一层薄烟。树叶儿却绿得发亮,小草儿也青得逼你的眼。傍晚时候,上灯了,一点点黄晕的光,烘托出一

---

① 朱自清.朱自清散文精选[M].长沙:湖南师范大学出版社,2001:102.

片安静而和平的夜。在乡下，小路上，石桥边，有撑起伞慢慢走着的人，地里还有工作的农民，披着蓑戴着笠。他们的房屋，稀稀疏疏的在雨里静默着。

天上风筝渐渐多了，地上孩子也多了。城里乡下，家家户户，老老小小，也赶趟儿似的，一个个都出来了。舒活舒活筋骨，抖擞抖擞精神，各做各的一份事去。"一年之计在于春"，刚起头儿，有的是工夫，有的是希望。

春天像刚落地的娃娃，从头到脚都是新的，它生长着。

春天像小姑娘，花枝招展的，笑着，走着。

春天像健壮的青年，有铁一般的胳膊和腰脚，领着我们上前去。

中国减贫成绩单：40年减贫七亿多人①

据新华社北京11月1日电（记者于文静）改革开放40年来，中国经过不懈努力，有七亿多贫困人口成功脱贫，占同期全球减贫人口总数的70%以上。这是记者1日从在北京举行的改革开放与中国扶贫国际论坛上获悉的。

国务院扶贫开发领导小组办公室主任刘永富当日在论坛上表示，党的十八大以来，中国全面打响脱贫攻坚战，预计到今年年底，中国贫困人口将减少80%以上。

当前，中国还有3000多万现行标准下的贫困人口，还有一些深度贫困地区，贫困发生率高，脱贫难度大。"不管困难有多大，我们都已下定决心，坚决全面打赢打好脱贫攻坚战，确保到2020年中国全面建成小康社会。"刘永富说。

3. 阅读下面消息，分析文章的结构方式，说明导语和结尾的写作方法。

---

① 于文静. 中国减贫成绩单：40年减贫七亿多人 [N/OL]. 新华每日电讯, 2018-11-2（1）. http://mrdx.cn/content/20181102/Articel01005BB.htm.

4 岁小女孩 身穿睡衣独自坐公交[①]

原来她想要去找父母,幸亏公交司机及时发现

10 月 18 日早上 8 点,一位 4 岁女童独自乘坐 98 路公交车,此时她身穿睡衣、拖鞋,拿着雨伞,头发有些湿。独自出现在公交车上,是因为她想要去找父母。幸好,公交司机张华贵发现了异样。

小女孩独自出现在公交站

"当时人都上完了,她一个人,穿身睡衣,打个伞,想上车又不敢上的。" 18 日上午 7 点 50 分左右,上班高峰期,和悦路公交站,小女孩独自一人出现在公交站台。"哪个的娃娃,牵好莫丢了。"张华贵习惯性地询问车厢内的乘客,却无人应答。

怀疑可能是个迷路的孩子,张华贵让其上了车,并安排她坐在第一排。在车上,面对张华贵和乘客们的询问,小女孩包着泪水,沉默不言。"妹妹不要怕,你就坐在车上,等下我帮你找爸爸妈妈。"见小女孩冷得发抖,张华贵拿出了车上备用的制服披在她身上。

8 点 30 分,车辆抵达终点站,张华贵将小女孩送到了调度员手中。

独自乘车是想去找父母

由于女童年龄较小,不能说出父母的准确联系方式,说出来的手机号也是不完整信息。"多了一个数字,我们就一个数字一个数字的尝试,找了一个多小时找到了她妈妈。"据成都公交东星公司的曹禺介绍,当时女童的家人正四处找孩子,接到电话后赶忙来到调度室。

此时,是上午 8 点 50 分左右,苏女士正在小区调看监控寻找女儿贝贝(化名)的踪迹。大约 5 分钟后,她和爱人赶到东星公交舜和家园 98 路调度室,贝贝正坐在椅子上淡定地吃着面包。

原来,早上 8 点多女童的妈妈出去上班后,其父亲看女童还没有睡醒就下来去买菜。但当回到家中后,发现原本在家睡觉的女儿不见踪影。"赶紧给他妈妈打电话,都说没有看到,一家人急得跟热锅上的蚂蚁一样。"苏女士说,往常自己上班孩子不会吵闹,这次可能是醒了后发现家里没人,就有些害怕,然后穿着睡衣走到公交站台想要乘车去找父母,却

[①] 王亚楠.4 岁小女孩 身穿睡衣独自坐公交 [N/OL]. 天府早报,2018-10-19 (5). https: //e. thecover. cn /shtml /tfzb /20181019 /90910. shtml.

不知道坐多少路，就随便上了一辆公交车。"多亏了你们，要是孩子找不到了，我们一个家庭就算毁了。"苏女士称，"特别感谢驾驶员和调度员，那么细心，不知道该说什么了"，改天会送上锦旗当面致谢。

4. 什么是通讯？通讯与消息有哪些区别？

第八章　学术论文写作

学术论文要求写作者在针对某一学科领域中的某些现象和某些问题进行比较系统的专门性研究之后，记录科学发展的成就，以明晰的思路介绍某种理论发展的线索，从而解答一个清晰的科学问题。学术论文写作的目的总体来讲，就是用材料和理论来论证某一个问题。学术论文是综合运用所学知识解决实际问题，进行综合训练的重要实践性教学环节，是对知识水平、创新意识、创新能力等综合素质和实践能力的全面考察。以下，将从学术论文的定义、特征、类型，以及学术论文的写作要领来介绍学术论文的写作，为了提升学术论文的写作水平，还在最后提供了对学术论文修改的方法与建议。

第一节　学术论文概述

一、学术论文的定义

学术论文是用系统、专门的知识对某个科学领域中的某一个或某一些问题进行研究后，表述科学研究成果的理论性文章。

学术论文是科学研究成果的书写，是衡量学术水平和科研能力的重要标志。学术论文的发表是学术成果获得社会公开认可的有效方式。因此，学术论文又被称为科技论文、科学论文或研究论文，简称论文。一般来讲，学术论文指的是社会科学和人文科学领域内阐释科研成果的论文，在此主要介绍的是社会科学和人文科学领域论文的写作。

二、学术论文的特征

（一）专业性

学术论文必须具有专业性，这是学术论文区别于一般文章最重要的地方。学术论文所表达的内容仅限于学术研究的范围。学术论文虽然与议论文的基础方法有相似之处，但为强调论文的专业性，就要求从中小学的一般性议论文向专业问题的研究型写作转换。

非学术领域的文章、对学术领域内的内容进行描述性的文章不是学术论文。报刊上一般的评论不是学术文章。一般的科普读物、科幻小说等虽然有时也具有相应的专业性、相似的写作模式，内容上也是对科学知识进行总结、对科学观点进行描绘和阐释，但在内容上，一般的科普读物或科幻题材作品难以做到内容科学、方法科学以及学术性要求，因此也不是学术论文。

（二）创造性

创造性在国家标准中是重点被提及的学术论文要求："具有新的科学研究成果或创新见解和知识。"因此学术论文是否体现出新颖与发展的特质成为一篇学术论文是否具有研究价值的重要评判。体现学术论文的创造性，往往可以通过几种方式来进行，如在研究基础上提出新观点，在同一科学问题的前期研究基础上，发现新材料、新论据；在对前人成果的研究中进行观点的否定或纠正；综合研究历史各家观点进行信息梳理和归纳，为后续研究提出进一步研究方向，或者发现新的研究领域提出独特观点；等等。总而言之，一篇学术论文应该做到在前人的研究基础上的补充或创新。

但也必须认识到学术论文的创造性是难得的、有限的，只要保持作者科学且独到的观点，抑或增添了现有研究基础上的一点新的材料，或者采纳他人研究观点但保有自己独特的论证方法，等等，只要从不同的方向上对学术做了贡献，就可以看作创造性的体验。因此，不提倡标新立异、为创造而创造观点，不提倡为创造而全盘否定前人研究成果的做法，也不提倡为突出新意而假造理论或论据的做法。

（三）理论性

理论性就是学术性。学术性学术论文探索的都是各个学术领域中的学术问题，解释和论证的都应当是客观存在的科学规律，以及写作者对这些规律、现象的具体认知，体现的是一种由普遍感性认识到理性认知的过程，因此是否具有理论性是一篇学术论文的根本特征。这主要体现在几个方面，例如，从内容来看，是否针对科学现象或规律；从写作语言来看，是否采用的是专业内的术语或图表符号等；论证过程中是否对论据材料进行了理论提升，等等。

（四）科学性

论文作者是否具有科学的研究态度是学术论文科学性体现的保障和前提。

学术论文具有议论性文章的共同要求，即必须有论点、论据、论证过程三大基本要求。但是，学术论文具有严肃的科学性，要求在研究和成果呈现的写作过程中尊崇一定的科学原则。

在学术论文的写作中，坚持实事求是的科学态度，使用"严肃、严谨、严密"的科学精神开展研究。在内容上要保证科学性。学术论文的观点即论点，应该要能阐释客观规律，符合客观实际，并能经受住重复的实践检验。具有片面性、单一性的观点是不具有科学性的。学术论文的论据须真实有效。尽量避免二手材料的使用，避免对论据歪曲阐释。在论证过程中要遵循科学的方法，运用逻辑思维方法，从严密的逻辑推理中引导正确结论的产出。

（五）规范性

另根据实际需求，学术论文还有平易性、实践性、规范性等特点。平易性要求学术论文尽管总结和阐释的是某一领域特定的科学知识和原理，但在语言表述上要注重传播和交流的效用；实践性是指学术论文是为了促进科学发展、进行科学成果推广的重要工具，所以它需要可供操作的特性不能只是一次性的观点或偶然成果；规范性是对学术论文写作的标准性规定。按照规范性、专业性、科学性原则，学术论文遵循的是特殊的编写格式。学科论文的基本框架可参考如下。

（1）题目；

（2）摘要及关键词；

（3）引言；

（4）正文；

（5）结论；

（6）参考文献。

三、学术论文的类型

根据不同的标准，学术论文的归类不同。

按学科内容划分，学术论文可分为人文社科类论文和自然科学论文。人文社科类论文是以人文、社会现象为研究对象的学术论文，其任务是研究并阐述各种人文社会现象及其发展规律，研究领域涉及的范围广，类型复杂交错。人文社科类论文还可根据学科内容细分为哲学学科论文、语言文学学科论文、历史学科论文、艺术体育学科论文、经济学科论文、政治学科论文、法学学科论文、管理学科论文、教育学科论文等。

按研究的内容，学术论文可分为理论研究论文和应用研究论文。理论研究，重在对各学科的基本概念和基本原理的研究；应用研究，侧重于如何将学科内容转化为专业技术和生产技术，应用于社会生产和服务。

此外，按写作方法、表述特点划分，学术论文可以分为论述型、评价型、调查报告等论文类型。按写作目的的划分，学术论文可分为交流性论文和考核性论文。交流性论文，目的只在于专业工作者进行学术探讨，发表各家之言，以显示各门学科发展的新态势；考核性论文，目的在于检验学术水平，成为有关专业人员科研研究资历认证的重要依据。

根据本教材使用者的情况，论文按教学的目的和作用分为如下几类，即课程论文、学期/学年论文、毕业（学位）论文、课题论文。

（一）课程论文

课程论文是指某一课程教学进行一个段落或者结课后，老师布置的针对该门课程内容的论文作业。一般课程论文要求学生对所学课程的内容的某个具体问题进行拓展、加深学习认识，要求学生运用该学科课程的理论和方法来探讨和研究所涉及领域的问题和现象。

（二）学期/学年论文

学期或学年论文主要是指大学本科的三年级（包括三年级）以上的学生初次运用已学的基础知识和研究方法，在老师的指导下独立撰写的论文。这种论文相当于学生独立完成的作业，往往是为毕业论文的撰写打下基础，其学术性要求不高。其目的是要求学生取得撰写论文的一些经验，并理解和掌握论文的基本写作的步骤和方法而已。

（三）毕业（学位）论文

学位论文主要是指学生为了能拿到学位而撰写的论文，也称毕业论文。学位论文主要包括学士学位论文、硕士学位论文和博士学位论文。学位论文是检查学生所掌握的某领域的基础知识，运用该研究领域的理论和方法来研究社会现象或问题，是在指导教师的指导下独立完成的文章。学位论文要求具有一定的学术性，尤其是硕、博士学位论文要求更高，不仅具有学术性，更要求具有前沿性、开拓性和创新性。

(四) 课题论文

课题论文是指教师或学生申报或参与科学研究课题、科学研究项目等，以学术论文的形式作为课题的结题成果。课题论文可有独作或多人合作形式。

第二节　学术论文的写作要领

一篇标准的学术论文写作的一般过程，大致要经过五个步骤，即选题、资料整理、拟定提纲、执笔写作、修改定稿。这五个环节中，前三个是学术论文写作的准备阶段，也是确定一篇论文是否具有写作可能性的核心部分。

一、学术论文的准备过程

（一）学术论文的选题

1. 如何选题

选题就是研究课题或论题的选择与决定，解决研究什么和写什么的问题。如何确定一个有价值的研究问题呢？比较简单的方式是通过思考三个问题来帮助获得有效的选题。

第一个问题是，在此专业领域内，对什么话题感兴趣；第二个问题是，为什么这个话题值得被研究；第三个问题是，这个话题的研究结果可以帮助他人理解或获得该专业的什么信息/意义。这三个问题首先探讨和激发了问题研究者的好奇心，去寻找自己感兴趣的话题或者专业内大家正在热衷讨论的话题；第二个问题辅助找寻研究的原因，引导出该主题的价值；第三个问题帮助寻找合适的论证方式。

2. 选题的原则

论文选题时应注意遵循以下原则。

（1）先进性。就是所选的题目应能反映国内、外相关领域的新技术、新进展，要反映学科研究的新水平。一般多选一些进展快、知识尚未普及但原始资料较多且存在争议而急需加以整理的课题。

（2）针对性。一般是针对当前科学研究和生产的实际需要，选取大家都比较关注，有助于解决实际问题的专题。

（3）必要性。某个专题有没有写的必要，主要是看有没有新东西来写。因此，要选择具有新方法、新技术、新理论的专题。

（4）可行性。要考虑实现的可能性。主观条件是作者对学科或专题知识了解和掌握的程度，以及学术水平、综合分析能力等；客观条件主要是对文献资料的收集与掌握情况。

3. 题目的拟定

论文题目是一篇论文所涉及的论文范围与水平的第一个重要信息，因此十分重要。它的确立有助于选定关键词，提供他人检索的特定实用信息。题目是对研究对象的精确、具体的描述，能在一定程度上体现研究结论，应简明扼要地反映论文（设计）的主要内容，同时有中、英文对照。题目可以设副标题，字数一般不宜超过 20 个汉字。

例如，《现代性与中国文学思潮的发端》[①]《当代汉语外来单音语素的形成与提取》[②] 等。这些论文的题目都体现出了学术论文题目的基本要求，学术论文标题的拟定应当是具体的、准确的、简明的、醒目的。

当然，也有个别论文因其内容丰富，而无法用较短标题表述，一定要注意不能为字数而控制字数，不能因坚持缩短题目而伤害论文写作的目的。如会议综述类的论文《全国马克思主义文论学会第 20 届年会暨国外马克思主义文论与中国文论建设学术研讨会综述》[③]。

容易出现的学术论文题目拟定的问题有：标题过大、过长、模糊、陈旧。针对论文题目过长、主标题过大、主标题较含混这三类问题可以通过设立副标题来明确写作范围或说清写作的目的。例如，《从艺术的功利化到审美的伦理化——中西美学分道扬镳的起点》[④]，该题目在副标题中强化了题目中观点的价值，使得主标题的意义更加明晰。又如，《魏晋六朝文论中的小说观念与潜

---

① 杨春时，朱盈蓓. 现代性与中国文学思潮的发端 [J]. 中州学刊，2007.2.
② 苏新春. 当代汉语外来单音语素的形成与提取 [J]. 中国语文，2003.6.
③ 朱盈蓓. 全国马克思主义文论学会第 20 届年会暨国外马克思主义文论与中国文论建设学术研讨会综述 [J]. 学习与探索，2004.1.
④ 代迅. 从艺术的功利化到审美的伦理化——中西美学分道扬镳的起点 [J]. 厦门大学学报（哲学社会科学版），2009.5.

观念——以〈文心雕龙〉的文体论为例》[①]，该题目将主标题中的大范围在副标题中进行了缩小。

如果标题陈旧，则需要进入第二个阶段，即对文献资料的收集整理，在大量阅读和归纳前人研究成果的基础上，提出新观点或新的研究方向，并通过标题来展示。

（二）文献资料的收集整理

1. 文献资料的来源

选定主题或范围后，下一步就是要围绕主题进行搜集与主题有关的文献资料。文献是指用文字、图形、符号、声频、视频等技术手段记录人类知识的一种载体，或理解为固化在一定物质载体上的知识。也可以理解为古今一切社会史料的总称。现在通常理解为图书、期刊等各种出版物的总和。这些都是进行论证时的论据来源。文献收集应力求获取原始的论文、实验报告、技术总结、专利等，尽量不使用二次文献，如综述、文摘等。

2. 文献资料的检索

收集资料可注重两个原则和方法，即先查询国内成果，后查询国外研究情况；先查询近期刊发的文献，后查询远期历史文献。文献资料根据所选定的研究主题的不同呈现出搜索结果数量的不同。如果发现没有足够的文献材料供参考，要注意看一看选择的主题是否有误，或者该主题是否在可行性上值得考虑。有时候要借助相近关键词来获得主题所需要的文献资料。在收集材料时，要注意所收集的材料应具备以下特点。

（1）选材重点应放在新资料上。必须是能够反映该研究领域的现状、动态和发展方向的重要文献。

（2）材料的权威性。重视阅读发表在国内、外公开发行的正式出版物上的文献资料，并注重对权威性强的出版物上的相关资料进行整理阅读。

（3）具有代表性和典型性的材料。收集文献资料时，筛选出具有代表性和典型性的材料，可以避免重复研究，有利于学术成果的继承和发扬，也可以节约学术论文篇幅，将论文写作的精力放到具有创新性的研究部分。

（4）可适当参考一些不同观点的材料。不同观点的材料可以辅助写作者进

---

① 张开焱. 魏晋六朝文论中的小说观念与潜观念——以《文心雕龙》的文体论为例 [J]. 暨南学报（哲学社会科学版），2007.5.

行自身观点的价值判断。

　　搜集文献要求越全越好，在收集资料时要尽可能地鉴别作者和发表刊物，因为作者和刊物的层次往往决定了综述文章的科学性及权威性。最常用的方法是用检索法。检索方法是为实现检索方案中的检索目标所采用的具体操作方法和手段的总称。关键词检索法常常被使用，它是指从文献内容中抽出来的关键的词，这些词作为文献内容的标识和查找目录索引的依据。按四个步骤即可完成文献查询：第一步，明确查找目的与要求。首先可通过分析学术论文的主题，形成检索需要的主题概念，还需分析论文主题所涉及的学科范围，用以确定相应的检索工作，并且对论文主题所需要的文献资料的类型也需要分析，最终确认检索的目的和基本要求。第二步，选择检索工具。正确地选择检索工具和途径，可增加文献资料的有效利用率。选取的时候既要考虑纸质文献，还要兼顾电子文献，现代的检索工具非常科技化，无须单一采用过去的手工信息检索。可充分借助中国学术期刊网络出版总库、中国知识资源总库：CNKI 系列数据库、中国优秀硕士学位论文全文数据库、中国博士学位论文全文数据库、中国年鉴网络出版总库、中国经济与社会发展统计数据库等国内线上数据库进行检索，需要国外文献资料的检索时，也可以通过合法途径登录 ABI/INFORM Complete、ACM、American Antiquarian Society（AAS）Historical Periodicals Collection、Archives Unbound（Gale）、BSC（EBSCO）、Cambridge Journals、CPCI（Web of Science）等各国建立的文献数据库进行资料查询和调用。第三步，确定检索途径和方法。选定检索途径后，迅速熟悉检索工具或系统。第四步，根据文献线索查阅原始文献。检索时依据学术论文主题进行文献量的选择和调整，随时检查检索要求，及时更正检索策略。对于学术论文主题的提取要尽量准确和全面。准确就是要同时符合主题需求和检索工具的要求。全面是要求在对学术论文主题进行提炼时，注意关键词的选择和判断，同义词、近义词的选择要全面汲取，避免漏检，同时也避免过检或误检。漏检会造成文献资料缺失，过检和误检会造成接下来对文献资料的整理出现不必要的工作。

3. 文献资料的阅读

　　资料收集齐全后，首先要进行阅读整理去粗取精，在精选出部分资料后继续进行目的性明确的详细阅读。首先，要充分了解学术界在这一方面的成就；其次，了解与该主题有关的一切消息，边阅读边分析。分析作者的结果与结论，对结果的逻辑推理、分析解释是否正确等。尤其对同一研究，在不同作者的资料中结果有矛盾时，则更应认真思考，从研究的课题设计、方法、条件等各方面查找原因，以便决定取舍。

在资料收集的过程中，可进行论文准备阶段对文献的综述部分的提炼和写作。此部分的完成虽然依靠大量的资料，但也决不是文献资料的罗列堆积，而是一种创造。在整理资料时，应根据综述文章的格式分类把原始文献分别做题目索引、提要或摘录。如果在广泛阅读大量资料后，发现所选的题目别人早已研究过，就应另立题目或从不同角度重新考虑。

（三）确立论点与引言的写作

论点的确定和论文写作的提纲是在对文献资料的整理后，由论文的引言或称为导论、引论的写作体现出来的。引言或者导论、引论是论文的开头部分，主要说明写作目的、现实意义、对所研究问题的认识，并提出中心论点等。引言部分是扼要的表述，篇幅不要太长。引论部分要提出研究的问题，阐述写作的目的、意义和作用。但为了阐述清楚目的、意义和作用，首先，要理顺前序研究者在同一个题目上的研究历史发展，要按时间顺序，简要说明这一课题的提出及各历史阶段的发展状况，体现各阶段的研究水平。其次，对研究现状进行分析，介绍国内外对本课题的研究现状及各派观点，包括作者本人的观点。将归纳、整理的科学事实和资料进行排列和必要的分析。对有创造性和发展前途的理论或假说要详细介绍，并引出论据；对有争论的问题要介绍各家观点或学说，进行比较，指出问题的焦点和可能的发展趋势，并提出自己的看法。对陈旧、过时的或已被否定的观点可从简。对一般读者熟知的问题只要提及即可。这样理清了研究主题所涉及的历史、资料来源、现状和发展动态后，再阐释清楚有关概念和定义，选择这一专题的目的和动机、应用价值和实践意义，如果属于争论性课题，要指明争论的焦点所在。

例如，论文《论审美现代性》[①] 的引言部分："随着现代性的来临，审美现代性也开始进入我们的生活。审美现代性既体现为现代人的审美心理，也体现为现代社会的审美文化。审美现代性是审美活动对现代性的回应，考察审美现代性，应当首先考察现代性。"首先提出了该领域的研究意义是对审美现代性的研究就是对现代人类审美活动的研究，简要介绍了该领域的研究背景为现

---

① 杨春时．论审美现代性 [J]．学术月刊，2001.5.

代性的来临，然后将本篇论文将要研究的课题"审美现代性"提出来，并从研究逻辑的发展方向指出该篇论文"首先考察现代性"。

再如，论文《重建中国文论话语的三条路径》[①] 的引言部分："自从我 1995 年提出'失语症'及重建中国文论话语以来，学界不断展开讨论，成为近年来持续的热点问题之一。面对中国文论的'失语症'，我们积极思考问题产生的内在理路，寻求解决之道，其根本出路就是重建中国文论话语。然而，究竟怎样重建，却是一个更为重要的问题，学界对重建中国文论话语的讨论正在不断地展开并深入，'中国古代文论的现代转换'命题的提出就是学界进行理论思考和探究现实解决途径的体现。但在我看来，'中国古代文论的现代转换'这一命题仍然存在重大缺陷，依然没有摆脱老路，无法引导我们真正走上重建的道路。本文拟先清理从'古为今用'到'现代转换'的学术理路与问题症结，然后进一步提出重建中国文论的三条路径。"这段引言中，首先针对论文论点进行了从 1995 年至论文撰写时的研究背景的简要梳理，然后指出目前的研究存在的问题以及可能解决的方向，最后指出该篇论文中写作者自己的思路和观点为"重建中国文论的三条路径"。

归纳引言的主要内容和主要作用如下。

（1）该领域的研究意义。

（2）该领域的研究背景和发展脉络。

（3）目前的研究水平、存在的问题及可能的原因。

（4）进一步的研究课题、发展方向概况。

（5）自己的见解和感想。

二、论文结构的设计和研究方法的运用

学术论文写作时需要清晰地展示论点和论题论证过程，结构是论文内容的外在体现，研究方法展示着写作者的思路。

（一）学术论文的结构

在学术论文写作的准备阶段，已经确立了论点，搜集整理好了充分并合适的文献资料，就需要在正文的部分有良好的学术论文的结构框架让观点、文献

---

① 曹顺庆，邱明丰. 重建中国文论话语的三条路径 [J]. 思想战线，2009.6.

资料按照一定的逻辑关系展示出来。因此，学术论文的结构就是写作者将论文各部分内容按照一定顺序进行组织安排的总体布局设计。它包含学术论文的先后顺序安排，以及各部分之间的内在联系。先后顺序关系到论点的提出位置、论证过程、结论生成等具体的呈现。结构得当，学术论文就会逻辑严谨、论点突出、层次分明。

1. 结构设计的原则

论文的结构没有统一的或固定的模式，一般是写作者根据研究对象、论点或材料的多寡等情况设置。但学术论文结构的设计仍需遵循一定原则。首先，学术论文的结构能够实现正确反映客观事物的发展规律和内在联系的目的。其次，结构服务于论点。论点是学术论文的核心，因此结构需围绕论点展示文献资料、梳理论证过程、联系分论点进行层次间的过渡和照应等。第三，论文结构需完整和严谨。学术论文的科学性、理论性特点要求在结构上首尾完整，不能是残缺的结构，各个论述部分或分论点之间的轻重缓急要明晰，突出重点部分，不偏不倚。

2. 结构设计的类型

（1）平行式结构。平行式结构是依据对研究对象的多角度、多侧面、多因素的研究成果来设计的。平行式结构常出现在有多个无法按先后顺序或主从关系等一般逻辑来区分分论点的情况。在平行式结构当中，各论点形成平行、并列的关系，逐一展示，无所谓先后、主从和次序。

如《明清叙事文学拟神话结构中的主体间性关系》[①] 一文的主体结构："（一）本体论主体间性在拟神话叙事中的自然观导向""（二）社会学主体间性在拟神话叙事中的伦理观导向""（三）认识论主体间性在拟神话叙事中的信仰观导向"，三个部分在内容上不存在逻辑先后、主次等关系，是典型的平行式结构。再如，《试论后现代主义文论思潮在当代中国的积极影响》[②] 的结构为：一、批判性、反思性的启迪；二、助推中国当代文论走向多元化；三、对形而上学思维方式的有力冲击；四、后现代"文学终结论"引发的争论；五、后现代生态批评对中国文论的建设性影响。在中国接受后现代主义文论思潮的影响

---

① 朱盈蓓. 明清叙事文学拟神话结构中的主体间性关系 [J]. 新疆大学学报（哲学·人文社会科学汉文版），2014.5.
② 朱立元. 试论后现代主义文论思潮在当代中国的积极影响 [J]. 上海大学学报（社会科学版），2014.1.

这一主题下，五个分论点针对的研究现象同时发生、同时需要被解释和论证，不存在主次关系，也是平行式结构。

平行式结构的优点是，各个分论点围绕核心论点得到充分体现，便于阅读和理解，各分论点彼此独立，易于进行深入论证，便于从各方面解决问题、论证观点、得出结论。

（2）递进式结构。递进式结构是指围绕中心论点，根据事物发展的规律、由浅入深的认知顺序来呈现的结构形式。递进式结构体现出明显的层层推进，前一个层次的论述是后一个层次的铺垫，后一个层次的论述是前一个层次的总结或深化，最终环环紧扣推导出结论。

按事物发展变化的规律，一般递进式结构有三类，即逻辑推进、时间先后和从形式到内容。

① 逻辑推进的递进式结构是按照事物的发展从抽象到具体，或从具体到抽象的逻辑关系来呈现的。如《中国博物馆立法论》[1]的结构为：一、博物馆立法的意义；二、《博物馆法》内涵的探讨；三、制定《博物馆法》步骤的设想。明显看出这篇学术论文中的三个层次之间的关系：先探讨价值和意义，再研究带有意义和价值的内容有什么，最后才来研究如何实现内容。各个层次之间的这种先后关系不可颠倒或随意交换，也不能缺少某个层次，否则就会造成论证顺序的混乱或结构不完整，即造成逻辑混乱。

② 时间先后的递进式结构指的是按照时间顺序展开分析论证。例如，《超越苏联却延续传统的后苏联俄国文学理论》[2]在论述结构上就是按照时间顺序厘清了从彼得大帝改革到18世纪译介和模仿欧洲，到19世纪俄罗斯民族意识觉醒，到20世纪苏维埃，再到战后直至苏联末期，最终论述后苏联审美观念形成的俄侨批评家、从苏联转型而来的后苏联批评家、在新时期成长起来的新批评家的形成和特点。论证结构按照历史的演进顺序，不可逆转不可错乱。

③ 从形式到内容的递进式结构是指先讨论问题的外部现象，再讨论问题的内部因素。如《从〈喜福会〉到〈摘金奇缘〉：当代好莱坞的东方想象及亚裔文化的发展》[3]一文先介绍了与25年前电影《喜福会》具有相似情形，

---

[1] 童舟. 中国博物馆立法论 [J]. 中国博物馆，1986.4.
[2] 林精华. 超越苏联却延续传统的后苏联俄国文学理论 [J]. 社会科学战线，2013.6.
[3] 李晓昀，李晓红. 从《喜福会》到《摘金奇缘》：当代好莱坞的东方想象及亚裔文化的发展 [J]. 当代电影，2019.1.

2018年8月上映的好莱坞主流电影《摘金奇缘》热潮所带来的好莱坞东方想象的现象，再接着从叙事空间、叙事策略、角色塑造等方面进行解读和研究，最终指出"好莱坞主流电影体制下亚裔美国人对于东方世界的想象，体现出的是对于美国文化价值观的认同"。该篇论文即从外在现象出发，逐渐进入到具体内容的研究，层次清晰。

递进式结构的优点是能够准确并全面地反映客观事物的发展规律、内在联系，符合日常认知的思维习惯，具有较强的论证能力。递进式结构在使用时，要充分衡量各个分论点、各个层级之间的连贯性和关系。

（3）综合式结构。综合式结构是综合了平行式和递进式结构的论证形式。学术论文在进行论点的论证和文献资料举证时，常常因为论文内部逻辑的复杂性而无法单一使用平行式或递进式结构，大多数学术论文采用的是综合式结构。综合式结构多被篇幅较长的学术论文使用。在论证的过程当中，综合采用递进式或平行式结构，纵横交错、内外结合地展开论证，通常体现为一种结构形式为大层级，次层级又兼以另一种结构形式。

如《毛泽东延安文论话语体系论》[①] 一文的结构体现为：一、以《新论》为代表的民族话语与国民文化方针。二、以《讲话》为代表的党性话语与党的文艺政策。三、主导性话语：无产阶级革命文艺与工农兵方向。前两个层次的分论点是平行式结构，彼此不存在先后主次，第三个层次是对前两个层次的分论点的总结和推进，用以突出论文主题思想。

（二）学术论文的研究方法

写作者的观点来自对现象及对该现象的观察、分析和研究，以及相关理论的了解和思考。这就需要有明确的研究思路和研究方法。简单说来，有四种研究方法是常常体现在学术论文的写作中的。

（1）逻辑学的方法。逻辑学研究思维的形式和规律，它研究概念、判断及推理、归纳等主要的思维形式。逻辑思维方式是科学研究的重要方法，它所指引的归纳法、演绎法等常见方法，是进行学术论文写作的基本方法。

（2）哲学的方法。哲学是对世界观研究的科学，是自然知识和社会知识的概括和总结，是对世界的整体认知。用世界观指导人们对世界进行认识和改造就是方法论，是认识世界和改造世界的根本方法。马克思主义哲学，即辩证唯

---

① 周平远. 毛泽东延安文论话语体系论 [J]. 文艺理论与批评，2014.5.

物主义和历史唯物主义是从事科学研究的指导思想，也就是从事学术论文写作的基本方法论。

（3）学科共用的方法。比如，人文社科类学科都会涉及的一些基础研究方法，如调查法、统计法、比较法、实验法，等等。有时，学科在发展中也会出现交叉使用研究方法的情况，如自然科学研究中的信息论、控制论、系统论就被运用到了语言学科的研究中，进而影响文化研究的方法。

（4）独特的属于某个学科的研究法。学科与学科之间有着相对区分的特定的研究对象及专业属性，因此面对该学科该专业方向的研究对象时，就要采取特殊的专业性的研究方法。

在这一阶段，最重要的是对正确且适合于所选论题的方法进行确认，将前一个阶段收集并通过分析、整理后的材料在研究方法的指引下，对论点进行归纳或演绎，从而进行科学的、有新意的研究。

三、学术论文的表达方式

学术论文的表达有两个方面的内容需要注意。

（一）学术论文的篇章安排

学术论文的组织架构，是用文字的形式将学术研究的结果表达出来。它体现的不仅仅是写作的思路，更重要的是体现的是学术研究何以实施、如何实施的过程以及最终实施的成效，学术论文的篇章结构有着相对严格的特殊规范。

1. 引言

引言又称导论、序论、引论、导言种种。它出现的位置是在学术论文正文的前面。在论文写作准备阶段的说明和介绍中，已经指出引言具有的作用和特点，介绍了引言写作的内容。在此处则介绍引言的表达要求和方法。

首先，要开门见山地引出学术论文主题。在正文开始之前最重要的任务就是提出主题，无须高谈阔论、旁敲侧击，直接将论文所研究的范围、基本内容展示出来。其次，引言部分的写作语言要简明扼要，帮助读者迅速理解论文主旨。最后，吸引读者，可以采用关键词的方式，在引言部分将用于表达文献主题内容的核心内容和核心价值的词汇提出来。

如《英美生态批评的三个关键问题》[①] 的引言部分："近年来，国内生态批评发展迅猛。生态批评并非中国本土孕育，而是从英美文论界引入。国内生态批评对英美生态批评有着很强的依赖性。英美生态批评在学术理念、研究范式和方法路径等方面，对于国内生态批评有着强烈的示范性。国内学界对于英美生态批评的接受并不容易，这是因为：一方面，英美生态批评作为一个新兴的理论批评流派，自身还处于动态发展之中；另一方面，国内的接受和把握本身，需要跨越语言文化等因素的差异。就英美生态批评本身而言，也远不够完善，一些核心理论问题尚需清理。国内生态批评面临的诸多问题，往往与英美生态批评紧密相关。笔者拟就英美生态批评的三个关键问题加以讨论，或对国内生态批评有所裨益。"在此段引言中，第一句话就介绍了课题研究的背景，紧接着用相关领域里的客观实际引出论题的范围和意义，综合现象后提出己见，进而提示针对主题问题"英美生态批评"讨论的必要性，展示接下来正文要论述的内容，介绍要商榷的论点，点明了要讨论的问题，并限定论述范围为"三个关键问题"。

2. 正文

正文也称为本文或本论，其位置在论文的引言与结论之间，是论文的主体和基本内容，是对研究工作的详细表述，一般由各章节的标题、文字、图、表格和公式等部分组成。该部分要运用各方面实验结果、研究方法，分析问题、论证观点，尽量反映出作者的科研能力和学术水平，体量应占据全文内容的百分之八九十以上。在论文正文的写作中，各个章节或部分应以若干层级标题来标识写作者的思路和论点，此处参考"学术论文的结构"部分。具体在正文写作时应注意以下几点。

首先，提出需要解决的问题或全文针对的主要论点，在引言中总结前期研究的基础上，提出本论文解决问题的主要方法是什么。在此，必须用凝练的语言概括出论点，成为论点表述句；全文的其他部分都为该论点表述句服务，因此在写作中须牢牢记住论点，不能随意更换甚至丢失论点，才能在后文的论述中保证全文逻辑结构以及研究方法的统一性、连贯性和整体性。

其次，在正文写作过程中，可选择在开头，抑或中间位置，或者结尾部分，指出本论文在新的方法或论点上的改进或提炼，并采用具体的实例材料来

[①] 代迅. 英美生态批评的三个关键问题 [J]. 学术月刊，2015.47 (11).

证明论点的合理以及论证方法的可行性。

最后，应注重严密的逻辑性结构安排。应注意论述的先后顺序、论点与材料的相互结合，做到层级分明、层层推进论述的深度。按照写作顺序，常用的有两种方法，一种是渐进推动；一种是重点突破。渐进推动按照提出问题、摆明论点、引用论据逐步论述，引出最终结论。重点突破的论文写法是先解决论文写作的主要矛盾节点，再解决次要问题，可以先针对已经思考成熟的部分进行论述，将论文的主干论证后再进行其他部分的补充。

如《中小学语文教材落实国家语言文字规范标准的意义与思考》[1] 一文的正文部分围绕着四个关键词"语文教材""语言文字""规范标准""语文教学"，分解主题为三个分论点：一、中小学语文教材落实国家语言文字规范标准的意义；二、中小学语文教材落实语言文字规范标准中存在的主要问题；三、对语言文字规范标准的制定与推广的思考。在每个分论点下，按照一定的逻辑关系进行深化。如在第二个分论点"中小学语文教材落实语言文字规范标准中存在的主要问题"下，又提出了"（一）不同语标在教材中贯彻落实的宽严程度不一；（二）不同教材之间在贯彻语标上存在一定的差距；（三）同一套教材的不同内容贯彻语标的力度不一"三个深入探讨的问题。该文在论述中，明确提出论点、运用文献资料、数据举证论证论点。如"语文教材的课文有相当一部分是来自历代的传统经典之作，因年代的不同，用语用字习惯有所相同。为了保证原作历史面貌的真实性，不随便更改原作是对的。但考虑到学生学习的需要，用随文作注的方式加以说明则是必要的，即原文是历时的，注释是当下的。如对异读词的调查，人教版、苏教版、语文版、北师大版课文正文中出现的异读词分别有 49、44、45、43 个，而在课后生词中出现的只有 1、0、3、0 个，说明教材在教学目标明确的内容中对异读词的出现还是控制得比较严格的"。在表达上，全文语言表述准确，运用大量专有名词，具有专业性、科学性和理论性，例如，文中表述："如《GB13000.1 字符集汉字折笔规范》规定了 5 种主笔形与附笔形，其中可分为平笔笔形与折笔笔形，光折笔笔形就有 26 种。"同时，该文也做到了语言表达的精炼："教材中较多存在'失范'现象，有的还与语标本身有关。"该文的语言流畅，具有可读性。

---

[1] 苏新春．中小学语文教材落实国家语言文字规范标准的意义与思考 [J]．语言文字应用，2016.2.

3. 结论

结论是全文的思想精髓和文章价值的体现。它集中反映作者的研究成果，表达作者对所研究的课题的见解和主张，对主体部分所阐述的主要内容进行概括，重点评议，提出结论，最好是提出自己的见解，并提出赞成什么、反对什么。结论要简单、明确，篇幅不宜过长。应概括说明所进行工作的情况和价值，分析其优点和特色，指出创新所在，并应指出其中存在的问题和今后的改进方向，特别是对工作中遇到的重要问题要着重指出，并提出自己的见解。措辞严谨，逻辑严密，文字具体，如有必要，在总结观点较多的论文时，常按顺序1、2、3、…列成条文。文字上不应夸大，对尚不能完全肯定的内容注意留有余地。

例如，《观看、行为与身体治理——论VR技术对电影接受美学的重构》[①]一文的结论部分："VR技术面前，人类所获得的是一种真正的自由还是仅仅被图像所获？VR技术带来的主体参与问题真的是接受美学中所预设的主体能动性概念吗？或者只是另一种形式的对主体的规训。更深层次的是我们继续反思新技术对人类行为模式的改变。VR技术的革新改变了虚拟、现实和主体之间的关系，为艺术带来了新的创作契机，然而VR技术的片面发展亦有可能引发新的伦理问题，在新技术面前，我们不但要重新定义传统的电影美学接受问题。还将面临一个更大的挑战，这种挑战来自于技术理性所引发的主体性的危机。福柯在《词与物》（Les Mots et les choses: unearcheologie des sciences humaines）中预言了人之死的问题。然而今天的状况要比福柯的预言严重得多，在新一轮的技术革新面前，消亡的不仅仅是自启蒙以来的人的概念，而切切实实危及了人实实在在的生活。人与机器之间的权力博弈，新技术所引发的伦理问题，势必是未来几十年人文学科需继续讨论和解决的问题。"

从上述例子中看到，结论部分的写作内容如下。

（1）研究结果说明了什么问题。上述论文的结论中"VR技术的革新改变了虚拟、现实和主体之间的关系，为艺术带来了新的创作契机，然而VR技术的片面发展亦有可能引发新的伦理问题，在新技术面前，我们不但要重新定义传统的电影美学接受问题。还将面临一个更大的挑战，这种挑战来自于技术理

[①] 易雨潇. 观看、行为与身体治理——论VR技术对电影接受美学的重构 [J]. 北京电影学院学报，2017. 2.

性所引发的主体性的危机"。此部分即总结了该文的研究对象、论述主题和写作者论点。

（2）对前人的看法做了哪些修正、补充、发展、证实或否定；上述论文的结论中"然而今天的状况要比福柯的预言严重得多，在新一轮的技术革新面前，消亡的不仅仅是自启蒙以来的人的概念，而切切实实危及到了人实实在在的生活"。此部分对福柯预言做出了新的回应，是对福柯对现代社会思考的补充和发展，也是对其观点的修正。

（3）本文研究的不足之处或遗留未予解决的问题，以及对解决这些问题的可能的关键点和方向。

上述论文的结论中"人与机器之间的权力博弈，新技术所引发的伦理问题，势必是未来几十年人文学科需继续讨论和解决的问题"，就是对该文研究所未能解决的问题的指向和提出。

4. 注释与参考文献

学术论文与文学文体的不同还有很重要的一个部分，即对注释和参考文献的重视，对所参考和采纳的他人观点或文字、例证均需要进行标注，以显示规范性、科学性以及论文的独创性。

（1）注释。注释用于说明数据出处或对所注内容做出解释说明，一般分为页末注（脚注）和篇末注（尾注）两种。在所需引用或注释处用上标①、②、③、…表示，注释内容包括作者、出处、出版年份、页码等信息。注释也可是解释性语句。

注释是为了标明引文出处的，如［7］邓金艳，李洪佳. 我国公共政策执行过程中官员问责制的缺陷分析［J］. 学理论，2009（28）。

注释是为了对研究所涉及的内容进行解释的，如①2007 年，《芳草》杂志组织当代文学与文学批评研究界学者专门讨论文学批评中的"中国经验"问题，产生较大影响，对中国文学的中国经验研究有较大的促进。①

（2）参考文献。参考文献是指作者在论文（设计）工作中所参考的文献，包括研究背景、研究方法、研究结果的比较等，是论文（设计）不可缺少的组成部分，也是作者对他人知识成果的承认和尊重。虽然位置在文章的末尾，但它是文献综述的重要组成部分。因为它不仅表示对被引用文献作者的尊重以及

---

① 段吉方. "中国经验"与当代中国文论话语体系构建［J］. 探索与争鸣，2016. 12.

引用文献的依据，而且为读者深入探讨有关问题提供了文献查找的线索。撰写学术论文的过程中，可能引用了很多篇文献，只需要将所引用的最重要和最关键的那些文献资料列出即可。每篇论文的参考文献数量不定，需要注重的是文献的时效性和权威性。

（二）学术语言的规范运用

学术论文的写作采用特殊的语体，即学术语言，属于科学语体。不能采用文学类语体，如不能用散文式的语言进行书写；也不能采用社会生活常见的政论文或评论等表达方式，否则，学术论文就与报刊社论、杂谈等混淆。

1. 学术语言的特点

学术语言要注意规范运用，具有如下几个特点。

一是学术论文的语言要准确。学术论文的重要特征之一是科学性，有自己的专业术语，常常在学科范围内，规范化地制定和使用专业图表、公式、数据、特殊符号，等等。

如"近年来在西方比较盛行的创伤理论（theory of trauma）、情感研究（the study of affect），其实仍是在启用精神分析学等理论的资源，研究或个人或群体的创伤及情感经历"[①]。该文为了更为精准地表述外来专有名词，将外文原文也同时附上，体现了科学性的特点。

二是学术论文的语言表达简单明了，不常使用叙述、抒情等表达方式，常常使用说明、议论，有时也采用不同于小说、诗歌的科学描写。学术论文的主要表达方式为议论，由论点、论据、论证构成，论证方法有立论和驳论，以及分析法、对比法、例证法等论证方法均可综合使用。

学术论文中的说明可将研究对象的特点、性质、构成等进行客观介绍，用以知识的梳理。综合采用说明方法中的定义说明、数据说明、分类说明、图表说明等方法，可以有效突出论文特色，从而用以证明论点的正确性。如"从文化人类学（cultural anthropology）角度看，历史文化大传统与神话叙事小传统之间影响和转换的连接点之一就是巫术和巫师。文化人类学已充分揭示巫术与人类原始文化和神话的内在关联。巫术连接原始生活和文化，并将其特征和要求通过巫师转换为神圣叙事；巫师也通过神圣叙事，对特定社会生活和文化产

---

① 汪洪章. 形而上学的衰落与20世纪西方文论话语形式 [J]. 南京社会科学，2017.8.

生深刻影响"①，此段说明采用了分类说明法。再如，"巫师则是集观念创造和仪式操作于一身的角色"②，这句说明用到了定义说明法。

至于学术论文中的描写，它的目的是把研究对象或事实从全方位或特定方位进行细致展示，为解释论点，揭示事物本质和规律服务，因此与文学中的描写不同。

三是学术论文的文字表达除了写作的可读性基本要求外，还必须做到严谨、平实，用词造句正确规范，对于错别字和基本格式错误也有着相对严格的要求，如学位论文要求错别字差错率在万分之二以下。

2. 学术论文的文风

在学术论文的写作中，还要注意借助学术语言的使用、学术观点的陈述，形成良好的文风。所谓文风，是指写作者在学术论文写作过程中所表现出来的思想作风，或借由学术论文的观点反映出来的具有倾向性的社会风气。注意发扬健康、优良的学术文风是学术论文写作应当注意的。

文风的树立与写作者的人生观、价值观和世界观是有密切联系的，也与写作者的语言习惯在表达上的输出是有关系的。它体现在学术论文中就是三个对立面的考察，即真与假，实与虚，新与旧。

一是所著的学术论文是否分清了真实与虚伪。构成学术论文的论证材料必须是真实可信的，不能造假，必须能体现出科学性的历史必然性；构成学术论文的观点或主题，必须是独创的，不能抄袭或借用，必须能体现出科学真实的发展观。二是所著的学术论文是否做到了充实而非言之无物。真实是充实的前提，运用理论和例证详实地论述真实的观点，具体分析问题，而不能在学术论文中不切实际地进行空想。三是所著的学术论文的主题是否经得起历史考验，是否有新意，所采纳的论证文献资料是否新鲜。

此外，在行文中，华而不实的辞藻堆砌、冗长啰嗦的反复论述、针对前人研究没有论据的恶言批判等，都是写作者立场、观点、思想、精神面貌及修养的不良表现。因此，严肃文风，将学术论文的规范性、科学性代入学术论文的写作过程，展示出健康良好的文风，也是每一篇学术论文的目标之一。

3. 学术论文语言表述的常见问题

因为学术论文写作所运用的语言与日常语言及其他文体表述的巨大差异，

---

① 张开焱. 巫术转化路径与中希神话差异性叙事传统的生成 [J]. 中国比较文学，2018.2.
② 同上。

常常导致以下几方面问题的出现。

（1）忽视学术语言的特殊性，无法实现论文语言特征。用文学类的表达方式修饰学术论文语句，造成论文与文学文体相似。如"南希在面对罗斯温和的语调、甜美的声音、高雅的举止，丝毫没有傲慢和不悦的情绪后大哭，并且叫罗斯跪下来感谢上帝让其从小就有很多朋友喜欢她，没有经历过忍饥挨饿，经历打斗醉酒的场面。通过与自己所经历的事情来做比较，实质上存在着一种羡慕的心理，二者的出身和经历大相径庭，自我是获得安全感的基础，然而南希的生长环境所给予的仅仅是使她在失去自我的过程中体验孤独，由此造就不同的两个人"。在此段论述中，前面部分的语言充斥着文学描写和叙事，不是学术论文的语言表达，缺乏理论性。

（2）学术语言表达不精准，论述不通顺。出现这种情况，往往是因为近义词含糊替代抑或语法错误，更重要的是显示出逻辑能力欠缺，思维混乱。如"对于我而言，电影中吸血鬼文化研究的魅力不仅仅在于吸血鬼符号本身，还在于吸血鬼不经意中所折射出的时代特征、社会文化以及观众情感欲望的变化。作为美国大众文化的核心题材，吸血鬼凭借其独特的文化特质在众多的魔怪形象中脱颖而出，并且形象不断丰富，绝不仅仅是创作者个人的热情和执着，更多的在于社会文化的烙印和大众心理的需要"。在此段论述中，多处表达错误：一是前后语句多次调换关键词，"吸血鬼""吸血鬼文化""吸血鬼符号"未经定义混用；二是含糊用词，如"不经意"，意义不明确，不精准，不知所谓；三是研究主题的表述存在逻辑问题，如是否能将时代特征、社会文化与观众情感欲望并列，是否能将"社会文化的烙印"与"大众心理的需要"并列；四是有明显的语法错误，如最后一句的主语是"吸血鬼"，后接"绝不仅仅是创作者个人的热情和执着"缺乏语法要素。

（3）乱用专有名词、术语。学术论文要求对专业术语的使用，但机械地照搬未经理解或阐释的术语或新词，会造成学术论文科学性的严重缺失。如"萨特在其存在主义三大原则中，曾提到：世界是荒诞的。戈尔丁曾作为皇家海军参加过二战，在二战中目睹了战争的罪恶与残酷，而人身处这荒诞的战争中也变得冷血和残暴"。此段论述中，引用了存在主义萨特的"荒诞"一词，但因未做前期研究，也未在论文的前文中做相应阐释和论述，到了后一句论述战争的"罪恶与残酷"时，简单地将萨特的"荒诞"等同于了战争的"罪恶与残酷"，这是对萨特思想的误读。

第三节　学术论文的修改

一般来说，一篇学术论文的修改与一般写作的修改相似，都要针对思想观点、写作材料、文章架构、语言表达这四个基本方面进行修改。但针对学术论文的特性，论文比普通写作的修改范围更广，它涉及三次修改。

第一次修改是对学术论文的提纲或论题的修改。它发生在论文开始正式写作之前，用以避免学术论文中将会出现的较大问题，比如，论点或论文架构等具有整体性的问题。第二次修改是在学术论文写作的过程中，针对已经写好的论文初稿进行反复斟酌，完善文章，提升文章质量。第三次修改是在学术论文完稿后，还可以对其进行进一步的思考，研究的观点和材料是否有更新，是否可做进一步的深入研究。

一、整体性问题的修改

提纲的完整性检查是非常有必要的，需从几个方面来进行。

（一）选题和论点的修改

论点的清晰与否影响着材料的收集、论文的展开。如果论题过大，会造成完成难度加大，且无法有效论证；如果选题过小，则论文不够饱满。面对论题过大或过小的问题，修改的方式就是有针对性地选择角度，立足于自己能够把握的题目，将小题做大或者将大题缩小范围。选题过旧或者选题过虚，则不容易产生创新点，使得文章的价值大打折扣。因此，进行修改时应将选题放置到时代和现实基础上，尽量避免虚拟性的缺乏前期研究基础的论题，修改时可多考虑结合社会实际，选择研究具有当代感和现实意义的问题。

如果论点尚未成形，抑或论点本身不具有独创性，没能产生自己的观点，那么最有效的修改途径就是重新阅读和研究材料，用理性思维分析、归纳和提炼前人观点，在研究基础上下功夫，继续收集、分析，直到确立自己的论点。

（二）材料整理增减的修改

文献材料和数据材料都要按最新、准确、合适的标准进行收集和整理。检查材料是否与论点相佐，材料是否具有说服力。常见的材料整理和使用问题，如所选材料和观点不统一，所选材料不典型，所选材料不真实，所选材料陈旧，等等。

提纲中确认的论证方法，是否能够将材料与论点结合在一起进行有效论证。如果出现问题，则需要通过逻辑梳理的方式，将材料与分析方法进行一一对应，以确认材料收集和整理工作的完成。

（三）结构与思路的修改

学术论文在结构和思路上出现问题主要有以下几种情况。

1. 结构缺失

学术论文没有形成完整的整体，就是一般表述中的"没写完"。论文开头不论述研究主题的来源、不论述研究的目的和意义，未在论文中体现出研究的方法，只有观点没有举证，或是只陈述了事实或列举了数据没有结论，等等，都是论文不完整的表现。针对这种情况，补充引言、完善结论、补充论述过程，即可解决。

2. 结构混乱

这种情况表现为逻辑混乱，前、后文存在多种逻辑关系交缠，相互矛盾，或行文中断。这种情况的修改，可根据学术论文的结构设置原则，平行式、递进式、综合式等结构类型进行清理和理顺。

3. 层次不清

层次不清表现在层次与层次、段落与段落、句子与句子之间缺乏承上启下、有效转折，缺乏合理过渡，突然转换论点，忽然举证等；还可以表现为长篇大论数页而不分段落或层次。层次不明确就会导致理论性和科学性的缺失。针对这种情况，在过渡的地方注意上、下文的连贯或转折，在长篇论述的地方理顺层级，标注出小标题是有效的方法。

4. 比例失调

比例失调指的是有的论文重点不突出，导致各个部分之间的写作比例失衡。比如，将引领论文观点导出的引言部分加重而忽视正文部分的论述；再如，在递进式的结构中大量篇幅停留在最初层次，忽视了得出结论的后续层次；又如，有的论文在结尾部分冗长、烦琐，重复论证前文已经论证过的内容，导致结尾部分比论证过程更长。针对这些问题，严格按照学术论文的篇章要求进行删改即可。

通过检查提纲，检查该论文是否实现了提出问题、分析问题、解决问题的三个基本步骤，是否在三个基本步骤的安排上实现了连贯性，论文内容是否与论文标题及论点一致。如果出现问题，则在三个基本步骤上逐一排查，采用分析、归纳的方法以及创造性思维进行整理，做到提纲能够完全展示论文的创新性见解和全篇论文的思路，能够展示论文的各部分逻辑联系。

二、论文写作的修改

在论文修改过程中，首先将会面临论文形成的初稿。初稿往往是第一次展开提纲后，将材料、论点、框架结合得较为粗糙的成稿，此时的修改往往十分重要，论文初稿及多稿修改，需要反复、多次地进行再整理、再撰写工作。

（1）格式校改及调整。论文格式的规范性相当重要，是一篇论文的外在形式，因此对表述方式的校对及修改，对相对严格的格式进行调整，这是最基础的修改。常见的格式错误有：组成部分缺失，如关键词缺失、论文摘要缺失、参考文献缺失，等等；标题层级混乱；图表标识不清；文字错误；标点错误；中、英文及数字交叉使用；参考文献标注错误，等等。

（2）对论文论述的加工。前面提到论文的基本三步骤为提出问题、分析问题和解决问题。这三个部分不可或缺，因此在对论文论述进行加工和修改时，就可参考与这三个步骤一一对应进行修改。提出问题部分，是否做了饱满的前期研究以支撑论点的提出；在分析问题阶段，是否论据材料完整，是否数据提供得当；在解决问题阶段，是否有回应提出的问题的解决方案或建设意见或结论。

论文的正文部分，首先可以明见的是语言表达方面的问题，如表达方式非学术语言化、用词用字不准确、语意句式难懂，用词如缩写词不规范，等等。针对这些问题，可以逐一排查，按次替换和修改。

其次，学术论文文体常有的问题是论文普通文章化，如论文文学化，写成了散文、小说或诗歌；论文写成了总结，带有文件样式的总结型文章；论文写成了教材，充斥着知识性问题的收集和整理。针对这部分问题，要注意日常训练，在写学术论文时谨记不能使用假、空、大的论述方式。

最后，其他常出现的问题是前后论述逻辑不一致，论证方法运用不完整，论据材料空缺或错误使用，等等。

三、定稿后的修改

学术论文定稿之后,也不能就此放下。对定稿的论文进行再修改或思考如何修改,或者据此论文提出将来论文的注意方向,是具有学术论文特点的有效研究方法。因此,论文定稿后的修改就具有了如下的必要性:一、修改是论文作者对学术研究的深化过程;二、修改是提高论文质量的重要途径;三、修改是提高写作能力和学术研究能力的重要程序;四、论文的反复修改也是高等教育培养严谨治学的科学态度和良好学风的体现和证明。

| 思考与练习

1. 学术论文的选题应注意什么?
2. 学术论文的结构如何设计?
3. 学术论文写作容易出现哪些问题?
4. 在你的专业范围内,根据所选定的主题与收集到的资料,构拟一篇学术论文的写作提纲。

第九章　日常文书写作

不论在我们的日常生活中，还是求学、求职或者进入行政机关、企事业单位工作之后，总有需要使用文书写作的时候。这些常用的文书以及在职场上的事务性文书，都是取材于日常生活的事实，或者因应某一目的、事实的需要而写作，所以通常会有一些固定的术语、格式或者写作规范，不能凭空杜撰或者无拘无束地任意发挥，更重要的是往往要符合时代的需求，其重要性不言而喻。

由此可见，文书写作除了必须具备基本的写作能力以外，还要熟悉这些文体的特殊格式、专门用语以及现今较为流行的写作方法。要通过反复的练习来累积这方面的写作知识、经验和素养，进而学以致用，才能避免临事求人或者写出不伦不类而贻笑大方的文书，甚至陷入影响行政或工作效率等困境。

第一节　履历表、个人简历和自传

履历表、个人简历和自传是最被广泛应用的求职文书，它们是应聘者在求职时的"敲门砖"，可以说是求职、就业乃至于在学业上继续深造的过程中不可或缺的一种应用文体。自传是叙述自己的生平，借此向别人推销自己，把人生中最需要凸显的、最值得介绍的几个部分，简化成精彩又能引人注意的短文。个人简历则是向别人客观地介绍自己，也可以视为"简化的自传"，对于应聘工作所要求的学历、经历都要尽量写入，还可以利用"表格"的方式来呈现。履历表则是"更加简化的自传或简历"，通常都会有固定规范的格式或模板提供给求职者作为参考。其中，简历和自传都是个人优点、特质和企图心的展现，让自己优秀的、与众不同的一面被突显出来，让主管对求职者有深刻的印象，进而提高被录用的机会。

一、履历表和个人简历

（一）定义

履历表有一个非常大的作用，除了许多招募单位会要求面试者交纳这种书面材料以外，更重要的是为了使求职信的推介效果更加显著，所以大多数的求职者会在求职信后面附上自己的履历。履历表可以视为简化的自传、简化的简历，因为它必须在被规范的或者有限篇幅内，将个人材料简明扼要地以美观整洁的表格方式呈现出来，让面试单位对求职者有概括的认识，进而增加求职者获得面试的机会。

个人简历可以直接简称为简历，是求职者给招募单位发的一份简明扼要的书面介绍，内容包括个人学历、经历、特长、爱好及其他有关情况。它是个人资历和能力甚至是个人形象的书面表述。

履历表和个人简历有一些区别。因为个人简历是求职者给招募单位发的一份简要书面介绍，包括姓名、性别、年龄、民族、籍贯、政治面貌、学历、联系方式，以及自我评价、工作经历、学习经历、荣誉与成就、求职愿望、对这份工作的简要理解等个人基本信息，所以要比表格式的履历表篇幅长，内容也更详细。此外，简历和履历表一般都用于求职，但履历表也可以作为入职后的人事档案。

（二）写作之前的准备工作

不论是写作履历表、简历还是自传，首要工作是尽量收集个人材料。也就是在行文之前，应该先将自己过往的经历好好梳理一番，不是直接拿起笔来埋头苦干。例如，从小到大和自己相关的照片、影片，求学时期的成绩单、比赛奖状、考试证照，甚至是日记、手札、笔记等，把这些岁月所留下来的或许尘封已久的有形记录和无形个人记忆整理出来。一方面，回顾自己人生中的每一个重要且精彩的片段；另一方面可以通过这些材料的时间顺序，挑选并编排出一份属于自己的"个人年谱"。

个人年谱的概念其实就是人生阶段的大事记，在写作上可以采取顺向的回忆和记载，也可以由目前开始往前面逆推，以个人习惯、方便的书写方式来撰写即可。内容至少要具备出生、小学、初中、高中、大学等五个人生必经历程，虽然小学和初中阶段的就读与毕业等内容，或许在未来的履历、简历和自传里没有太大用途，但是能利用这种方式再度唤起一些个人记忆。

除了制作个人年谱，甚至还可以针对求职方面的需要，结合自己的未来生涯规划，事先设定一个简要的"近、中、远程目标"。一般来说，个人的近程目标是自己当前的或者在进入某个企事业单位之后最迫切的目标，必须写得最为精确翔实；个人的中程目标大约是未来 3 个月到半年之内自己计划要完成的一些确切事项；个人的远程目标则是1年或者3年之内的规划蓝图。"近、中、远程目标"三个阶段的时间，可以根据实际的需要而做弹性调整，比如，国家政府机关或者一个大型企事业团体的远程目标，往往都是5年甚至10年的长期计划。但是不论是近、中、远程的任何一个阶段，在设定的时候通常都具有强烈的针对性和目的性。设定"近、中、远程目标"最大的作用，除了能明确规划自己的未来方向，有机会参与面试时也能把它提供给面试官作为参考。

"近、中、远程目标"写作方式见下表。

任职/攻读（公司全名与职称/学校全名与系所）近、中、远程目标（计划）

姓名：
公司全名与职称/学校全名与系所：
基本调查：规模、成员及其大致人数、资本额、成立时间、发展历史、营运模式、近况或现况、特殊事件、未来发展……（越详尽、越清楚为佳）
……………………………………………………………………

 一、近、中、远程目标（计划）摘要
  约100字，以不超过300字为宜
 二、目标（计划）表格

第一	近程目标	
第二	中程目标	
第三	远程目标	

表格下方可以依照个人需要或意愿，利用小短文分析或解释表格。（依上述表格、从上方表格可知，……）

 三、总结
  约300字，对近、中、远程目标（计划）的总结，可以在此处分析或解释表格。最重要的是，呈现个人对公司或学校的未来贡献。

（三）基本架构和写作要领

个人简历以简洁、精练为最佳标准，通常是简短的两页设计，200～300字即可，通过几个段落清楚、层次分明的文章格式，如实地把自己入职之前的个人材料交代一番，尽量做到内容虽然简单，介绍却很明确。所以它的基本架构主要包括"个人基本信息""学业有关内容""重要经历""所获荣誉"和

"专业特长"五大部分。

个人基本信息部分，包括姓名、性别、出生年月、家庭地址、政治面貌、婚姻状况、身体状况、兴趣、爱好、性格等个人资料。学业有关内容部分，包括就读学校、所学专业、学位、外语及计算机掌握程度等。重要经历部分是指入学以来、入职之前的简单经历介绍，例如社会工作或者加入党团等方面的情况。所获荣誉部分，比如专项奖学金、优秀学生干部、优秀团员等特殊荣誉，都是写作简历时必须列进去的重要材料。专业特长部分，则是在所获荣誉以外的其他特殊表现，如计算机、外语、驾驶、文艺、体育等。

关于履历表的部分，目前很多政府机关、企事业单位都有固定规范的格式，如果没有现成格式可以作为参考，也可以自行设计。一份自行设计的履历表，通常以计算机打字的一张 A4 纸呈现，如果学历、经历和资格非常出色，也尽量以两页 A4 纸为限，因为不论是简历或履历表，内容过于冗长都容易产生反效果。一般来说，履历表包括以下七大部分（见下表）。

履历表的七个基本内容	
1. 应聘工作	单位部门、职称、希望待遇和工作地点
2. 个人资料	姓名、性别、出生年月、血型、身高、体重、政治面貌、婚姻状况、身体状况、家庭地址、联系电话和手机号等
3. 教育程度	一般由最高学历写起，再依次向前一段学历追溯，通常要有三个阶段
4. 社团活动	包含校内外所参与的社团名称，必须写出明确的起讫时间和担任的职务。起讫时间通常要精确到某年的某月
5. 工作经历	曾经工作的单位、部门、职务，必须写出明确的起止时间，通常要精确到某年的某月，并且简单说明担任的职务和工作内容，甚至有时候还要写出薪资和离职原因
6. 语文能力	说明听、写、说、读的程度
7. 专业训练	说明目前通过的考试、鉴定等的项目和名称、取得的专业证书或执照，甚至是获得的特别资格、参加的特别训练等

除了自传以外，履历表和个人简历要在不造假虚构的最基本前提下，写一些对申请工作有意义的经历和经验，与自己申请的工作无关的事情可以尽量不写。尤其履历表和个人简历，通常招聘单位要在极短的时间内读完，迅速地对应聘者做一个最基本的筛选，所以写作这两种文书时，可以事先做一个自我设定，就是保证你的内容可以使招聘单位在 30 秒之内判断出你的价值，进而决

定是否选择你、聘用你。

（四）注意事项

写作履历表和个人简历，首先，要避免使用过度简易式的表格以及中、英文合并的表格。其次，检查是否确实填写了各项基本数据，在篇幅许可的条件下也可以稍微强调自己的专长和强项。

然后，依照需求或规定，决定要手写还是计算机打印。因为现在一些企事业单位相信"笔迹学"而要求应聘者使用手写来呈现自己的中文版简历和履历表，或者招聘创意人才的单位会希望应聘者自行设计，此时就要力求字迹的工整、版面的整洁和干净，在设计上也尽量以简单大方为要，切忌夸张或怪异。计算机打印则要用 A4 标准纸打印，除非应聘的职务和排版工作有关，否则一般来说，字体上最好用常见的宋体或楷体，尽量不要用过分华丽的艺术字体、彩色字体，排版上避免标新立异，以简洁、明快为佳。履历表方面，也会因为书写中文和英文的不同而有一些差异（见下表）。

中文履历表和英文履历表的不同侧重点		
项　目	中文履历表	英文履历表
书写重点	强调个人学历、经历和相关证书等	强调自己的特点和魅力，增加对方录用自己的机会
格式要求	可以采用固定规范的格式	通常格式和内容不限定，必须自行设计
呈现方式	需要手写时要注意字迹，以免影响观感	大多使用计算机打印，要注意每行的间隔和字体大小

最后，要慎选照片。不论是履历表、个人简历还是自传都有可能需要贴上个人照片，在照片的选择上，为了避免面试单位有"这位是新手""这位没有工作经验"的想法，因此不一定要使用学生照或毕业照，以脱帽彩色、正式服装的 3 个月内近照为宜，可以有个人魅力但切忌使用自拍照和太过随意的生活照。

（五）例文说明

"人事助理求职"简历见下表。

个人简历						
个人信息	姓　名		性　别		年　龄	
	民　族		政治面貌		籍　贯	
	毕业院校		专业		学历	
	求职意向					
联系方式	电话			E-mail		
	地址					
教育简历						
个人能力	英语能力					
	计算机能力					
	特长					
实践经验						
获奖情况						
自我评价						

二、自传

（一）定义

相对于简历和履历表的简洁精练，自传的结构则是类似于作文的写作方法，利用简明清晰的文字来叙述自己的生平，让别人在较短的时间内更加详确地认识自己，通过个人专长、优势等的阐述，在应聘者当中脱颖而出。

自传的"传"字应该理解成"人物传记"，比如，《苏东坡传》《王安石大传》《阿Q正传》等。它和真正的"纪实""记史"有一些区别，可以像我们认知上的"正传""别传""小传""大传"一般,并非呆板的、沉闷的且按照过分严谨的历史发展来逐一记载内容。

(二) 基本架构

一般来说,刚进入职场的大学毕业生,或许没有丰富的工作经验或资历,又或者从来没有写过自传而不知从何下笔,遇到这样的情况时可以先从最基础的自传写作练习开始着手。

最精简的自传内容可以分成三段。第一段的主旨着重在"学历、学科、学习"三方面,职场新人可以尝试将自己在校所学以及相关证件与希望应聘的单位的所需专业紧密相扣。

第二段重点写"以往的工作心得或社团活动所呈现的经验及个性"等方面,如果过去的经验无法和未来想从事的工作产生直接关联,也可以利用自己在面对现实生活的待人处事等态度,通过性格上、兴趣上和工作单位的共同点、共通性来加以呈现,凸显自己和该职务之间的联系性。

第三段则是再次强调自己的竞争力,重申自己的优点,比如,勤奋、沉稳、积极、乐于学习、勇于创新等个性,并使用较为谦虚的口吻和语气,恳请企事业单位给予面试的机会。

(三) 撰写格式和写作要领

上述自传基本格式可以提供给没有自传写作经验的人作为练习时的一种参考,因此每一段都要想办法尽量地紧扣应聘职务所需的职能,与此无关的内容则可以精简。但是自传也可以是个人风格的一种展现,尤其企事业单位的领导每天都会收到很多的履历表、个人简历和自传,如果自传的内容太过单薄,或者只是在陈述一些空泛的、无关痛痒的、面试单位不重视的内容,只会让这份自传更快地被丢进垃圾桶而已!

因此,一份成功吸引面试单位的自传,内容必须在充实完整、适度精简、表达清楚又不失个人特色和风格等方面之间取得平衡。尤其自传并无严格规范的固定形式,虽然写作比较自由,可以带一些创意,但是仍然要具备六个最主要的部分。也就是说,如果能在有限的篇幅内,通过文字展现下列重点,不仅能更加吸引面试单位的目光,也能较为完整地将个人相关资料呈现出来(见下表)。

自传的六大基本内容	
项　　目	说　　明
1. 家庭背景	简单交代家庭状况，对家庭成员做一些概略性说明
2. 求学经历	（1）最高学历之前所经过的学历可以轻描淡写地带过。 （2）可以着重写最后阶段的学习经验和心得的说明。 （3）如果在求学期间取得专业证书或执照，必须详加说明
3. 个人经历	包括班级干部、校内外社团经验和重要活动，社团或活动的名称、起止时间、担任的职务、心得、收获和感想
4. 就职经历	简单说明曾经工作的公司、职务、内容、起止时间、收获和心得感想
5. 自我能力评估	借由个性、兴趣来剖析自我，也可以兼及闲暇生活的安排
6. 生涯规划	对自己和应聘单位的未来期许，可以想办法展现做事态度、工作观等

　　一般来说，除非应聘单位有特别规定，否则自传以800字到1000字为宜，大约是A4纸张用横式撰写时的一到两页的篇幅。因此上述六项自传的基本内容，当然可以根据自己的特质、需求和实际状况做适当的介绍，进行分量的配置和字数的弹性调整。尤其职场新人，如果本身真的没有太多经历可讨论，甚至可缩短为600字。严格按照常规，反而容易束手束脚，适得其反。

　　不过必须注意的是，写作自传类似于推销商品的概念，在不造假、不夸大的前提下，应该凸显和放大自身优点、缩小缺点，借此来展现自己的优势。更重要的是，虽然是在推销，但也绝对不能主动、直接地称赞自己这件"商品"有多么的好，而是通过各种介绍，让主管或者面试官在自然而然的状况下，充分感觉"这份工作或职位，非这个人莫属！""这个人绝对能够胜任！"等内心感受。也就是说，自传不可能直接出现"不要怀疑，您要寻找的就是我！""没录取我，是贵单位的损失啊！"等词语，却可以利用文字语言特有的暗示性、感染性等魔力，以不卑不亢的语气表现个人特有的优势、高度的自信、丰沛的热情以及强烈的企图心。

　　正因为如此，为了让主管或面试官对身为求职者的自己留下深刻印象，进而提高被录用的机会，所以在写作时可以通过上述六项自传的基本内容，根据自己想要特别着墨的部分，不断地为自己塑造并且向阅读者暗示个人的性格特色，甚至是自身秉持的人生观、价值观等。

　　例如，家庭背景部分，除非家族有特殊事迹值得书写，否则一般不需要太过详尽，简单交代个人基本资料和家世背景即可。因为面试单位是要挑选人才而不是扮演"侦探",对于面试者个人的家庭琐事应该不会太感兴趣,所以这个部分重在表现家庭对个人性格特质、学习历程与人生态度的影响。

求学经历部分,以清楚扼要地说明每个求学阶段的历程为主。但如果有印象深刻、影响深远的师长或长辈,则可以"放大"处理,或者针对单一的学科专业、学习阶段的特殊表现进行适度的发挥,而校内外的比赛或奖学金也都是可以特别着墨的地方,借以展现自己的强项和学习态度。个人经历部分,重在表达个人的沟通能力、领导能力或者团队合作能力,尤其大学毕业生通常都是职场新人,工作经历相对较少,可以通过这个部分加以"补强",把这些经历变成心得体会或对自己的启发,进而成为是否被录取的决定性因素。

就职经历部分,写作上的表达重点和个人经历部分相近,一方面详细列出过去的工作经历及离职原因,另一方面,切记"好聚好散"原则,千万别对过去的工作,包括领导、同事有任何抱怨及埋怨之辞。如果在兼职或专职工作中有特殊表现或心得和收获等,也都可以特别挑选出来作为撰写题材,在自传中稍微增加这些部分的篇幅。自我能力评估部分,除了借由上述几个部分所体现的个人性格特质和专业能力来进行自我评估,也可以进一步结合应聘的工作性质去做分析,自身优势必须凸显,劣势要在不欺骗、不隐瞒的前提下"避重就轻"。

生涯规划部分,则是尽可能地将个人专业、兴趣和应聘单位进行联结,如果原本已经在工作,也可以稍微说明投入现在这个工作的原因。这个部分的内容也是单位领导和面试官会去特别注意的地方,因为它基本上已经可以视为整篇自传的结语了,是为自己在未来工作场合所规划的一幅蓝图。所以写作时除了要强烈表达个人企图心、学习心,更要让单位领导和面试官深刻感受到"你一定会提供自身所学、发挥潜力,并且全心投入工作"的意愿。

(四)注意事项

写作自传有以下几个需要注意的事项。

第一,要懂得驾驭文字。虽然求学背景、职场经历、性格特征、人际关系、专业能力、自我期许、抱负理想等都是必备的内容,但要懂得如何取舍。此外,不论是流利通畅、沉稳感性或者耳目一新,都可以是自传的风格,所以一方面可以尽量省略枯燥、一般人都大致相同的烦琐部分;另一方面也要极力避免冗长和流水账,让自传既简要又精彩。

第二，突出个人优势而不是单纯地自我介绍。在写作自传时必须不断提醒自己，要"有的放矢"，也就是适度地推销自己，在整篇自传中的每个刻意去扩大叙述、特别着力的部分，都是自己想取得别人注意的地方。

第三，尽量利用计算机打字而非拿笔手写。除非应聘单位有特别规定或者自认为"功力深厚"，否则以计算机打字来呈现为宜。如果要拿笔手写，就必须特别注意纸面的整洁、字迹的工整，以及行距的整齐。不论是计算机打字还是拿笔手写都要避免错别字，才能让阅读者留下好印象。

此外，许多关于这方面的授课教师和专业人士，也具体整理出一些必须极力避免的事项，而且它们几乎可以同时适用于履历表、简历和自传三种文书。千万别犯的"履历、简历和自传的十大错误"（见下表），可以提供给初学者作为参考。

千万别犯的"履历、简历和自传的十大错误"	
1. 暴露个人缺点	不论是履历、简历和自传，都不要故意暴露自己的缺点
2. 以负面态度看待事情	不论是自己的生平、想法甚至是前一个工作的离职原因，都应采用正面表述
3. 前后矛盾	要极力地避免前后观点不一致，或对自我人格特质描述颠三倒四，这会混淆面试官对求职者的特质认定
4. 文字应用错误	文字应用的错误可分为"别字错误"和"语义错误"两种。前者可透过自我检查来改善，后者可能是自己长期以来的用字错误习惯，此时应寻求他人协助纠正
5. 文字过度口语化或出现网络语言	文字表达要尽量使用书面语，不应过于随便地以日常交流的语言来写作，甚至出现太多网络用语。这些缺点不仅会让面试官感觉到求职者不够正式，整体求职态度也不够专业和慎重
6. 态度轻浮	求职者对面试单位的称呼必须正式有礼，同时也应以得体的态度来撰写自传，不可语带轻浮
7. 直接要求福利或工资	求职者在自传中尽量不要触及这个话题，当然更不要在简历和履历表中填写期待的工资和福利
8. 挑战权威	求职者如果想在履历、简历或自传中提及自己对企业或产业的熟悉和专业性，应尽量描述对招聘单位的好印象，即使有不同意见也应拟出正面策略，而非批评过去的成绩或做法，甚至挑战权威

续表

9. 俏皮当有趣	创意无限是职场新人的优势，但履历、简历或自传建议仍应以慎重、庄重等风格为主
10. 文字过多或过少	或许简历或自传都无法成功地完整展现个人所有优势，因此对于过多的内容或个人材料必须懂得适度挑选和文字上的精简。而职场新人如果没有太多经历可讨论，可以将履历和个人简历，或者履历和自传，利用计算机格式排版，把这些内容的页数压在一页之内

在上述十大错误中的"暴露个人缺点"一项，是指履历、简历和自传虽然最忌造假，但写作者仍然要懂得适度地掩饰，千万不要在自己的缺点上"大做文章"，更不要天真地以为，主动告诉面试官自己的缺点，对方会因为你的诚实而好心地"放你一马"。事实上，自曝其短只会增加求职落榜机会。

至于"文字过度口语化或出现网络语言"一项，则是现代人很容易犯的一个毛病，拜科技所赐，计算机、笔记本和手机等生活用品让许多人的工作时间大为缩短，但也让现代青少年的文字表达能力逐渐钝化，尤其许多人在求学阶段，已长期习惯在网络上发表文章，造成文字表达内容出现太多网络用语和口语化的问题，在求职时不仅会让面试官感觉到应聘者不够正式，整体求职态度也不够慎重。故作幽默的"俏皮当有趣"一项也是如此，不要原本想呈现"惊艳"效果反而变成"惊吓"，造成严重的负面效果。

第二节 工作简报和广告文案

一、简报

（一）定义

简报，顾名思义就是简要的情况报导。它是简要的调查报告、简要的工作报告、简要的消息报道，是传递某方面信息的简短的内部小报，具有汇报性、交流性和指导性。所以简报又常被称为"简讯""动态""要情""摘报"等。而机关、团体、企事业单位编发的"情况反映""工作通讯""信息快报""工作动态""经验交流""情况交流""内部参考"等，也都属于简报的范畴。

(二) 种类和特点

简报的种类可以依据时间而分为定期简报和不定期简报，或者根据性质而分为工作简报、生产简报、学习简报和会议简报等，也可以按照内容而分为综合性简报、专题性简报等①。它可以应用的范围很大，包括向上级反映情况、汇报工作、提出建议，或者对所属单位提出指导、意见和要求，借此传达领导的意图；也可以和平级单位交流经验、沟通信息，所以具有"简、快、新、实"等基本特点②。如今各级党政机关、人民团体、企事业单位都会使用这种小型内部刊物，以便更好地配合工作、加强协作。此外，为了使简报本身的特性更加鲜明，本书将它和一般报刊做比较，借此显现其特色。

首先，简报的篇幅通常特别短。这是简报区别于一般报刊的最显著特点，目的是为了让阅读者在有限的时间内很快地把它读完，所以简报的篇幅一般都比较短小，内容当然也相对较少，有时候只是一篇文章或者几段信息，整篇简报通常只有一两千字，因此必须使用简洁、精练的语言来写作。

其次，简报只限于内部之间的交流。简报不具有一般报纸面向全体社会的公开性、知识性或趣味性，它通常是作为内参性文件，仅限于内部交流，或者是呈交给某一级领导人看。所以有一定程度的保密要求，不能任意扩大阅读范围，尤其是涉外机关和专政机关主办的简报，往往不宜甚至不能公开传播。

最后，简报内容的专业性很强。因为简报不同于一般报纸包罗万象的综合性特点，它往往是由相关机关单位主办，所以它的内容具有很强的针对性，专业性也极强。

(三) 写作格式

简报在使用上很广泛，种类繁多，写作格式也不尽相同，但一般都包括报头、报核和报尾三部分。

1. 报头

关于报头部分，简报一般都有固定的报头。报头位于第一页上方，约占全页三分之一。内容包括简报名称、简报编号、编发单位和印发日期等（见下表）。

---

① 所谓"综合性简报"，就是综合反映情况的简报；"专题性简报"就是反映特定情况的专题简报。
② 王艳芳，马丽云编. 公文写作与处理 [M]. 兰州：甘肃教育出版社，2008：169-170.

简报"报头"的基本内容	
1. 简报名称	印在简报第一页上方的正中处,并且使用醒目大字①
2. 简报编号	就是简报的期号,要用小字写在简报名称正下方的居中位置。一般会按年度依次排列,有的还会特别标出简报的总期号。但是,如果有"增刊"的期号,必须单独编排,不可和"正刊"期号混编
3. 编发单位	写在编号下面左侧,要标明单位全称
4. 印发日期	就是印发日期,写在编号下面的右侧,以领导签发日期为准

另外,有些简报的报头,还会根据需要而在左上方加印标志,如"内部刊物,注意保存"等常用语;或者标明密级,如"机密""绝密"等。

最后,报头下面会用一条或两条粗线(报头线),把报头与报核隔开。

2. 报核

报核的部分又称版面。它主要由按语、标题和正文三部分组成。

首先,按语部分。简报的编写者通常会加写按语,主要目的一方面是为了引起重视;另一方面是要体现领导意图和编者观点。常见的按语有说明性的、提示性的和批示性的,必须写得简明一些,内容要具有针对性和指导性。另外,因为按语并不是在指导、指示别人,所以要多用"商量"的语气,如"供参考""请加以研究"等。

其次,标题部分。简报的标题必须醒目而恰当,它可以是一般性文章的标题②,也可以是新闻性标题③。后者一般用正、副两个标题,正标题用来概括文章的主要内容或意义,副标题用来补充说明正标题的来源和依据。此外,还有一种以"多行标题"作为简报标题的方式,这种标题的组成通常会在三行以上,上行是"眉题",用来说明背景、交代形势甚至是烘托气氛;中行才是"正题",用来概括内容、凸显主题、点明意义;下行则是补充情况的"副题",用来提要事实、简述成果。

最后,正文部分。简报的正文一般由开头、主体和结尾三部分组成。开头通常是写导语,一般是用一句话或一段话来总领全文,或者概述全文中心、主要内容;或者概述主要成果、主要事迹等,目的是引起下文,也能让读者预先

---

① 简报为了醒目,"简报名称"常常采用套红印刷。参见苏豫. 办公室公文写作大全. 北京: 中国华侨出版社, 2012: 88.
② 也就是单行标题,亦即用一句话作为标题,这句话可高度概括简报内容,也可直接揭示简报主题。
③ 也就是双层标题。双层标题的好处,是能以副标题来对正标题起一定程度的强化作用。

有一个总的概念。主体一般以叙述为主，或者按时间先后顺序写，或者按逻辑顺序写。结尾可有可无，所以多数简报都没有专门的结语，但如果要写结尾语，常会用简要文字概括小结，或者指出努力方向，或者提出要求，或者提出号召，以加深读者印象。

3. 报尾

简报的报头和报核两个部分写作完成之后，最后就剩下报尾的部分了。所谓报尾，是指简报末页的下端，下面也会有一条或两条粗线，称为"报尾线"。报尾左端要注明发送范围或单位，右端或最末一行则注明印刷份数。另外，报尾由简报的报、送、发单位构成，报送给上级用"报送"，送给同级或不相隶属单位用"转送"，分发给下级单位则用"印发"。

（四）例文说明（见下表）

工作简报

（第××期）

××车站办公室编　　　　　　　　　　　　　　　　2016年5月10日

旅客赞扬我站文明礼貌服务好

我站最近陆续收到200多封表扬信，表扬我站文明礼貌服务好。

封封热情洋溢的表扬信件，有的是国际友人寄来的，有的是归国华侨写的，更多的是国内农民、工人等一般民众写的。一位58岁的老华侨来信说："3月3日那天，我和妻子从××站转车回香港，我妻子有心脏病，携带的东西又多，正在为上车发愁时，客运班09号值班员主动走过来，询问我们到哪里去。她问明情况后，给我们扛行李、拎提包，一直把我们送到车上。我们老俩口非常感动，拿出30元钱表示谢意。这位姑娘却说，钱我不能收，这是我应该做的事情。我们问她叫什么名字，她只说：'我是服务员。'"这位老华侨在信中感慨万千地说："还是祖国好，处处有亲人。"

一个法国女留华学生在信中说："3月底，我经过××车站中转回北京，因天气突然变冷，我在站台上被寒风吹得直打战。一个女服务员连忙把我请到休息室，还给我端来一杯热茶。车到站后，她又帮我拎提包上车，我问她姓名，她只说是'车站的服务员'。"

（以下省略）

××车站是我国最大的客运站之一，过去我站曾以环境脏、秩序乱、服务态度差招致不满。在"全民文明礼貌月"中，站党委带领我站职工，把站台打扮得像一座小花

续表

> 园。车站还要求服务人员在接待旅客中做到"三要""五主动":即接待旅客要讲究礼貌,纠正旅客违章行为时要态度和蔼,处理问题要实事求是;主动迎送旅客,主动扶老携幼,主动帮助旅客解决困难,主动介绍旅行常识,主动征求旅客意见。所以不少过往我站的旅客都称赞我车站确实变了。
>
> ---
>
> 抄送:×××　×××　×××
> 分送:×××　×××　×××　×××
> 印××份

(五) 注意事项

简报的种类很多,应用的范围也很广,因此趁早熟悉这种公文的写法,对未来进入职场的学生以及职场新人来说作用一定颇大。关于简报的写作有四个值得注意的事项:第一,名称的字体要大而醒目,而且标题一般都是经过精心设计。第二,简报内切忌插入表格,每一版的内容不宜过多,最多放四至五行。第三,在内容上选材要精练、要准确、要真实。第四,在篇幅上力求短小精悍,在报道内容上力求迅速及时。

另外,工作场合上比较常用的有会议简报、工作简报和动态简报等。本书也依次对这几类简报进行简单介绍,并通过介绍来突显各自必须注意的事项。

1. 会议简报

会议简报属于比较临时性的简报,一般是在会议之间传播,是专门报导会议筹备和进展状况,反映与会者意见和建议的简报。因此这种简报在写作时,要特别留意该次会议的进展状况,以及会议进行中一些与会者的有建设性、值得记录下来的发言内容。

2. 工作简报

工作简报又可细分为中心工作简报与日常工作简报。中心工作简报又称"专题简报",一般会针对工作中某一时期的中心工作或任务而进行简报,并随着中心工作或任务的完成而停办,因此编写者在平时就要累积写作和工作实践经验,留意、收集该机关、单位的各项信息和材料,如动态、进展等,在写作时才能凭借吸取到的经验而游刃有余。日常工作简报又称"业务简报",是反映一个机关、单位常规性工作情况的简报,因为包含的内容很广,所以编写者在平时就必须特别注意该机关或单位的实际工作情况、上级的政策方向和指导精神，甚至个别工作成员的升迁、调任、奖惩等情形。

3. 动态简报

动态简报一般包括思想动态和情况动态两部分。其中，情况动态往往要求快速编发，而且时效性通常较强，保密性要求较高，发送范围也有一定的限制。因此编写者一方面要掌握写作速度；另一方面也要注意简报内容的保密性，分辨清楚必须保密的期限和范围，如"是在哪一时期、哪一阶段需要保密？""保密的层级或范围到哪里？"等。这是编写者在讲求快速地编写这类简报的同时，还必须特别注意并不断提醒自己的事情。

二、广告文案

（一）定义

广告就是"广而告之"，广告有狭义和广义的分别。狭义的广告又称"经济广告"，它仅指商业广告[①]；而广义的广告则可以包括商业广告、公益广告等。无论狭义或广义的广告，都会需要语言文字的部分，这个部分就属于广告文案的写作范围。

也就是说，广告文案就是一则广告的语言文字部分，是该则广告内容的语言文字载体，而且它更是广告创意的基础。现实生活中，许多令人印象深刻的广告，通常背后都有一位甚至一群优秀的广告文案设计者。

（二）种类和特点

广告文案是一种比较活泼和自由的文书，它的种类会因为功能、作用、要求、传播或宣传方式等多方面的不同，而有各种不同类型的分类方式。如果按照传播方式分类，有诉诸视觉的"书面语言形式"广告文案、诉诸听觉的"有声语言形式"广告文案。如果按照传播媒介分类，有报纸广告文案、杂志广告文案、广播广告文案、电视广告文案、网络广告文案、户外广告文案，以及其他媒体广告文案等。如果按照心理要求分类，有情感要求型广告文案、理性要

[①] 商业广告是以营利为目的，是"通过各种媒介，向公众宣传商品知识、报导服务内容，促进商品流通，为生产和消费服务的一种专用文体"。参考：杨忠慧主编. 应用文写作 [M]. 北京师范大学出版集团、安徽大学出版社，2014：122.

求型广告文案，以及情理交融型广告文案。如果按照主题内容分类，有消费物品类广告文案、服务娱乐类广告文案、企业形象类广告文案、信息产业类广告文案、生产数据类广告文案，以及社会公益类广告文案。如果按照写作文体分类，则有记叙文广告文案、说明体广告文案、论说体广告文案，以及文艺体广告文案。

不过，无论是上述哪一种类型的广告文案，在刊播之后也许可以没有图像、没有声音，却不能没有语言文字。即使广告中没有直接使用文字来表达，但是在刊播广告之前的广告文案设计上，仍然需要以一定的语言文字作为基础。也就是说，广告文案是一则广告的"剧本"，制作和刊播广告永远都无法离开文字。

广告文案具有传播信息、促进竞争和产品销售、指导和活跃消费市场，乃至于服务社会、塑造企事业形象或产品的品牌等多方面的不同功能与作用。因此它具有传播性、真实性、艺术性、简洁明快性等特点（见下表）。

广告文案的特点	
1. 传播性	广告本身是直接为推销、宣传某种商品或对象而服务的，所以必须通过各种大众传播媒介来达到效果，这是广告文案的传播性，如果没有广泛的传播性，广告和广告文案就失去了存在的价值
2. 真实性	广告的真实性是广告文案的基本精神，因此编写过程中不可弄虚作假、哗众取宠，应以诚实守信为基本原则。欺骗、虚假的广告文案并不能达到树立形象、提高宣传效益的目的，一旦受众对广告产生怀疑，甚至失去受众的信任，那么广告本身就会成为毫无意义的行为。因此，坚持广告的真实性不仅是编写广告文案的基本原则，在一定程度上也是在维护广告文案的科学性，这样撰写出来的广告文案才能真正为广大社会服务
3. 艺术性	广告文案经常需要利用形象的文字、精美的图像、动听的声音等传播方式来传达信息，所以它可以说是一门综合性的艺术，通过各种充满创意、新颖的艺术手法和技巧的运用，不仅给广告受众带来视觉上、听觉上甚至是整体精神上的享受，而且能达到传达广告文案本身理念或宗旨的效果
4. 简洁明快性	广告一般都必须在有限的时间和空间获取最快、最高且最佳的宣传效果，所以广告文案的主题必须单一突出，语言要简洁明快，才能引起注意，并在人们心中留下深刻印象

另外，一些"系列广告"因为一般是连续刊播，为了加深群众心理的印象、形成宏大的广告气势，所以它们的广告文案会用比较统一的主题和风格，甚至是同一种广告标题或表现形式，来反映广告主的要求或宗旨。这种广告文案则又额外具有了连续性、全面性和统一性等特点。

（三）写作格式

广告文案的写作方式，一般包括标题、正文、随文和广告标语。

1. 标题

标题就是广告文案的题目，它是一则广告的"灵魂"，其作用在于吸引人们对广告的注目，进而对广告产生兴趣、留下深刻的印象。因此，它往往是一则广告最为强调的内容主题和要求重点。为了将广告内容凝聚、提炼在标题中以吸引、感染广告受众，一般会采取直接标题、间接标题和复合标题三种写作形式（见下表）。

广告文案的标题写法			
写作形式	基本概念	范　例	说　明
直接标题	直截了当地把商品名称、品牌等作为广告核心的内容	"100％纯小磨香油""小米平板做安卓最好用的平板""乔丹篮球我的中国功夫"	表明广告的主题、销售重点、商品特色和优势，或者近期特别举办的宣传活动等，其特点是简洁明了、使人一目了然。
间接标题	采用暗示性、诱导性的方式，先引起广告受众的兴趣，进而自主地阅读正文以了解商品内容	钻石戒指会以"情定终身"为广告标题 空调品牌广告会以"清凉盛夏，低价劲享"为标题	这种写作方式如果再配合图片、美术等艺术形式，往往能有效地成功塑造极富趣味性、哲理性、朗朗上口的广告标题
复合标题	综合运用直接标题与间接标题。一般会有正标题和副标题，并借由正、副标题的互相补充以达到点睛的作用，甚至还可以采用加上"引题"的方式	"旺仔牛奶——整箱营养带回家""以信致远——中信银行""踏青烧烤——怕上火——喝王老吉"等	知名饮料品牌的"踏青烧烤"一语就具有"引题"作用

由此可见，复合标题的特点是更加灵活、更加全面地结合直接标题与间接标题的长度，不论是在正标题就提到商品品牌，还是在副标题才点出商品品牌，总能让广告受众有"即使一开始并不全然了解，但读完整行标题却能恍然大悟"的感觉，借此营造吸引力、感染力十足的广告标题。

广告文案的标题是广告发表和刊播之后给人的第一印象，是影响广告效果关键之一。它可以新颖别致，可以引人深思，也可以曲径通幽地充满暗示或隐喻，因为只有当受众对标语产生兴趣时，才会进一步阅读正文以了解商品内容。

2. 正文

正文是广告文案的核心，要以深入介绍商品、灌输商品知识为写作原则，内容必须实事求是、通俗易懂。编写者一般会在这个部分写明商品的名称、用途、规格、产地、性能、特点、优势、价格，以及出售方式、出售时间和出售地点等内容，也就是利用客观的事实来对商品及其服务做具体的说明，以增加广告受众的了解与认识。

一般来说，广告文案的正文会按照大家熟知的开头、中心段和结尾三段式来进行编写。不过为了多方面实现广告受众对商品的要求，引起受众对商品的兴趣，因此它的写作形式比较自由活泼，并没有太固定、严谨的格式要求，主要是在以客观事实为原则的基础上，多在文字语言的技巧上下工夫。也就是说，扎实的语言功底、较高的文字修养是作为广告文案设计者应该具备的条件。

广告文案正文的写作灵活多样，比如，可以用"直述法"清楚明白、自然朴实地直接介绍商品情况；可以用较为活泼、较有亲切感的"问答法"激发群众好奇心以达到宣传目的；可以用"幽默法"语言诙谐、轻松愉快地宣传商品；也可以用"描述法"来局部性或者全面性地对商品进行描写，通过渲染技巧来营造商品的鲜明印象；还可以用提供文件证明、提出具体例证的"证书式"写法，借助商品或企业所荣获的各种奖章、证书、荣誉等，甚至是群众或消费者的赞誉或肯定的案例，通过各种使人信服的实质证据来证明商品的质量或服务。

此外，还有"论说法""对比法""象征法""目录式"和"布告式"等各式各样的写作方法，但是无论使用何种题材式样，都要抓住主要的信息来叙述，言简意明地以理服人。毕竟正文是广告文案的主导内容，只有可信的主题内容、可证的真实信息、可比的具体材料，才能成功打动广告受众的心灵，使其充分获得商品的各项信息。

3. 随文

随文又称"附文"，可以说是整篇广告文案的"有机组成部分"[1]，内容一般包括企业名称、通讯地址、电话号码、传真号码、银行账号和联系人等信息。虽然和其他类型文书相比，随文部分留下的企业有关信息相对而言没有涉及法律效力的问题，不过仍然要仔细翔实地填写并且准确核对，因为它的目的是要为群众提供和商品或企业有关的必要线索和资料。

4. 广告标语

广告标语就是广告口号。它是战略性的语言，也是广告文案中最能表现创意的部分，目的是利用简短的、容易熟记的、引人注意的语句，除了推广商品、加深广告受众对商品的印象外，商品本身想要传达的一些精神或理念也由此而得以确立。另外，为了能反复不断地刺激或鼓动受众，除了在表现形式上灵活多样、富于变化又容易朗朗上口之外，句子也不宜太长，文字数量一般掌握在 12 个字以内最佳。

广告文案的写作者，总是绞尽脑汁地创作简洁明了、独创有趣又便于记忆、易读上口的广告标语，甚至会去追求一定程度的语言和音韵的美感，不论是以何种语句呈现，大致上都以简明扼要、表述准确、传递清楚、新颖鲜明、易懂易记等原则作为编写的主要方向。

（四）例文说明

例一：幽默式广告文案

红牛饮料平面广告文案

广告语：轻松能量 来自红牛

标题：还在用这种方式提神

正文：
　　都新世纪了，还在用这一杯苦咖啡提神，你知道吗，还有更好的方式来帮助你唤起

---

[1] 杨忠慧主编. 应用文写作 [M]. 北京师范大学出版社集团、安徽大学出版社，2014：124.

续表

精神：全新上市的强化型红牛功能饮料富含氨基酸、维生素等多种营养成分，更添加了8倍牛磺酸，能有效激活脑细胞，缓解视觉疲劳，不仅可以提神醒脑，更能加倍呵护你的身体，令你随时拥有敏锐的判断力，提高工作效率。 醒题：迅速抗疲劳 激活脑细胞 随文：（略）

例二：直述式广告文案

科龙冰箱平面广告文案
广告语：梦想无界 科技无限 标题：或许，精美的干花对干燥室早就艳羡不已 正文： 　　科龙星云座，以独树一帜的专利技术——多功能干燥室，完全颠覆传统冰箱之概念，开创性地于冰箱中配备了可在＋1摄氏度——＋25摄氏度自由调控的防霉防潮储物间，平时可作为干货、药品、胶卷、香烟的专用存放空间，而如有需要更可借助"分立四循环制冷系统"，自如转换成冷藏室。一个空间，两项功能，实属智能科技的经典杰作。 随文：（略）

例三：故事性的系列广告文案

钻戒产品广告文案
（一） 　　一男子狂奔去教堂，今天他结婚，已经迟到了！！到了教堂门口，想起了准老婆非钻戒不嫁的誓言，一片心灰意冷。离开。第一次婚姻夭折了。又是那个男子在狂奔，哈哈，买了钻戒。到了教堂发现又迟到了，人去楼空！二次夭折！还是那个男子，早早买了钻戒，早早去了教堂。看着一对对新人欢天喜地地离开，他心都碎了！！他正要失望地离开，新娘提着鞋来了，今天新娘迟到了！ （二） 　　酒吧一角，一男一女背对坐着，手里都拿着一样的钻戒盒。他们是要向各自的情人

续表

> 表白。不幸的事发生了。他们同时接到了恋人的"一刀两断"电话。他们痛苦地回到座位。这时他们同时看到了对方的钻戒盒。两人很吃惊,呆了!!两人一见钟情,立刻将过去彻底忘记,恋上了!
>
> (三)
>
> 化装舞会,一男一女相识了。虽然戴着面具,但通过言行谈吐,两人互有好感。唯一看见的就是对方的钻饰!其实两人就是未谋面的邻居。舞会后的某天,两人在楼道里不期而遇。看到了对方的钻饰,注意到了对方,一见钟情。两人搞定!
>
> (四)
>
> 雨夜,一对恋人相约见面。人太多了,几次两人都因为拥挤的人群而互相错开,两人一直在焦急地等待。在无任何通信工具的情况下,两人同时举起了双手。手上的钻饰交相辉映。"收到!见面了!"

(五) 注意事项

编写广告文案需要特别注意的事项有下列五点。

第一,主题要新颖、突出而且别致。

第二,形式要灵活多样,语言简洁、精妙。

第三,内容必须真实,文字全面、准确而且到位。

第四,当商品中提到有关保证性、承诺性和服务性的部分,必须清楚明白,不能含糊其词。

第五,广告文案中如果使用有关数据、统计数据、调查结果、文摘、引用语等资料都要标明出处。

另外,在编写广告文案时,"坚持内容的真实性"和"发展广告的创意"两者之间并不冲突也不矛盾,一个优秀的广告文案设计者,反而会试图从这两者之间寻得一个可以互相融合、相辅相成的平衡点。也就是说,写作广告文案是以创意的形式、技巧和手段去选择和表现真实的广告信息。

第三节 工作计划和会议纪要

一、工作计划

(一) 定义

工作计划可以简称"计划",是指机关、团体、企事业单位的各级机构,根据一定时期的工作方针,结合客观实际情况,预先做出安排和打算时所使用的文种。它使用的范围很广泛,不论是在国家机关、人民团体还是在企事业等单位的事务管理活动中都很常用,大至根据党和国家的未来政策方针,对一定时期的发展做出的规划和部署;小至日常工作中对今后的生产、学习或活动做出的布置和安排等,都是它的范围。因此,但凡"安排""打算""设想""意见""规划""方案"等,只要是对未来的一定时期拟订具体计划,包括目标、内容、步骤、措施、完成期限和预期成果等,都属于工作计划的范畴。

(二) 特点和种类

计划的分类方式非常多,所以如何在多种多样的工作计划中,选择最适合当前时空环境的一种计划类型来写作,是撰写者或撰写单位必须分辨清楚的首要课题。本书列举日常生活中经常使用的工作计划来进行介绍(见下表)。

类　型	名　　称
按"范围"分类	国家计划、单位计划、个人计划
按"时间"分类	长远计划、年度计划、季度计划、月份计划、周次计划
按"内容"分类	工作计划、生产计划、学习计划、教学计划、财务计划、科研计划
按"性质"分类	综合性计划、专题性计划
按"形式"分类	表格式计划、条文式计划

其中,上述按"时间"分类的也可以概略性的以长期计划、中期计划和短期计划作为分类标准。此外,计划也可以按紧急程度、任务类型等方式进行分类。这些不同的类型,都是未来制订计划时可以作为参考的范例。

工作计划是严肃的、科学的、有具体方向的，并且极富战略性的一种文体。虽然种类非常多，但有以下四个共同特点。

(1) 具有明确的目的性。制订计划一定要有针对性，使之切实可行、产生实效。因为机关团体和企事业单位对于未来发展的安排与规划，往往投入很多心血，当然会对工作计划给予很大的重视与关注，因此严肃地看待、订立明确具体的目标是工作计划的核心与灵魂。

(2) 具有较强的预见性。因为计划是未来工作、发展方向的先导，所做的各种预想性部属、安排都是为了完成预定目标或阶段性工作任务。因此，制订计划者一定要"站得高，看得远"[①]，必须在计划中预先估计到今后工作中可能出现的困难和问题，对各种可能出现的情况做出正确的分析与评估，并且尽可能地制定符合实际的防范措施，争取主动解决的机会。

(3) 具有很强的指导性。计划的一项重要特点是对今后的工作具有指导意义。因为它的写作重心之一，是对某个机关、单位的发展和工作要点指出明确的步骤与方向，甚至会具体规定、要求人员在一定时间内完成某项任务，达到某个预定目标或措施。所以有了计划，对于参与实践计划的人员而言，可以有一个很具体的方向性，把握一定时期的工作目标和重心，借此提高工作效率，全面完成各项任务；对于领导阶层而言，可以便于检查、总结和推动工作。

另外，也正因为计划是明确而且严肃的未来工作任务布置，所以即使它不是正式公文，但仍具备一定程度的权威性和约束力。在一级法定会议通过和批准之后的工作计划，就具有一般正式文件的同等效能，在它所管辖的范围内，参与人员都会视其为工作、行动的纲领和准则，上级领导也会以此作为对工作进度、质量进行考核的标准。

(4) 措施具有可行性。工作计划极富战略性意义，在制订时要根据部门、单位的实际情况，针对未来形势的发展，上级领导的要求，以及实施后将会产生的实际效益，综合出一个可靠、可行的未来蓝图。因为工作计划是机关单位发展战略的集中体现，所以该项计划就必须完善而且周密，绝非不切实际的空想或空谈，至于计划内容的措施是否适宜、步骤是否恰当、最终是否切实可行，则有赖于"科学"的讨论研究过程。制订工作计划的人员或单位往往要经过反复且充分的讨论，认真寻找各项客观条件并作为依据，研究出一个以"必

---

① 王艳芳，马丽云. 公文写作与处理 [M]. 兰州：甘肃教育出版社，2008：157.

须而且可能的""符合实际需要"为前提的政策方针。通过这种过程产生的计划，才能避免盲目、被动、毫无意义的错误行为，进而增强参与计划人员的自觉性，使各项工作有条不紊地进行。

（三）写作格式

工作计划的种类很多，但是写法大同小异，主要都是预先对工作进行筹划和安排。

如果是国家政府机关或者某些企事业单位，计划有时候会和正式文件具备同等效能，所以在写作上就会有比较通用的格式，一般来说可以分为条文式计划和表格式计划两种。前者的结构由标题、正文、落款组成；后者的结构是由标题、表格、文字说明三部分组成。两者的差别只是在于表格式计划的正文，是使用通过填报数据反映计划事项的表格。落款则包括了署名和日期，不过如果在标题中已写明单位，则落款时可以不写，其中日期是写在计划正文的右下方。

一般日常使用的工作计划，写作格式比较简单，包括开头、主体和结尾三部分。开头部分一般是阐述依据、概述情况，或者直述目的，文字简明扼要。作为计划核心内容的主体部分，则通常采用"并列式结构"写法，主要是阐述目标、任务、要求、措施和办法。最后是结尾部分，这个部分可有可无，一般是再次突显重点，或强调有关事项，或提出简短号召。

不论是国家政府机关、企事业单位或者一般日常使用的工作计划，都不需要刻意去撰写结尾的部分，计划事项写完之后自然结束。但是如果有个别计划，建议可以在事项写完后另起一段，再用简短文字提出号召、要求、希望，或者是奖惩办法。

（四）例文说明

例一：学习计划[①]

个人学习计划

在当前激烈的社会竞争下，提高自身素质，拓宽全局视野，为以后的求职做好充分准备是十分必要的。为了寻找更好的求职机会，特制订如下计划。

---

① 学习计划是单位或个人根据上级指示，结合该单位和实际情况，在一定时间内对预计完成的学习任务和期限做出的具体安排。

续表

一、学习目标

获得会计从业资格证、助理会计师证、英语四级证书;从实践活动中获得工作经验。

二、具体措施

(一)不迟到、旷课,上课认真听讲。

(二)做到课前预习、课上练习、课后复习。

(三)把平时的空闲时间用来读书,多到图书馆学习课外知识和专业知识。

(四)多看有关英语的书籍和影视资料。

(五)多参加与专业相关的活动和比赛。

三、具体步骤

(一)提前半个小时出门,确保上课之前到达教室。

(二)上新课的前一晚用半个小时预习课本资料,课后用一个小时复习,再用一个小时做练习。

(三)周末每一天要到图书馆学习三小时,一小时学习课外知识,两小时学习专业知识。

(四)每一天在完成专业知识学习后,用一个小时记单词,用半小时学语法,再用半小时听听力。

(五)参加 ERP 协会所举办的比赛和会计职业技能比赛。

例二:销售工作计划[①]

2018 年旅行社销售工作计划

根据旅行社目前的经营现状,我社如想在有限的市场份额面前占有一席之地,就得具有超越单纯价格竞争的新竞争思路,以创新取胜,以优质取胜,以价廉取胜,以服务取胜,以快速取胜,以促销取胜,等等。所以,我社明年在加强自身建设的同时,必须加大营销工作的力度,以促进我社的发展,在集团公司的领导下,把旅行社做大做强。

一、××旅行社目前规模较小,且经营能力有限。所以,可以选择在这些细分市场上占有绝对的市场份额。据调查,整个南昌市,甚至江西省的旅游市场上,还没有哪家旅行社是专做商务会议旅游及奖励旅游这一细分市场的,所以我们可以通过这个旅游市场上的空白点来给自己的旅行社做一个市场定位,正如美国学者肯罗曼·珍曼丝所言:定

---

① 办公室的工作计划一般着重在拟制计划的单位或部门对一定时期内的具体工作,作出筹划与安排。

续表

位的精义在于牺牲，只有舍弃若干要点才能重点突出。从而使自己区别于众多的竞争对手，避开市场竞争形成的经营压力。利用集团公司所能带给我们的优势条件，迅速占领市场，成为这一市场的主导型的旅行社。争取在明年承办10个以上的会议团，可采取以下营销计划。

1. 在旅行社设专门的公务旅游业务组。可以提供比如代订饭店客房，代办交通票据和文娱票据，代客联系参观游览项目，代办旅游保险、导游服务和交通集散地的接送服务等，为会议主办方排忧解难，做好后勤保障工作，为与会代表提供丰富而周到的服务。

2. 制定一句旅游业务的宣传口号，可以通过一句朗朗上口的宣传口号反映出我社的市场定位。我认为"让我代理你的移动"比较合适。

3. 通过一切渠道获取有关政府机关、各企事业单位的商务会议信息。

4. 主动出击，承办其商务会议及旅游业务。

5. 提供周到而丰富的系列服务。

6. 加强与主办方的联系，形成稳定的回头客。

二、除了做好公务旅游这一市场外，旅行社传统的休闲旅游这一块业务要继续做，并且要稳步发展，力争明年达到组团和地接人数2017人次的预期目标。

1. 在旅行社成立休闲旅游业务组。

2. 在休闲旅游业务组内部又可细分为组团业务和地接业务两大部分。

3. 根据不同的业务特点采取不同的营销活动。力争做一个客户便留住一个客户，建立完整的客户档案，因为维系一个老客户比去发展一个新客户容易得多，可以更容易形成客户对我们的品牌忠诚。

4. 加强与外地组团社的联系与沟通，主动地向它们提供我们最新的地接价格以及线路的变化，并根据它们的要求提供所需的线路和服务，并有针对性地实行优惠和奖励。

5. 主动地走出旅行社，走访南昌各大机关单位、团体、学校、医院、企业等，甚至深入大街小巷，上门推销我们的旅游产品，这样不仅仅是推销产品，也是在做最廉价的广告宣传。

(以下省略)

××旅行社
(印章)
2018年×月×日

例三：表格式生产计划

××县农场××年
春播蔬菜生产计划

×月×日订

品种	面积（亩）	地块	播种日期	人力安排（工）	产量（估）	备注
白菜	2	1号地	谷雨前	×	×××公斤	
四季豆	10	2号地	谷雨后	××	×××公斤	
小白菜	30	3号地	清明	××	×××公斤	
花菜	8	3号地	谷雨前	××	×××公斤	
茄子	15	4号地	谷雨后	××	×××公斤	
西红柿	25	4号地	谷雨	××	×××公斤	
大海椒	10	5号地	谷雨	××	×××公斤	
合计	100			×××	×××公斤	

主管：　　　　制表：　　　　编报人：　　　　编报日期：

（五）注意事项

虽然工作计划的写作格式比较自由，但不代表编写时可以随心所欲、任意乱订计划。它必须从实际出发，结合部门、单位或自身的实际情况，保证计划的政策性和求实性。另外，还有以下几个注意事项。

第一，上级的指示和要求是制订工作计划的主要依据。

第二，在结构布局上要层次分明、条理清晰。

第三，在语言的表现上要朴实、准确而且简洁，不写空话和套话。

第四，一方面要统筹全面，另一方面也要清楚明确地突出重点。

第五，一方面要对未来做出科学的预见，另一方面也要尽可能符合客观实际。

第六，计划既要积极可靠、切实可行，也要留有余地。

二、会议纪要

（一）定义

会议纪要主要是记载、传达会议情况，以及记载和传达会议议定的事项、会议的主要精神等，并要求与会单位共同遵守和执行。

这种公文必须产生于会议，并反映会议的内容。它可以按照一般公文的发文程序，甚至一些具有普遍意义的会议纪要，也可以根据实际需要，选择在报纸等媒体上发表，借此引起社会的注意和重视。

（二）特点和种类

会议纪要具有条理性、纪实性、指导性和概括性四项特点。

因为这种公文为了使该次会议内容的条理清晰，所以要对会议精神以及议定的事项进行分类别、分层次并且予以归纳、概括，这是会议纪要的条理性。

至于纪实性和指导性两项特点，是因为这种公文除了可以用来沟通情感、交流经验以外，还能统一认识和指导工作，它的内容本身也必须是会议宗旨、议定事项与会议基本精神的概要纪实，决不能随意更改或增减会议内容，只有真实的材料才可以写进会议纪要里。

会议纪要一方面要反映与会者的一致意见，另一方面要兼顾个别同志有价值的看法。所以必须用特别简洁精练的语言文字来概括该次会议的内容，这是会议纪要的概括性。

会议纪要根据性质的不同可以分成四大类：一是在固定日期召开会议而写的办公会议纪要。二是为了解决或协调工作问题而特别召开会议所写的工作会议纪要。三是除了办公会议纪要与工作会议纪要以外，因实际需要而会在工作场合里召开的代表会议纪要、汇报会议纪要和联席会议纪要。四是比较没有行政约束力，侧重于交流的讨论会纪要。

（三）写作格式

会议纪要基本上和其他公文的写法一样，包括标题、正文、落款、日期等内容。但它的写作格式比较特殊，因此本书把会议纪要的写作程序分成标题、文号与日期、正文、落款四大部分来说明。

首先，标题部分。会议纪要的标题写法不同于一般公文标题，并不是以

"发文机关"加上"事由"再加"文种"的方式。它的标题有两种格式：一种是由会议名称加"纪要"二字组成，例如，《×××企业例会会议纪要》《全国财贸工会工作会议纪要》《吉林省工商行政管理局长会议纪要》等。一种是在标题里揭示会议的主要内容，例如，《关于加强纪检工作座谈会纪要》《关于落实省委领导同志批示保护省级文物七级浮屠塔问题的会议纪要》等。

其次，文号与日期部分是会议纪要的制文时间。一般公文的发文日期，标注的位置是在正文之下，但是会议纪要的发文日期，其标注的位置是在标题之下、正文之上。这又涉及了会议纪要必须加注文号和制文时间的问题。会议纪要的文号是由年号、序号组成，必须用阿拉伯数字全称标出，并用"〔〕"括入，写在标题的正下方，如〔2018〕67号。在办公会议纪要这种公文里，文号并非强制、必须的，但是在办公例会中，一般都被要求要有文号，如"第××期""第××次"，也是写在标题的正下方。至于会议纪要的时间，可以写在标题的下方，也可以写在正文的右下方、主办单位的下面，并写上日期，如2018年6月17日。

然后，正文部分。一般公文会在标题之下、正文之上标注收文单位，但是会议纪要一般不标注收文单位，而是直接撰写正文。会议纪要的正文部分可以依次分为前言、主要内容和结尾三部分。前言主要是介绍会议概况，包括会议召开的名称、依据、时间、地点、参加单位、与会人员乃至主持者、议程、主要过程，以及对会议的评价等内容。此外，诸如会议的主要议题、指导思想、目的要求，以及解决什么问题等，也都会在前言部分交代。主要内容就是该次会议的主要纪要内容，可以用综合概括的方式撰写，也可以按照该次会议发言的顺序写作。不论使用哪一种写作方式，都必须清楚反映会议的主要内容、精神、原则，以及具体的结论和成果。结尾部分通常是对今后的任务、未来工作的方向与目标等进行阐述，一般是"提希望、发号召"①，期望有关人员能认真贯彻该次会议的精神并努力落实到实际工作上。

最后，落款部分。会议纪要落款的位置是在正文结尾之下的右方，要清楚且完整地标明纪要的写作单位。这是会议纪要主体部分的最后一项内容，也是会议纪要和一般公文的不同之处，因为一般公文可以只用印章而不标注落款，会议纪要则必须在正文之下落款，一般也不加盖公章。这是会议纪要在格式上

---

① 白庆延. 公文写作 [M]. 北京：对外经济贸易大学出版社，2004：294.

与其他公文的一个重要区别。

（四）例文说明

例：办公会议纪要

××市人民政府
市长、副市长办公会议纪要
2018年×月×日

时间：2018年×月×日
地点：市政府会议室
主持人：×××
出席者：（略）
列席者：（略）

会议讨论和决定以下问题：

  一、同意市计划生育领导小组代表市人民政府拟写的《进一步做好计划生育工作的决定》，可按会议讨论的意见修改补充后在《××日报》上发布，不另行文。

  二、审查了解放大道立交桥的设计方案。会议同意这个设计方案。有关施工的筹备问题，决定另外召开专门会议进行研究。

（五）注意事项

  写作会议纪要时有三个必须注意的事项，一是忠于该次会议的精神。二是听取正确的意见，突出重心。三是正确取舍记录的材料，合理删减。

  另外，如果单就会议纪要的正文部分，也有一些值得留意的事项。一是能从会议的"客观实际"与"具体内容"出发，"抓中心，抓要点"[1]。二是有效掌握并运用马列主义的基本理念与党的指导方针、政策，对会议进行概括与总结，这是贯穿会议纪要的正文部分的一条重要主线。三是为了叙述方便，段落的开头语常用"会议指出""会议认为""会议强调"和"与会人士一致表示"等。

---

[1] 苏豫.办公室公文写作大全［M］.北京：中国华侨出版社，2012：49.

第四节　请假条和一般书信

一、请假条

（一）定义

请假条是利用精简、扼要的文字，写明请假理由和请假时间的纸条子。它大致上可以因为请假的原因而分为请病假和请事假两大类，目的都是请求领导或老师以及其他相关上级，准许自己可以请假而暂时不参加某项工作、学习、活动等。

（二）基本架构和写作要领

我们从进入学校读书到投身于职场工作，总是会因为一些原因而请假，一般在正常的情况下，学校、政府机关和企事业单位都会有固定的模板和统一格式的请假单或请假条。但是万一没有模板、格式作为参考怎么办？又或者事发突然，必须赶紧写个简单、临时性的请假条来告知同伴甚至上级领导又该怎么办？这就是时至今日，即便计算机、手机和各种通信软件这么发达，我们仍然有必要熟知正确的请假条格式的主因。

虽然请假条的内容以简洁明了为主，但是"麻雀虽小，五脏俱全"，因为一张正规的请假条的内容都必须具备以下七大部分：标题、称谓、请假原因、请假的起止时间、祝颂语、请假人签名和请假时间。标题之下的称谓属于请假条的"上款"，而请假原因以及请假的起止时间是"正文"部分，祝颂语、请假人签名和请假时间则是请假条的"下款"。

标题的部分一般来说就是在第一行居中写上"请假条"三个字，用来表明这是一份用来请假的条子。

至于称谓的部分则是批准这次请假的部门或人物，因为这些对象通常都是自己的上级单位，所以除了一定要顶格写上他们的称呼，而且必须注意礼貌，比如，尊敬的领导、亲爱的老师等。

正文部分的请假原因和请假时间必须简单、明了而且确实。先在开头空两格，写清楚请假的理由和请假起止时间，尤其从哪一天或什么时候开始请假，到什么时候请假结束，这个请假的期限一定要重点提出，甚至明确地写上具体的日期。最后,通常也会写上"请领导批准""请予批准""请准假""望批准"或者"特此请假,恳望批准"等以表示礼貌、客气。

请假条的祝颂语是用来祝福对方、表达对对方的友好,虽然不写也无伤大雅,不过这是我国一直以来的传统礼仪和优良历史文化,一般来说还是会写上"此致""敬礼"等祝颂语来表示礼貌和谦卑的态度。"此致"两个字要空两格书写,"敬礼"则要换行并以顶格的方式来写,不需要再空行和空两格。

请假人签名和请假时间是请假条的最后部分。一般来说,申请人的姓名会写在祝颂语下方的隔几行、右下角位置,但是有时候为了美观,请假人的签名也不见得要完全写在右下角。请假时间在一般情况下都是指在填写这张请假条时的当天日期。

(三) 例文说明

例一:学校病假请假条

请 假 条

尊敬的老师:

　　本人昨晚突发急性肠炎,今天早上需要前往医院就诊,不能到学校上课,请假一天,望批准。

　　此致
敬礼

　　　　　　　　　　　　　　　　　　　　　　请假人:×××
　　　　　　　　　　　　　　　　　　　　　　日期:____年____月____日

例二:工作单位事假请假条

请 假 条

尊敬的领导:

　　本人因为年迈的父亲身体不适,1月10日必须返乡陪同就医,特请假三天,请假时间从1月10日到1月12日,恳望批准!

　　此致
敬礼

　　　　　　　　　　　　　　　　　　　　　　请假人:营业部　刘××
　　　　　　　　　　　　　　　　　　　　　　日期:____年____月____日

一般来说，学校的病假请假条也可以用"祝××老师安好"的词语来替代"此致""敬礼"等祝颂语。如果请假的天数较多，建议写上清楚而明确的请假期限，不过请假条因为具有很强烈的即时性和时效性，一般人在填写最后的请假时间，通常也会清楚地写上具体的年、月、日，因此在正文中的请假起止时间可以省略"年"的部分。

另外，在高校和工作场合中，如果人数较多，为了老师、上级和领导在批准时的便利性，可以在请假人签名的部分，填写清楚自己的院系和学号，或者自己在工作单位的职称，通常只需要签字，一般不用按手印。

（四）注意事项

虽然请假条不需要太多的文学性语言和写作技巧，一般只要求写清楚原因、请假的起止时间和希望得到批复即可。但是在言简意明之下，仍然要切记"清楚的表达"和"充分的尊重"。在正文部分，也就是请假原因和请假期限，一定要实事求是、不夸张地说明清楚，避免模棱两可和"找借口"的嫌疑，请假使用的语气口吻则要礼貌而且尊敬。

另外，请假条一般是由本人手书，如果有特殊情况可以由他人代写，但是需要在正文中特别说明，如果需要打印，落款姓名依然要使用手写。在现今生活中，请假条是一种很重要但经常被人们忽略的应用文，它的意义可大可小，千万不要因为不够重视或者在文字使用上的不恰当而闹出令人啼笑皆非的笑话！

二、一般书信

（一）定义

书信是一种联络情谊、叙事达意、通报情况、处理事务的交际性和工具性的文书，是日常生活中最广泛、最实用的应酬文字。所以无论是人与人之间的彼此问候、请托馈赠、庆贺吊问，还是工作场合的求才求职，甚至是好友之间的论事、写景和抒情，不管是公务还是私情，只要依照一定的通用格式，并利用文字书写且有特定收阅对象的文书，都可以统称为书信。

我国自古代开始，就有许多关于书信的异名，比如，简、牍、笺、札、启、函、缄、柬、帖，以及瑶函、鱼雁和雁帛等，可以想见这种古老、质朴却又极为有效的沟通方式，一直被人类所广泛使用。而历代感情真切、文字隽永的书信，例如，司马迁的《报任安书》、李陵的《答苏武书》、嵇康的《与山巨源绝交书》、李白的《与韩荆州书》、柳宗元的《答韦中立论师道书》、史可法的《答多尔衮书》以及林觉民的《与妻诀别书》等，也往往成为流传千古、被后代称道和品赏的著名佳作。如今的我们早已置身在文明进步、科技发达的现代社会，人际交往随着电话、手机、网络等科技产品的发展而日趋频繁，分隔两地的情况不再成为人类的重大困扰，许多彼此交流和沟通的机会更不再受到时空的限制。甚至为了方便性和效率性而利用言语直接沟通，不过书信仍然是人类传递音讯的主要工具之一，它是亲人、友人之间畅所欲言的管道，而且可以保存起来，具有珍藏和纪念的价值。

（二）种类和特点

书信的运用范围非常广泛，无事不可言、无物不可书，几乎已经到了囊括万千的地步。因此，它的种类繁多，可以是亲友、同事和同学之间的私人书信，这类以交流思想、联络感情、互通情况为主的都可以被称为一般书信[①]；当然也可以是单位机关之间的联系工作、处理事务和商洽问题等的公务书信。

不过大致上来说，由于每一封书信都有"收信的人"和"谈论的事"，所以我们可以在琳琅满目的书信内容和写法中依照"人"和"事"两种角度来做个简单分类（见下表）。

种　类		说　明	备　注
依照"人"的角度分类	上行书信：受信人是长辈		父母、师长、领导或者年龄比自己大20岁以上的人
	平行书信：受信人是平辈		兄弟姐妹、同学、朋友、同事或者年龄和自己相当的人
	下行书信：受信人是晚辈		子女、侄甥、学生或者年龄比自己小20岁以上的人
依照"事"的角度分类	应酬类		庆贺、祝寿、慰问、吊唁等
	议论类		论学、论事、劝勉、说理、评论、呼吁等
	应用类		推荐、请托、求职、借贷、辞拒、延聘等
	联络类		问候、通知、仰慕、思念、示爱等

[①] 一般书信还可以细分为两类：一是和家人之间通信的家书；二是与其他亲友通信的社交书信。参考：邱国新，陈少夫. 应用文写作教程［M］. 北京：北京大学出版社，2013：426.

依照"人"的角度分类是就写信人的关系而言,依照"事"的角度分类是就写信人的目的而论。不过事实上一封书信在人和事之间应该是合为一体的,主要是当我们在写信时,如果能依照这种分类方式来提醒自己"给什么人""谈哪一件事",就能比较轻松地在格式、用语、内容等方面做出恰当的安排。

写一封书信和写一篇普通文章有一些相似性,因为它们同样都要求字体的端正、语法的正确和文句的畅通,这是对受信人的一种基本尊重。不过书信和普通文章之间也有一些明显的区别,我们可以通过这些不同处来突显书信的特色。一是书信会有一定的对象;二是以实际问题为主要内容;三是会有常用甚至固定的格式。

因为有一定的收信对象,所以写信时必须注意礼节、尊重对方的地位,使受信人乐于接受。因为是以实际问题为出发点,所以即便书信比较能够畅所欲言,但最好还是要有一定的主题和范围,尽量避免天马行空地随便漫谈,在文字上力求简明扼要,使受信人能够一目了然。因为有常用的、固定的格式,所以要注意并熟悉一些书信专门的用语和词汇。一般来说,只要掌握了这三个特点,再加上自身的文学素养和文字撰写表达能力,就能写出一封既能符合基本要求,又带着文采的书信了。

(三) 基本架构和写作要领

一般书信的结构可以分为两大部分,即信封和信笺。写在信封上的文字叫封文,写在信笺上的叫笺文。如果严格来说,一封完整的信件内容,也就是信笺的部分,大致可分为三大段落十个项目(见下表)。

完整的书信内容	
三大段落	十个项目
前文	(1) 称谓 (2) 提称语,以及启事敬词 (3) 开头应酬语
正文	(4) 正文内容
后文	(5) 结尾应酬语 (6) 结尾敬词的敬语 (7) 结尾敬词的问候语 (8) 写信人自署,以及末启词 (9) 写信时间 (10) 补述

在上述书信笺文结构的十个项目中,"开头应酬语"和放在提称语之后、作为陈述事情的发语用词"启事敬词"① 以及"结尾应酬语"三者,在现今多已舍弃不用,"提称语"② 也大多使用冒号":"代替,至于"补述"则不宜使用在正式信件中。

所以现在一般比较常见的书信,大致上在写上"称谓"以后,紧接着就开始准备写正文部分了。之后加上结尾敬词的敬语和问候语,甚至省略了敬语而仅仅只保留了问候语,便完成了一封信的主要部分。最后补上写信人自称、署名和末启词以及写信时间,就是一封比较完整的现代书信了。

如果要完整地介绍书信的写作要领,可以分别从信封格式的填写、信件内容的写作技巧,以及信纸的折叠方式等角度去进行说明。毕竟一封书信由内而外的所有行款、格式,不仅关乎礼貌,也表现出写信人的学养和素质。

1. 信封和信纸的选择

(1) 信封的选择。我国自 2004 年 6 月 1 日开始,为了能达到更快速、更准确的收发信件的目的而制定了一套完善的信封国家标准。其中的重要规定除了信封的尺寸大小以外,还包括信封自此以后一律采用横式,国内信封的封舌要在信封正面的右边或上边,国际信封的封舌则是在信封正面的上边。目前在国内各邮政营业窗口以及其他信封销售场所,都是售卖这种事先印刷好的国家标准信封,虽然信封的尺寸因为大小而有 3 号、5 号、6 号、7 号、9 号的不同规格,但是信封正面填写地址的格式是相同的。信封正、反面的样式见下图。

---

① 启事敬辞是表示开始叙说事理的敬辞。比如,常见的"敬禀者"是"我恭敬地禀告"的意思。
② 提称语是用来提高称谓的语词,也就是对受信人进行尊敬抬举的意思。

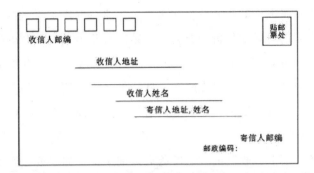

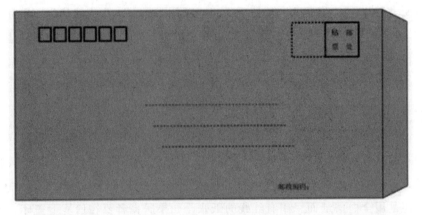

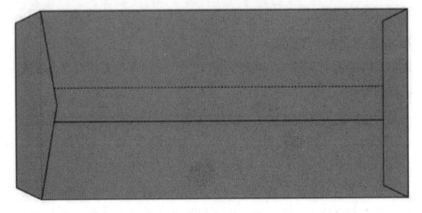

上面三种标准信封的正面图样，第一种是国际通用信封样式，左上方六格是寄信人邮政编码，下方空间则是填写寄信人的信息，由上往下依次写上寄信人姓名、地址、城市（省）名，以及国名。右下方则是填写受信人的信息，由上往下依次写上受信人姓名、地址、城市名称，以及国名和地区名。

第二种和第三种则适用于国内，信封上面一般会有四道横线（有的是三道横线），左上角与右下角分别都有邮政编码的填写处，即使信封上没有横线，在书写时也要按照下面的步骤及格式来填写。填写方式主要是将寄信人和受信人的信息放置在信封居中位置。首先，在第一行及第二行上，也就是第一道和第二道横线上填写受信人的地址①。其次，在中间横线处，也就是第三道横线上写上受信人的姓名，字体可以略大一些，但是切记信封上的称呼是给邮递员和收发人看的，所以在受信人姓名之后必须写上"同志""先生""女士""小姐"等称呼，而不是写上"父亲""母亲""儿""女"和"岳父"等称谓。写上称呼之后还要写上"收"或"启"等启封词字样，如果要强调受信人必须亲自拆阅，可以写"亲启"。但是千万不能写"谨启"或"敬启"，因为写上"谨"或"敬"等字样，代表受信人必须"慎重""恭敬"地拆阅这封信。然后，把寄信人的地址和姓名写在最后一道横线处，即第四行上，名字的最后通常还会写上"寄"或"邮"字，接着填上寄件人所在地的邮政编码。最后在信封的右上方贴上邮票，就完成信封的填写工作了。

（2）信纸的选择。虽然坊间的文具店、便利店都售卖各种信纸，可以依照消费者的喜好，挑选自己喜欢的不同颜色、花样等风格的样式，不过最传统也是最正式的是白底红线的八行纸，十行或者十二行亦可。不过居丧或是吊唁，一般还是用全白信纸而忌用有红线的纸张，如果居丧者要在信笺上盖印，也会特别选用蓝色的图章。

2. 信笺内文的写作技巧

即信件内容的书写格式，俗称"笺文""信函"。笺文的书写格式有五个重点需要特别留意。

一是受信人为两人以上时，他们的称谓必须依照上尊、下卑，或者中大、右次、左末的原则来排列；在"提称语"的使用上，如果都是平辈可以用"钧鉴"，如果其中一人是长辈，则直接使用长辈的提称语"赐鉴"。

二是为了表示对受信人的尊敬而必须使用"抬头"。在笺文中涉及受信人以及和受信人有关的人、事、物，或者提及自己的尊长时都可以使用，最适合也最常用的是"平抬"和"挪抬"。所谓"平抬"，是将需要抬头的字，在另一行顶格书写；所谓"挪抬"，是将需要抬头的字，在原行空一格书写。在写信

---

① 第一行和第二行的这两道横线，都是用来写受信人的地址，因为要防止有的地址过于麻烦，一行写不开，所以留出两行的空间来书写地址。如果对方的地址名称较短，只需要写在一行上就可以，写名字的时候空出一行，依然是在第三行写上受信人的名字。

时，如果能适当地使用"平抬"和"挪抬"，那么写信人对受信人的尊敬和礼貌，以及写信人对这封书信的慎重态度就更显得周到了。

三是书写时的"行款"必须留意，尽量避免一行只有一个字或者一张信纸只有一行文字的情况。此外，凡是遇到要写上人名或者其字、号，为了表示尊敬，应该在同一行写完，不宜将其姓名或字、号全称分开写在下一行。也就是说，如果真的很慎重地写一封信，在写信之前，必须先拟好草稿，并且预估自己在书写时的字体大小，而不是拿着笔和信纸就开始没头没脑、天马行空地任意挥洒。

四是为了表示恭敬、谦逊而不敢居正的"侧书"。所谓"侧书"，就是把文字侧写在行右，并且将字体稍微缩小的书写方式，如果是横式信纸，则要侧写在左上方，字体依然要略小。如"^{舍弟}近日要出国一趟，下个月回国之后，家父和^{舍妹}会去机场接他"。一般来说，凡是在笺文中必须要自称，或者提到与自己有关的事物、卑亲属等，都会使用"侧书"，不过也应该要尽量避免在一行的开头出现。

五是缮写时所使用的书写工具。我国古代所使用的毛笔，在现今社会仍然属于一种最正式的笺文书写工具，钢笔则次之，圆珠笔又次之，其他笔尽量不要使用。颜色方面则以黑或蓝为宜，字体大小要匀称一致，并使用端正的楷书来写。

3. 信纸的折叠方式

如果是一封写给长辈、上级和领导的书信，建议使用最传统、最正式的折叠方法，也就是把有文字的一面向外，先直立左右对折，再从下方向后一小横折，横折的宽度大小，以能装入信封而且离封口有些距离却又不会让信纸在信封内上下、左右地大幅度摇晃为准，装入信封时，受信人称谓、提称语的那一面，也正好是信封的正面，这是为了让受信人可以更方便地拆阅信件。如果只是单纯地想要表示尊重，受信人也只是和自己年龄相仿的平辈甚至晚辈，可以只注意将有文字的那一面朝外即可，也就是设法将写着对受信人的亲切称呼的部分露在外面，让受信人拆信的时候能够一目了然。如果书信内容属于公函，也就是处理公务所使用的书信，或者是受信人是极有文化修养、高知识阶层的人士，则是先把信纸纵向对折，然后将折线处再往里卷折1～2厘米宽，最后横向对折。另外，比较有趣的是，夫妻之间或者男女朋友之间的情书折叠方式，可以先将信纸横向对折，然后在任意一角做三角对折，再纵向、横向交折，形成一个适当的、可以放入信封的长方形。

（四）写作格式

传统书信在信函里的写作格式比较繁杂，现代一般比较通用的、常见的书信已经省略了许多"繁文缛节"，但是不管如何精简，笺文里面至少有六个部分仍然不能省略，这六个部分依照顺序分别是称谓、问候语、正文、敬勉语、署名、日期。

受信人的称谓要写在首行顶格位置，单独占一行，后面加上冒号来表示准备要领起下文。完整的称谓可以分为姓名、称呼和修饰语三个部分，这必须根据写信人和受信人之间的关系、彼此的身份而慎重选择，越亲密则称谓越简单，越陌生则称谓越该拿出尊重对方的态度。比如，好友、同志之间的关系比较亲密，可以在姓氏之前写上"老""小"，如可以称"陈老"。"世杰"比较普通和一般，通常是在名字之后加上"同志""兄"等作为称呼，如"世杰同志""世杰兄"，如果关系不密切，建议把姓名写全，再加上称呼或者职称，如"陈世杰先生""陈世杰同志""陈世杰主任"，如此才能显得更加庄重。另外，还有一些比较传统的修饰语，也就是所谓的"提称语"，即使在今天这样的现代社会，写信人仍然可以依照实际情况的需求来斟酌使用。例如，写给父母时使用的"膝下""膝前"、写给长辈的"尊前""赐鉴"等，所以，写给自己母亲的一封家书的完整称谓格式，就可以写成"母亲大人膝下"。写信时适当地使用传统的提称语，在某些场合或某些情况下，并不会显得不合时宜，反而是表示尊重、显现个人学养的象征。

对受信人的问候语，要写在称谓的下一行、空两格的位置，让问候语单独成段以表示礼貌，并且根据受信人的实际状况来写。比如，对同事可问近况、对长辈可问健康、对同学可问学习等。只要用语恰当又不失诚恳亲切，就能彰显写问候语的基本目的了。

作为书信最主要部分的正文，可以分为起缘语、主体文和结束语三大部分。一般来说，起缘语可写可不写，因为它是开头应酬语，目的是为了提起后面的话题，如果为了正文的开头在写作上能够更自然、更方便，可以依照写信时的实际情况来进行取舍。主体文是正文的最主要部分，写作时要表达清楚、条理分明，才能真正体现写这封信的目的。结束语和起缘语相同，不一定每封信都得写，因为它的写作目的是为了总结全信内容、概括需要再联系的事务，或者再次询问对方的情况等，借此加深受信人的印象。所以真的无事可写或者认为没有必要写，戛然终止亦无不可。

敬勉语是在正文写完之后，根据受信人的具体情况而写上一些表示敬意、鼓励、期勉或者祝贺、祝福的话，也就是结尾敬词的敬语和问候语的部分。敬勉语可以视为整篇信件内容的结束语，不过这几个字除了要根据不同的对象来选择适当的词语之外，更重要的是要分成两个部分。前一部分是连接正文，或者另起一段空两格来写；后一部分则要另起一行、顶格书写，表示尊敬和礼貌。例如，写给父母长辈时可以用"此请万福金安"，"此请"二字直接写在正文最后的结尾处，然后另起一行并顶格写"万福金安"。

署名是写信人的自署，位置在敬勉语之后，要另起一行写在右下方。写信人在署名时可以考虑自己与受信人之间的关系，再决定署名的办法。例如，最完整的署名是先写修饰语或者身份、职称，再写上姓名，最后加上"敬上""叩上""拜启""手书"等"末启词"，如"^{厦门大学嘉庚学院人文与传播学院教授}×××敬上"。不过一般的家书不会写姓氏而只写名字，如"^儿世杰叩上"，至于社交书信则通常会写上全名，如"^{营销部助理}陈世杰拜上"。

书信内容的最后部分是日期，为了避免事后造成不必要的困扰或麻烦，所以这个部分不能省略。一般来说，日期会写在署名的下一行、稍微靠右边一点的位置，字体略小。

（五）例文说明

范例：传统家书写法

父亲大人 膝下：
　　翘首
　　慈颜，倍切依依。敬秉者，离家返校，转眼过了三个月。昨接手谕，得知家中近况，稍解孺慕之情，而弟妹课业进步，尤令人欣喜。^男在学校，起居作息，均有定时，尊敬师长、友爱同学，专心课业一尊
大人平日之教诲，不敢稍有怠忽，以期学有成，庶不负
大人之殷望，又可为将来立足社会奠下基础。上次月考成绩已经公布，^男各科均有进步，然绝不敢自满，深盼以更努力之勤读，可在期末考试得到更好之成绩，作为寒假返乡时承奉
大人之献礼。寒暖不一，至祈　珍重。肃此，敬请
金安
　　母亲大人前，乞代叱名请安。
　　牛舌饼、凤眼糕各一盒，另邮寄。

续表
再者：日前感冒已愈，盼勿挂怀。又启。 　　　　　　　　　　　　　　　　　男 世杰 叩上　×月×日 　　　　　　　　　　　　　　　　　　　表兄 志强附笔候安

在这封传统的家书中，"父亲大人"是受信人的称谓，"膝下"是修饰语，也就是提称语。信件正文的部分从"翘首"到"慈颜，倍切依依"是问候语和起缘语，也就是开头应酬语。"敬秉者"是现代书信一般都会省略的启事敬词，"寒暖不一，至祈珍重"也是会被省略的结尾应酬语。"肃此，敬请金安"是这封笺文的敬勉语，也就是结尾敬语，其中"肃此"是结尾敬词的敬语，"敬请金安"是结尾敬词的问候语。"母亲大人前，乞代叱名请安"这句话是因为在写信时想到母亲，所以请父亲代为请安问好，这个部分是传统书信的"并候语"，而"牛舌饼、凤眼糕各一盒，另邮寄"则是传统书信的"附件语"。至于"再者：日前感冒已愈，盼勿挂怀。又启"这句话是"补述语"，用来补充说明一些正文未能说明清楚的事情，不过一般来说"补述"的方法在现代书信中一般也都会被省略，而且它比较适合在家书、亲友之间的私人信件上使用，则不宜使用在正式信件中。

这封家书在写完署名和末启词"叩上"以及写信时间之后，出现"表兄志强附笔候安"一语，这样的写法称为"附候语"。另外，在家书中出现的三次"大人"字样，都刻意使用"平抬"，第一段的"手谕"二字则使用"挪抬"，而书信中提到自己和同辈亲戚时所使用的"男""表兄"等字样，也都刻意使用侧书来表示恭敬和谦逊。

（六）注意事项

现代人大量使用电子媒体作为沟通、与别人互通信息的管道，其实使用这些通信软件就是写信的另一种形式，差别只是在于键盘输入和亲自手写的不同。虽然朋友之间可以比较不拘泥于繁文缛节，但如果面对的是尊长、领导或者较不熟悉的同事，在使用手机、笔记本传递信息给对方时，使用的语词、口气等，基本上和传统书信无异。

无论是亲自手写一封传统的书信，还是使用通信软件、电子邮箱传递信息，为了表示尊敬、慎重的态度，让受信对方读起来仿佛与你本人在当面对谈那样亲切、诚挚。所以在撰写时有四个写作原则值得特别留意。

第一,行文要简明。因为文字过于冗长,难免使人厌烦而影响书信的效果,所以这种文体和一般文章的写作大致相同,应把力求简洁明白、语意畅达却不流于疏漏和晦涩作为基本条件,并且尽量避免重复、累赘和拖泥带水,才能真正完成书写信函的任务。

第二,格式要符合时代需求。虽然写信必须依照格式来书写,但也并非一成不变,可以采用目前通行的比较时尚的写法,以免过于陈旧和迂腐而遭人讥笑。

第三,叙事要有层次和顺序。这几乎是所有应用文体的基本要求,所以在写作时最好事先决定、构思好大概要陈述的内容,并且妥当地排列写作次序,稍微拟定草稿之后再依次书写,才能层次分明、井然有序,而不致颠三倒四、杂乱无章。

第四,措词要得体。这是写信最重要的一件事,也就是认清自己和受信对象之间行辈的尊卑、关系的亲疏,必须先确定立场之后,才能在用语和措辞方面做出最妥善、最适当的安排。一般来说,在有求于人的时候,或者受信人的辈分和地位越高,彼此的关系会越生疏,礼貌也会越周到,所以不论格式、行款、用语和措辞都要越讲究。至于受信人是直系血亲的一般性家书,虽然比较能够畅所欲言,但是依然要讲究语气上的诚恳、文字上的朴实,避免浮词虚应。

(七)书信用语简表
1. 信封常用"启封词"

使用对象	用词
对有血统、亲戚关系的祖父母辈	福启
对有血统、亲戚关系的父母辈	安启
对有道德学问的师长辈	道启
对从事文教业工作的同辈	文启
对直接的、有地位的领导	钧启
对普通的长辈	赐启
对有功勋的长辈或平辈	勋启
对平辈、同事	台启、大启、惠启

续表

使用对象	用词
对晚辈	启、收启
不论辈分，要受信人亲自拆阅	亲启
对居丧的人	礼启、素启

2. 书信常用"提称语"

使用对象	用词
祖父母和父母	膝下、膝前、尊前
长辈	尊前、尊鉴、赐鉴（可用于长辈数人）、钧鉴、崇鉴、尊右、侍右
女性长辈	懿鉴、慈鉴、懿座
女性平辈	芳鉴、妆鉴、淑鉴、妆次、绣次
受业师长	函丈、坛席、讲座、讲席、尊前、道鉴、尊鉴、绛帐、帐下
直属领导	钧鉴、赐鉴、崇鉴、公鉴（长辈、师长和军警界、政界等亦可通用）
平辈	台鉴、伟鉴、大鉴、惠鉴、雅鉴、均鉴（只适用于平辈数人）
同学	砚右、砚席、文几、文席（上栏中用于平辈的台鉴等亦可通用）
晚辈①	青鉴、青览、英览、如晤、如握、如面、收览、知悉、见悉、知之
多位受信人	双鉴（二人）、公鉴、同鉴、赐鉴（兼有长辈）
政界	勋鉴、钧鉴、钧座、台座、台鉴
军警界	麾鉴、麾下、幕下、勋鉴、钧鉴、钧座、台座
教育界	讲座、座右、有道、著席、撰席、道鉴
财经界	赐鉴、崇鉴、台鉴、大鉴
文化界、传播界	撰席、文席、著席
宗教界（佛教）	法鉴、道鉴、有道、方丈（男性）
宗教界（道教）	法鉴、坛次

---

① 对于晚辈，用"鉴"字的客气成分较多，"览"字次之。"如晤""如握""如面"等。多用于较亲近的晚辈。"收览""知悉""知之"三词多用于自己的卑亲属。如果是对晚辈数人，可以用"共阅""共览"。

续表

使用对象	用　词
夫妻	俪鉴
吊唁	苫次、素览、礼鉴、礼席
哀启	矜鉴（居丧者求人察阅的称语）
喜庆①	结婚可用"喜席""鉴燕"等词

3. 书信常用"末启词"

使用对象	用　词
祖父母和父母	敬禀、敬叩、谨叩、叩禀、叩上
长辈、领导	敬上、谨上、拜上、肃上、谨肃、谨禀、谨启、谨详、拜启、鞠躬
平辈、同事	敬启、谨启、拜启、顿首、敬述、敬白
晚辈	手书、手谕、手示、手白、字示、手字、字、示、草、手、喻、告、言
多位写信人	公启、同启
用于补述	又启、又及、又陈、补启、又禀者

参考文献

［1］白庆延. 公文写作［M］. 北京：对外经济贸易大学出版社，2004.

［2］邱国新，陈少夫. 应用文写作教程［M］. 北京：北京大学出版社，2013.

［3］苏豫. 办公室公文写作大全［M］. 北京：中国华侨出版社，2012.

［4］王艳芳，马丽云编. 公文写作与处理［M］. 兰州：甘肃教育出版社，2008.

［5］杨忠慧主编. 应用文写作［M］. 北京师范大学出版集团、安徽大学出版社，2014.

---

① 喜庆无一定的提称语，可以根据关系依表列酌用。

> 思考与练习

1. 把自己进入大学前的个人经过整理出来，以年谱的形式呈现出来。
2. 撰写本人的近、中、长期发展目标。
3. 在一页 A4 纸的篇幅内完成一份用于求职的个人简历。
4. 请用不超过 30 个的文字描写一件产品，要包括产品的特点、功能、消费群、精神感受等方面的内容。
5. 请模拟或设计一次会议过程，撰写一份简明的会议纪要。
6. 请撰写一份请假条，内容须包括标题、称谓、请假原因、请假的起止时间、祝颂语、请假人签名和请假时间等七大部分。
7. 请写作一封寄给家中长辈的家书，内容必须包括称谓、问候语、正文、敬勉语、署名和日期，并且依照具体情况适时地使用"提称语""侧书""抬头""末启词"等。

后　　记

　　高等教育作为学校教育体系当中的最上一层，为国家社会肩负了人才培养的重责大任，写作能力的培养与训练对文科领域而言，更当是至关紧要。一方面，使大学生具备优质的文艺素养与优异的写作能力，本为高校中分属人文领域的教学者对学生之殷殷期盼。另一方面，高校毕业生未来必面向社会职场，担任文艺创作家，或诸多领域的文字工作者，诸如习得妥善驾驭文字文章的技能，熟练于用字遣词等各方面的写作功夫，皆必须在求学阶段就获得充分而扎实的锻炼。本书编写团队基于高等教育写作课程的实际需求，根据多年来积累的教学经验，殚精竭虑地编写出这部强调实务练习的高校写作教材。本教材由副主编拟定编写提纲，通过和全体编写委员的集体讨论，确立编写要领、特点、体例、形式，依据各编委自身专长分配编写章节并进行撰写。全书涵盖写作的基础概念、文艺类型写作、学术论文写作、职场应用类型写作，撰写期间共举行了五次编撰会议，不断地构思与调整撰写内容，力求编写成果之完善，最终阶段由本书主编苏新春教授为全书进行审稿及定稿。本书各章撰稿（依编写章节顺序）分工如下。

　　主编苏新春负责"序文"撰写，全书审稿及定稿工作，以及召集各阶段的编撰会议。副主编钟永兴负责第一章"写作的功能"、第二章"主题与结构""后记"等篇章的撰写，并为本书拟定提纲。张期达负责本书第三章"诗歌写作"，李建明负责第四章"散文写作"，黄宁负责第五章"小说写作"，庄清华负责第六章"剧本写作"，易欣负责第七章"新闻写作"，朱盈蓓负责第八章"学术论文写作"，吴秉勋负责第九章"日常文书写作"。

　　本书的编撰宗旨，专对高等教育写作课程的开设与教学，特别强调写作实务上的勤勉练习。本书中如知名作家的范文导读，每章节结尾处所安排的"思考与练习"，以及阐述写作从初稿到定稿的修改方式，皆扣紧本教材以实务为核心的撰写目标。文末，本书编撰团队谨向所有竭力于写作教学的同人致敬，并敬请选用本教材的各方专家、教学者、阅读者，不吝给予提点指教。

副主编　钟永兴

2019 年 3 月

于厦门大学漳州校区